Budgetplanung kompakt

von
Prof. Dr. Robert C. Rickards

R. Oldenbourg Verlag München Wien

Bibliografische Information der Deutschen Nationalbibliothek

Die Deutsche Nationalbibliothek verzeichnet diese Publikation in der Deutschen
Nationalbibliografie; detaillierte bibliografische Daten sind im Internet über
<http://dnb.d-nb.de> abrufbar.

© 2007 Oldenbourg Wissenschaftsverlag GmbH
Rosenheimer Straße 145, D-81671 München
Telefon: (089) 45051-0
oldenbourg.de

Lektorat: Wirtschafts- und Sozialwissenschaften, wiso@oldenbourg.de
Herstellung: Anna Grosser
Satz: DTP-Vorlagen des Autors
Coverentwurf: Kochan & Partner, München
Gedruckt auf säure- und chlorfreiem Papier
Gesamtherstellung: Druckhaus „Thomas Müntzer" GmbH, Bad Langensalza

ISBN 978-3-486-58385-4

Inhalt

Abkürzungsverzeichnis

ABC	activity-based costing
AG	Aktiengesellschaft
BBRT	Beyond Budgeting Roundtable
BSC	balanced scorecard
BSP	Bruttosozialprodukt
CAD	computer-aided design
CEO	chief executive officer
CFO	chief financial officer
CFROI	cash flow return on investment
EBIT	earnings before interest and taxes
EBITDA	earnings before interest, taxes, depreciation and amortization
EDV	elektronische Datenverarbeitung
EGT	Ergebnis der gewöhnlichen Geschäftstätigkeit
ERP	enterprise resource planning
EVA	economic value added
FEI	Financial Executives International
FIFO	first-in, first-out
FuE	Forschung und Entwicklung
GbR	Gesellschaft des bürgerlichen Rechts
GDP	gross domestic product
GmbH	Gesellschaft mit beschränkter Haftung
GuV	Gewinn und Verlust
h	Stunde(n)

Hrsg.	Herausgeber
IAS	International Accounting Standard(s)
IE	Inputeinheit
IFRS	International Financial Reporting Standard(s)
IMA	Institute of Management Accountants
ISO	International Organization for Standardization
IT	information technolgy
Jg.	Jahrgang
JIT	just-in-time
KG	Kapitalgesellschaft
Kg	Kilogramm
KMU	kleine und mittlere Unternehmen
KPI	key performance indicator
MBO	management by objectives
n. a.	no author
NABU	Naturschutzbund Deutschland e.V.
n/30	das Zahlungsziel beträgt 30 Tage nach Erhalt der Ware
OHG	offene Handelsgesellschaft
p. a.	per annum
PE	Produkteinheit
RCA	resource consumption accounting
ROI	return on investment
SME	small and medium-sized enterprises
SOP	standard operating procedure(s)
2/10	bei Zahlung innerhalb von 10 Tagen können 2 % Skonto abgezogen werden
SPC	strategic profit center
SVA	shareholder value added
SVM	shareholder value management

US-GAAP   United States Generally Accepted Accounting Principle(s)

vs.   versus

Danksagung

Diese Arbeit wurde während eines Forschungsfreisemesters begonnen, das vom Fachbereichsrat der Hochschule Harz unter dem Dekanat von Frau Kollegin Gisela Holicki bewilligt wurde.

Am meisten Mut, Zeit und Geduld hat eine ehemalige Studentin, Frau Christiane Lenz, aufgebracht und das Manuskript zur Gänze gelesen. Bis an die Grenze des Zumutbaren hat sie den ursprünglichen Entwurf überarbeitet und manche nützlichen Verbesserungsvorschläge gemacht. Ganz besonderer Dank gilt meinen Freunden, Prof. Dr. Werner Frommhold und Martina Hesse, die die Schlussredaktion übernahmen.

Hinweise kamen auch aus einigen Jahrgängen von Studierenden der Hochschule Harz, der Handelshochschule Leipzig und der Fachhochschule-Telekom-Leipzig, nachdem sie das Manuskript gelesen und die Aufgaben gelöst hatten.

Frau Kollegin Jana Eberlein überprüfte die Richtigkeit einiger abgebildeter Berichtseiten.

Herr Markus Wagner hat den Text und die Abbildungen formatiert. Dabei hat er oft Tücken in der Software überlistet, um meine Wünsche umzusetzen.

Herr Martin M. Weigert, Frau Meike Schaich und Dr. Jürgen Schechler vom Oldenbourg Verlag bringen mir mit der Veröffentlichung großes Vertrauen entgegen.

Ihnen allen sei herzlicher Dank gesagt.

Osterode am Harz

Robert C. Rickards

Vorwort

Das vorliegende Buch füllt eine Lücke in der Controlling-Literatur am deutschen Markt, der für diesen Teil der Wirtschaftswissenschaften durchaus gut versorgt zu sein scheint. Allerdings tragen die meisten Publikationen – oft aus Doktorarbeiten entstanden oder als Beiträge zu sehr spezialisierten Fragestellungen - ihre Ergebnisse inhaltlich und sprachlich auf einem Niveau vor, das sich nur Spezialisten unmittelbar erschließt.

Für Lernende, die sich für das Studium der so interessanten angewandten Wissenschaft Betriebswirtschaftslehre entschieden haben, ist jedoch ein anderer Literaturansatz notwendig, um in die Welt der Budgetierung, in Theorie und Praxis des "Beyond Budgeting", "Better Budgeting" oder "Advanced Budgeting" vorzudringen.

Das Buch von Robert C. Rickards bietet allen Studierenden, insbesondere denen an Fachhochschulen, den idealen Zugang zu dieser Welt, denn er ist leicht verstehbar, einleuchtend und gut lernbar. Rickards erschließt und vermittelt die Zusammenhänge des Controlling wissenschaftlich fundiert, Zusammenhänge aufzeigend, praktisch anwendbar, den Lernprozess seiner Leserinnen und Leser begleitend und sichernd.

Rickards, Amerikaner mit langer Lehrerfahrung in allen Stufen des Hochschulwesens, in Diplomkursen, in der Bachelor-/ und Masterausbildung in staatlichen und privaten Hochschulen, ein geschätzter Lehrer nicht nur in Deutschland, setzt diese Aufgabe konsequent um und bereichert das Lehrbuchangebot mit dem vorliegenden Band erheblich.

Der Autor legt besonderen Wert auf die Nachvollziehbarkeit seiner Gedankenführung, auf Verständlichkeit und Anschaulichkeit. Viele praktische Beispiele sowie Testfragen und Lösungen am Ende jeden Kapitels ermöglichen es dem Leser, sich bzw. das Gelernte selbst zu kontrollieren und den Stoff sicher zu beherrschen.

Diese amerikanische Art der Wissensvermittlung hat uns lange gefehlt. Zudem trägt dieses Buch der zunehmenden Internationalisierung/Globalisierung Rechnung und der damit einhergehenden Anglisierung der Fachsprache. Durch die Zusammenstellung deutscher und englischer Fachbegriffe im Bedeutungszusammenhang der einzelnen Kapitel gewinnt der Leser praktische Hilfestellung für das professionelle Leben nach der Hochschule.

Dieses Buch behandelt sowohl die klassische Budgetierung als auch die neueren o. g. Formen. Der Autor vermittelt Handlungswissen und entlässt seine Leser in die praktische Welt, in der die klassische Budgetierung immer noch – und weitgehend zu Recht – als eines der wichtigsten Controllinginstrumente angewandt wird. Der mit und von diesem Buch Lernende wird aber kein unkritischer Anwender werden, sondern ein abwägender und kritikfähiger

Handwerker, ausgestattet mit der Fähigkeit zum abwägenden Nachdenken über die Möglichkeiten und Grenzen dieses Instruments, er wird "beyond" denken können. Und er wird sich der Handlungsgrenzen bewusst sein, seien sie durch gesetzliche Vorgaben gegeben, durch Besonderheiten der jeweiligen Organisation und ihrer Mitspieler oder durch einen Konsens zum ethischen Handeln.

Allen Lernenden wünsche ich mehr solcher „Lückenfüller", weitere im Geist des vorliegenden Lehrbuchs erarbeitete Bände zu den Instrumenten des Controlling!

Prof. Dr.Peter Uecker

German-Jordanian University, Amman

Dean of Talal Abu-Ghazaleh College of Business

(Früher: HTWK Leipzig und Sprecher des Arbeitskreises der Hochschullehrer für Controlling an deutschen Fachhochschulen)

1 Einführung

1.1 Zweck und Organisation des Textes

Das Controlling ist ein Handwerk. Obwohl in den Kreis der Wirtschaftswissenschaften aufgenommen, basiert es kaum auf hoch entwickelten, empirisch geprüften Theorien. So kann sich der Controlling-Student während seiner Studienzeit nur ein Grundwissen über Instrumente und Verfahren aneignen. Danach verlässt er *quasi* als Lehrling die Hochschule und begibt sich als Geselle auf Reisen, um den Meistern seines Faches über die Schulter zu sehen. Es gilt, zusätzliche Werkzeuge und neue Sichtweisen kennen zu lernen und zu erproben, um später selbst als Meister auftreten zu können. Auf diesem Weg soll das vorliegende Buch Studierenden und angehenden Controllern als praxistauglicher Ratgeber zur Seite stehen.

Zum Grundwissen des operativen Controlling gehören die Budgetierung, die Erstellung von flexiblen Planrechnungen und Abweichungsanalysen sowie die Steuerung von Kosten und Leistungen. Während zwei demnächst erscheinende Fortsetzungsbände die anderen Themen behandeln werden, widmet sich dieses Buch schwerpunktmäßig den Grundzügen der operativen Budgetplanung im Kontext des heutigen Controlling. Es gliedert sich in drei Kapitel:

- Kapitel 1: An die kurze Einleitung zu Inhalt und Aufbau des Textes schließt sich ein kleiner Exkurs zur Geschichte und Entwicklung des Controlling an. Es folgt die Darstellung der Aufgaben eines Controllers und neuerer Entwicklungen in der Controlling-Paxis sowie deren Einordnung in die gegenwärtige Diskussion um „Better Budgeting", „Advanced Budgeting" und „Beyond Budgeting".

- Kapitel 2: Nach der Diskussion der Funktionen von Budgets in Organisationen folgt eine ausführliche Präsentation der Erstellung eines Gesamtbudgets im traditionellen Budgetierungsprozess und der Unternehmenssteuerung durch die Einrichtung von Profit Center. Zusätzlich setzt sich das Kapitel mit Prognoseverfahren, Finanzplanungsmodellen und menschlichen Aspekten der Budgetplanung auseinander.

- Kapitel 3: Hier stehen moderne Techniken und Gestaltungsmöglichkeiten von Gesamtbudgets im Brennpunkt. Das Kapitel befasst sich mit der *Kaizen*-Budgetierung und der prozessorientierten Budgetplanung sowie mit rollierenden Forecasts, rollierenden Budgets, der Liquiditätsplanung und der budgetierten Bilanz.

Jeweils am Ende der Kapitel 2 und 3 stehen Übungsaufgaben mit Lösungen, anhand derer der Lernerfolg überprüft werden kann. Hier ist das Ziel, mit Hilfe von Stift und Papier nachzuvollziehen, was hinter der Softwaremaske passiert, wenn man am PC ein Menüfenster herunterzieht, auf einen Button klickt und eine analytische Funktion durchlaufen lässt.

Wegen der langen Tradition des Controlling in angelsächsischen Ländern und deren maßgeblicher Beteiligung an seiner Entwicklung ist Englisch die international gebräuchliche Sprache dieses Faches. Manche Fachausdrücke aus dem Englischen werden unverändert ins Deutsche übernommen (z. B. der oben verwendete Ausdruck „Profit Center"). Für andere Begriffe sind daneben deutsche Wörter gebräuchlich. Um die Leser mit dem passenden englischen Wortschatz vertraut zu machen, erscheinen nach dem ersten Gebrauch in deutscher Sprache die wichtigsten Fachbegriffe in englischer Übersetzung. Ferner enthält jedes Kapitel einen zusammenfassenden Vergleich der jeweils verwendeten englischen und deutschen Fachterminologie.

1.2   Exkurs zur Geschichte und Entwicklung des Controlling

Kenntnisse der historischen Entwicklung des Controlling-Gedankengutes sind nützlich, um die Herkunft der heutigen Controlling-Funktionen und die Fachdebatten zu verstehen. Daher werden an dieser Stelle die wichtigsten Entwicklungsschritte kurz beschrieben. Die folgende Darstellung setzt andere Akzente in der Diskussion (Bramsemann, 1993, SS. 25-28) und bringt sie auf den neuesten Stand.

1.2.1   Englischer Ursprung und amerikanische Entwicklung bis 1945

Die Wurzeln des Controlling reichen in die Renaissance zurück. Schon im 15. Jahrhundert begann am englischen Königshof ein „Countrollour" die erste Controllingtätigkeit. Er überprüfte Aufzeichnungen über Geld und Güterverkehr in der staatlichen Verwaltung und stellte so das königliche Kapital sicher. Der Vermögensschutz ist damit die älteste aller Controllingaufgaben.

Drei Jahrhunderte später erschufen die Revolutionäre in den nordamerikanischen Kolonien Großbritanniens per Gesetz die Ämter „Comptroller", „Auditor", „Treasurer", und sechs „Commissioners of Accounts". Da der Funke, der den Befreiungskrieg ausgelöst hatte, Missständen in der britischen Fiskalpolitik entsprang, bestand die Hauptaufgabe des amerikanischen Comptrollers in der gewissenhaften Verwaltung des staatlichen Haushalts und in der genauen Überwachung der Mittelverwendung. Das Amt hat sich bis heute in der Form des „Comptroller General" als Leiter des „General Accounting Office" erhalten. Die Umsetzung und die Überwachung von Budgets sowie die Pflege von Expertise im externen Rechnungswesen zählen damit ebenfalls zu den älteren Aufgaben des Controllers.

Weitere 100 Jahre vergingen, bevor diese ursprünglichen Controllingaufgaben im öffentlichen Sektor auf die Privatwirtschaft übertragen wurden. Erstmals 1880 richtete das amerikanische Dienstleistungsunternehmen Atchison, Topeka & Santa Fe Railway Systems die Stelle eines „Comptrollers" ein. Sie beinhaltete überwiegend finanzwirtschaftliche Aufgaben, die die Verwaltung der Finanzanlagen, des Grundkapitals und der Sicherheiten des Unternehmens betrafen. Im Jahr 1892 führte die amerikanische General Electric Company als erstes Industrieunternehmen die Stelle eines Controllers ein.

Die Tatsache, dass ein amerikanischer Controller im privaten Sektor hauptsächlich mit finanzwirtschaftlichen Fragen und Revisionsaufgaben betraut war, liegt in den Besonderheiten des amerikanischen Gesellschaftsrechts begründet. Im Gegensatz zum einheitlichen deutschen Aktienrecht gibt es auch heute in den 50 amerikanischen Bundesstaaten eine Vielzahl unterschiedlicher Rechtsnormen. Allen Ausprägungen des Gesellschaftsrechts gemein ist jedoch die Beschränkung auf zwei Organe: die Jahreshauptversammlung („annual shareholders' meeting") und den „Board of Directors".

Die Befugnisse des Board of Directors erstrecken sich sowohl auf die Überwachung als auch auf die Geschäftsführung der Gesellschaft. In den einzelnen amerikanischen Bundesstaaten besteht allerdings eine erhebliche Gestaltungsfreiheit bezüglich der Satzungen. Sie ermöglicht es, Aufgaben des Boards an Personen zu delegieren, die dem Unternehmen nicht unbedingt hauptamtlich zur Verfügung stehen müssen. Neben dem fehlenden betriebsinternen Überwachungsorgan erforderten die starke Stellung des Vorstandes sowie die zunehmende Größe vieler Unternehmen die Einrichtung erster Controllingstäbe (Hoffmann, 1968). Dennoch blieb die Position eines Controllers in fast allen amerikanischen Unternehmen bis in die 20er Jahre des vorigen Jahrhunderts unbekannt.

Der Zusammenbruch vieler Unternehmen während der Weltwirtschaftskrise (1929-1939) lenkte die Aufmerksamkeit von Managern und Wissenschaftlern auf die besondere Bedeutung des bis dahin vernachlässigten internen Rechnungswesens. Sie trieben dessen Ausbau voran und führten insbesondere zukunftsorientierte Planungsinstrumente ein. Für den Controller als betriebsinternen Experten in Kostenrechnungsfragen erwuchsen daraus neue Herausforderungen bei der Erstellung und Überwachung von Budgets. Eine bemerkenswerte Antwort darauf war die Entwicklung einer neuen Plankostenrechnung, das „standard direct costing" (Harris, 1936). In den Vereinigten Staaten erleichterte sie die Erstellung von flexiblen Budgets und ermöglichte ursachengerechtere Analysen von Abweichungen.

Weitere Ergebnisse wurden in der Institutionalisierung und Professionalisierung des Berufsstandes erzielt. 1931 wurde das „Controllers' Institute of America" gegründet, das 1962 in „Financial Executives Institute" (FEI) und im Jahr 2000 in „Financial Executives International" umbenannt wurde. Die Zeitschrift *The Controller* (heutiger Titel: *The Financial Executive*) erschien erstmalig 1934. Seit 1944 gibt es die „Controllership Foundation", ein Forschungsinstitut, das heute „Financial Executives Research Foundation" heißt. Es erarbeitet finanzwirtschaftliche Lösungen für Probleme des Finanzmanagementberufes. So befasst es sich mit objektiver Forschung zur Identifikation, Entwicklung und Weitergabe modernsten Wissens an Mitglieder und Unterstützer der Financial Executives International in einem Format, das zugänglich und praktisch ist (*Wysiwyg*, 2005).

1.2.2   Die deutsche Entwicklung bis 1980

Obwohl die europäische Fachliteratur bereits in den 1920er Jahren eine internationale Planungswelle erlebte und man die amerikanische Entwicklung der Standardkostenrechnung aufmerksam verfolgte, fanden in Europa zwischen den 1930er und den 1940er Jahren keine vergleichbaren Entwicklungen hin zu einem institutionalisierten Controlling statt. Im Deutschland des Dritten Reiches fehlten wesentliche Impulse für ein kostenorientiertes Controlling, da die Anwendung des „Führerprinzips" auf das betriebliche Rechnungswesen dessen Beschränkung auf Nachrechnungs- und Preisbildungsziele bewirkte (Rickards, 2005).

In den ersten Nachkriegsjahren versuchte die westdeutsche Lehre und Praxis, wieder den Anschluss an internationale Entwicklungen zu gewinnen. Dies geschah z. T. während zahlreicher Studienreisen deutscher Dozenten in die USA, wo man die Plankostenrechnung für deutsche Unternehmen neu entdeckte und verstärkt zu Hause verbreitete (Auffermann, 1957). Gleichzeitig ermöglichte die Weiterentwicklung von Vollkosten- und Deckungsbeitragsrechnungen die Einführung neuer Kostenrechnungssysteme und Planungsmodelle in Westdeutschland.

Zwischen 1946 und 1953 entwickelte beispielsweise der Kraftfahrzeuginingenieur Hans-Georg Plaut aus seinen Erfahrungen mit Investitions- und Kostenrechnungsaufgaben in der deutschen Industrie der frühen 1940er Jahre eine eigene Form der Kostenrechnung (Plaut, 1951; 1953). Er bezeichnete sie als „Grenzplankostenrechnung". Sie beruhte auf der Methode der analytischen Kostenplanung und wird auch flexible Plankostenrechnung genannt. Durch Projekte, Aus- und Weiterbildungsseminare führten Plaut und die Mitarbeiter seiner Beratungsfirma dieses Rechnungssystem nicht nur in zahlreichen Industrieunternehmen, sondern auch im Dienstleistungsbereich (Banken, Deutsche Post) im deutschsprachigen Raum ein.

Wolfgang Kilger entwickelte die theoretische Basis der Grenzplankostenrechnung, während Klaus Agthe (Agthe, 1959) und Paul Riebel (Riebel, 1972) das komplexe System der Einzelkosten- und Deckungsbeitragsrechnung vertraten. Beide Modelle sind heute zu einem modernen deutschen Kostenrechnungssystem zusammengewachsen und gelten als Standard. Kilger veröffentlichte das erste Buch, das sich mit der Grenzplankostenrechnung auseinander setzte, 1961 in Gabler Verlag. Es trug den Titel *Flexible Plankostenrechnung*.

Trotz ihrer Originalität waren diese wichtigen Beiträge zum Controlling-Wissen wegen des bereits existierenden, gleichwertigen „standard direct costing" nicht einmalig. Außerdem konnten derlei theoretische Fortschritte in der Kostenrechnung bezüglich eines funktionsübergreifenden praktischen Controlling hierzulande nur im Rahmen der traditionellen Stellengliederung erzielt werden. An einen eigenständigen, zentralen Controllingstab war zu diesem Zeitpunkt noch nicht zu denken. Gründe hierfür findet man im deutschen Aktienrecht, in der typischen Organisationsstruktur deutscher Unternehmen sowie in der allgemeinen wirtschaftlichen Lage des Nachkriegsdeutschlands. So trennte das deutsche Aktienrecht die Geschäftsfunktionen des Vorstandes strikt von den Überwachungsfunktionen des Aufsichtsrates. Das Kollegialprinzip des Vorstandes verstärkte zudem indirekt das Gewicht des Aufsichtsrates. Als Konsequenz bestand weder formal rechtlich noch organisatorisch eine Notwendigkeit, die Stelle eines Controllers nach amerikanischem Muster einzurichten.

Gleichzeitig wurden viele Unternehmen um eher zentrale, funktionsorientierte Linienstrukturen organisiert. Als selbstverständliche Folge ihrer scharfen Ressorttrennung waren alle Verantwortlichen bestrebt, sämtliche Entscheidungen über ihre Teilpläne und die damit verbundenen Bereichsbudgets selbst zu treffen. Schließlich sorgte der stetige Anstieg der Nachfrage in der Wiederaufbauzeit für hohe Wachstumsraten und hohe Gewinne, ohne dass konkrete Erfolgsziele seitens der Unternehmen verfolgt werden mussten. Ohne eine spürbare Existenzbedrohung zeigte dabei kaum ein Unternehmen Interesse an der Veränderung bestehender (und damals erfolgreich arbeitender) Strukturen.

Erst ab Mitte der 1960er Jahre trieb der Einfluss angelsächsischer Tochtergesellschaften die Weiterentwicklung des praktischen Controlling im deutschen Sprachraum voran. Bei diesen Unternehmen handelte es sich zunächst um deutsche Niederlassungen amerikanischer Großunternehmen. Deren Konzerne waren in dezentrale, separat abrechnungsfähige Sparten („divisions" oder „business units") untergliedert, weil herkömmliche Koordinations- und Lenkungsinstrumente für die Steuerung des Unternehmenserfolges nicht mehr ausreichten. Da die damaligen klassischen Funktionsmanager mit der Handhabung der erforderlichen neuen Werkzeuge einschließlich des Rechnungswesens nur unzureichend vertraut waren, mussten sie neue Mitarbeiter einstellen, die zumindest das theoretische Fachwissen für eine Controllingposition mitbrachten. Nach gründlicher Einarbeitung in der Praxis stellten diese ersten deutschen Controller zunehmend ihren Nutzen für Information, Überwachung und Kontrolle des Unternehmensgeschehens unter Beweis. Beeindruckt von der Leistungsfähigkeit des Controllerdienstes begannen daraufhin auch die Manager traditioneller deutscher Konzerne eigene Controllingstäbe einzurichten.

1.2.3   Die deutsche Entwicklung seit 1980

Seit Beginn der 1980er Jahre hat die zunehmende Zahl von Unternehmensinsolvenzen in Deutschland den Ruf nach internen Beratern verstärkt, die neben Führungskompetenz auch über ein ausgeprägtes Zahlenverständnis verfügen. Die Entwicklung der Stellenanzeigen in großen Tageszeitungen lässt erkennen, dass mittlerweile auch viele kleine und mittelgroße Unternehmen sowie öffentlicher Sektor und Not-for-Profit-Organisationen die Notwendigkeit eines verbesserten Planungs- und Steuerungsinstrumentariums erkannt haben. Neuere Entwicklungen haben die Nachfrage nach Controllern zusätzlich verstärkt. Dazu zählen das in 1998 in Kraft getretene Gesetz zur Kontrolle und Transparenz im Unternehmensbereich (KonTraG), das Unternehmen verpflichtet, ein Risiko-Controlling und Frühwarnsysteme einzurichten, die Einführung von Ratings für Firmenkunden von Banken als Folge des im Jahr 2001 in Basel unterzeichneten Vertrages (Basel II), der strengere Anforderungen an die Planung und an die Eigenkapital-Unterlegung von Krediten stellt, das im Jahr 2002 verabschiedete amerikanische Sarbanes-Oxley Gesetz, das die erhöhte Kontrolle von internen Abläufen auch für auf amerikanischen Börsen notierten ausländische Unternehmen verlangt, das 2004 in Kraft getretene Gesetz zur Unternehmensintegrität und Modernisierung des Anfechtungsrechts (UMAG) sowie der im gleichen Jahr empfohlene Deutsche Corporate Governance Kodex, der solche Kontrolle allen deutschen Unternehmen nahe legt.

1.2.4   Aus- und Weiterbildung in Deutschland

Parallel zur Nachfrage nach qualifizierten Controllern stieg der Bedarf an Aus- und Weiterbildung. Im deutschsprachigen Raum nahm das „Controller-Institut zur Ausbildung in Unternehmensplanung und Rechnungswesen GmbH, Gauting" eine Vorreiterrolle ein. Das Institut trägt die „Controller-Akademie", die Seminare zur Ausbildung von Controllern veranstaltet. Die Gründung des „Controller-Vereins e. V." erfolgte im Jahr 1975.

Neben dem Controller-Institut stellten sich bald auch deutsche Hochschulen mit ihrem Unterricht auf die steigende Nachfrage nach ausgebildeten Fachkräften ein. 1971 begann Elmar Mayer mit dem Aufbau des ersten Lehrstuhls Controlling und Rechnungswesen an der Fachhochschule Köln. Seinem Beispiel folgten wenig später Universitäten, die Institute bzw. Lehrstühle für Controlling einrichteten, meistens in Verbindung mit anderen Fächern. So übernahm 1975 Rolf Eschenbach den Lehrstuhl für Unternehmensführung und Controlling an der Wirtschaftsuniversität Wien, der später um ein Weiterbildungszentrum erweitert wurde. 1980 folgte ihm Péter Horváth mit dem Lehrstuhl für Betriebswirtschaftslehre und Controlling an der Universität in Stuttgart, der später mit einer Management-Ausbildung kombiniert wurde. Ein weiteres Beispiel: 1986 wurde Jürgen Weber auf den Lehrstuhl für Controlling und Logistik an der Hochschule für Unternehmensführung (WHU) in Vallendar bei Koblenz berufen (Deyhle, 2004).

Die letzten zwei Jahrzehnte des 20. Jahrhunderts in Deutschland kennzeichneten eine wachsenden Seminar- und Literaturtätigkeit. Die Herausgabe der Zeitschriften *Der Controlling-Berater* (seit 1983), *Controller-Magazin* (seit 1986), *Controlling* (seit 1989) und *Controlling und Management* (seit 2000, früher *Kostenrechnungspraxis*) trieb die Durchsetzung des Controlling-Gedankengutes und die Professionalisierung des Controllerberufs weiter voran.

1.2.5   Der „Beruf" des Controllers

Trotz der fortschreitenden Akademisierung und Professionalisierung des Controlling in Deutschland gibt es heute noch große Aufgaben zu bewältigen. Die Anforderungen an die Fähigkeiten eines Controllers sind in Lehre und Praxis umstritten. Deshalb gibt es keine allgemein akzeptierte Qualifizierung für angehende Controller. Der Titel „Controller" ist eine ungeschützte Bezeichnung, jeder kann sich so nennen. Ferner sind Forschung und Literatur teilweise mit normativen Konzepten überfrachtet, die noch zu selten mit Daten konfrontiert werden. Empirische Beobachtungen beschränken sich zumeist auf Fallstudien, die keine allgemein gültigen Schlussfolgerungen erlauben. So befassten sich beispielsweise von 179 in *Der Controller-Berater* zwischen Januar 2000 und März 2005 veröffentlichten Artikeln nur neun mit der Untersuchung größerer Gruppen (n > 30) von Unternehmen.

1.2.6   Controlling im internationalen Vergleich

Die wachsende Regionalisierung und Globalisierung ehemals nationaler Volkswirtschaften sowie die Entwicklung der Informationstechnologie haben dazu geführt, dass sich die Controlling-Konzepte international führender Wirtschaftsnationen stark ähneln. Im Regelfall ist nicht mehr der einzelne Controller mit dem Controlling betraut. Controlling – die Steuerung auf Ziele hin – ist jetzt Sache eines jeden im Management, gar jeden Mitarbeiters geworden. Ein Controller managt heute das Controlling, mit analytischen Instrumenten und Methoden, mit dem Berichtswesen, und mit Hausbesuchen bei seinen „internen Kunden", durch das Thematisieren ausgewählter Fragen und Problemen und durch freundliche Beharrlichkeit. Es zeigt sich, dass Controlling-kompetente Manager hohe Ansprüche an die Qualität der Dienstleistungen des Controllers, ihres internen Beraters, stellen.

Die dennoch bestehenden Unterschiede innerhalb international angewandter Controlling-Praktiken entspringen der jeweiligen Ausprägung von Pragmatismus und Perfektionismus der Anwender. So hat in Deutschland der Trend zur Akademisierung des Controlling dazu geführt, dass zunächst geschlossene Systeme geschaffen wurden, die dann auf konkrete Ziele ausgerichtet werden konnten. Dies war bei der flexiblen Plankostenrechnung der Fall. Allerdings gab es in den 1950er, 1960er und 1970er Jahren wenig IT-Unterstützung, die Praktikern bei ihrer Arbeit half. Als sich die SAP AG Anfang der 1980er Jahre entschied, eine Standardsoftware für Controlling und Rechnungswesen zu entwickeln, konnte sie dennoch auf ein logisch konsistentes und geschlossenes Modell und auf zahlreiche, mit ihm vertraute Plaut-Berater zurückgreifen (Sharman/Vikas, 2005). Möglicherweise erklärt das den Vorsprung der SAP auf dem Softwaremarkt für betriebswirtschaftliche Anwendungen gegenüber den amerikanischen Konkurrenten Oracle und Microsoft. Zweifellos hat sie wesentlich zur Annäherung der Controlling-Konzepte beigetragen.

Einige europäische Nachbarländer, Japan und die USA gehen pragmatischer vor. Besonders in den USA ist die Einbeziehung des gesamten Managements in die Controller-Arbeit (z. B. durch Einsatz der „Balanced Scorecard" oder „BSC") weiter fortgeschritten. Darüber hinaus orientieren sich die Controller in Japan und den USA stärker an Markterfordernissen und Kundenwünschen. Das belegt die Tatsache, dass der Großteil neuer Einsichten und Impulse für das Controlling aus beiden Ländern kommen. Neben der soeben erwähnten Balanced Scorecard zählen das „Benchmarking", die *Kaizen*-Budgetierung, Perfektionsstandards, die aktivitätenbasierte Kostenrechnung, „Total Quality Management", „Target Costing" usw. zu ihren innovativsten Beiträgen. Trotzdem haben deutsche Unternehmen eine große Bereitschaft gezeigt, ausländische Innovationen im Controllingbereich wie z. B. ISO 9.000, ISO 14.000 und das EG-Öko-Audit anzunehmen und umzusetzen (Becker, 1998).

1.3 Controlling-Begriff und Teilaufgaben des Controllers

Ausgehend von der historischen Entwicklung des Controlling lassen sich eine Begriffsdefinition ableiten sowie Teilaufgaben zuordnen. Die hier genutzte Definition erhebt keinen Anspruch auf Vollständigkeit oder Allgemeingültigkeit. Vielmehr bietet sie einen Rahmen für die nachfolgenden Erläuterungen zum operativen Controlling.

1.3.1   Controlling-Begriff

Das Controlling ist u. a. eine Denkweise, die sämtliche Manager und Mitarbeiter einer Organisation einbezieht und bewirkt, dass angestrebte Ziele auf allen Ebenen durchgängig und einheitlich verwirklicht werden. Damit kommt dem Controlling führungsstilbildender Charakter zu.

Aufgrund ihrer allumfassenden Dimension ist die Controlling-Funktion unabhängig von einer eigens dafür eingerichteten Stelle oder Abteilung realisierbar. Ein vorhandener Controllingbereich ist der organisatorische Ausdruck einer unternehmensspezifischen Arbeitsteilung.

Das Controlling ist ferner eine Dienstleistung, die sich als führungsstützende, bereichsübergreifende Querschnittsfunktion versteht. Ursprünglich erbrachte das Controlling als Teil des Führungsstabes Dienstleistungen *für* die Linie. Die Aufgabe des Controlling bestand darin, *durch* Entwicklung und Bereitstellung von Instrumenten, Techniken und Know-how die jeweiligen Systeme der Zielsetzung, Planung, Steuerung und Kontrolle in einer Organisation einzurichten und zu koordinieren. Dieser Ansatz bedeutete *de facto*, dass Controlling durch den Controller wahrgenommen wurde.

Heute nimmt das Controlling oft nur noch unterstützende Tätigkeiten für die Unternehmensführung *bei* der Zielsetzung-Planung-Steuerung-Kontrolle wahr (Gruber/Nausner, 2004). Im Rahmen des sogenannten Eigen-Controlling-Ansatzes übernehmen einzelne Linienmanager teilweise oder vollständig Controlling-Funktionen und üben sie innerhalb ihres Verantwortungsbereiches eigenverantwortlich aus. Dabei sind die für das Unternehmen gültigen organisatorischen und ökonomischen Richtlinien zu beachten. Der Controller gilt hier als interner Berater, der dem Manager in Fachfragen zur Seite steht.

Trotz des verstärkten Übergangs zum Eigen-Controlling wird es auch in Zukunft einen Anteil an Fremd-Controlling geben. Dazu zählen insbesondere jene Arbeiten, die ein Controller aufgrund spezieller Kenntnisse (z. B. der Kostenrechnung) besser beherrscht, und jene, die über den Tätigkeitsbereich einzelner Manager (z. B. funktionsübergreifende Budgets) hinausgehen.

Sowohl im historischen als auch im neueren Ansatz ist die Stelle des Controllers für ein funktionierendes Controlling unverzichtbar. Organisationen neigen dazu, einen einmal erreichten *Status Quo* zu erhalten, der allen Mitgliedern einen gewissen Grad an Sicherheit verleiht. Der Controller als kritischer Partner des Managements wird in dieser Situation darauf hin arbeiten, die Leistungsfähigkeit der Organisation zur langfristigen Unternehmenssicherung zu überprüfen, ggf. neue Impulse zu geben und Strategien entsprechend anzupassen.

1.3.2   Teilaufgaben des Controllers

Das Financial Executives Institute erarbeitete 1962 eine klassische Aufgabenverteilung für den amerikanischen Controller, die bis heute unverändert gilt. Dazu zählen Planung, interne

Berichterstattung, Interpretation, Bewertung, Beratung, Steuerangelegenheiten, Berichterstattung an Behörden, Vermögenssicherung und volkswirtschaftliche Analysen. Im Einzelnen gehören die folgenden Tätigkeiten zu den genannten Aufgabengebieten.

- **Planung:** Erstellung, Koordinierung und Umsetzung von Unternehmensplänen zur Kontrolle der Aktivitäten. Die Planung beinhaltet u. a. Gewinnpläne, Investitions- und Finanzierungsprogramme, Absatzpläne, Gemeinkostenbudgets und Kostenstandards.

- **Interne Berichterstattung und Interpretation:** Vergleich der Ist-Ergebnisse mit den Plan- und Standardangaben, Berichterstattung und Analyse der Geschäftsergebnisse an alle Managementebenen und Kapitaleigner. Diese Funktion bezieht sich ebenfalls auf die Formulierung von Bilanzierungsrichtlinien, die Koordinierung von Systemen und Arbeitsabläufen sowie die Vorbereitung von zu bearbeitenden Daten und von Sonderberichten.

- **Bewertung und Beratung:** Beratung sämtlicher Managementebenen, die für die Erstellung von Richtlinien und deren Ausführung verantwortlich sind, in jeder Prozessphase hinsichtlich der Erreichung gesetzter Ziele, der Wirksamkeit getroffener Maßnahmen, der Organisationsstrukturen und Abläufe.

- **Steuerangelegenheiten:** Erstellung und Anwendung von Richtlinien und Verfahren zur Bearbeitung von Steuerangelegenheiten.

- **Berichterstattung an Behörden:** Überwachungs- oder Koordinierungsaufgaben bei der Verfassung von Berichten an staatliche Stellen.

- **Vermögenssicherung:** Gewährleistung der Sicherung des Unternehmensvermögens durch interne Kontrollen, interne Revision und Überwachung des Versicherungsschutzes.

- **Volkswirtschaftliche Analysen:** Kontinuierliche Beobachtung der wirtschaftlichen (einschließlich technologischen), sozialen und politischen Umweltfaktoren und Beurteilung ihrer Auswirkungen auf das Unternehmen bezüglich zukünftiger Chancen und Risiken.

1.4 Aktuelle Entwicklungen in der Controlling-Praxis

Neben der historischen Entwicklung bestimmen zwei weitere, miteinander verflochtene Faktoren maßgeblich den gegenwärtigen Kontext des praktischen Controlling. Zum einen wandelt sich die Umwelt des betrieblichen Rechnungswesens. Zum anderen ergeben sich daraus Konsequenzen für die Controlling-Praxis.

1.4.1 Die sich wandelnde Umwelt des betrieblichen Rechnungswesens

Wie bereits herausgestellt besteht die zentrale Aufgabe des Managements darin, das Unternehmen in einer dynamischen Umwelt auf einen Entwicklungspfad zu führen, der ihm das dauerhafte Überleben ermöglicht. Ein praktisches Hindernis auf diesem Weg verkörpert die beinah allgegenwärtige Priorität operativer Führung. Das Controlling bedient sich zur alltäglichen Unterstützung des operativen Managements überwiegend der Instrumente des betrieblichen Rechnungswesens. Dabei haben sich die Rahmenbedingungen für das betriebliche Rechnungswesen in den letzten Jahren erheblich gewandelt.

In der Managementliteratur wie auch zunehmend in der Praxis ist eine stärkere Gewichtung der „soft facts" in der Erfolgsplanung festzustellen. Bei den Ressourcen rücken damit immaterielle, humane Potenziale, anstelle von physischen („bricks and mortar,") in den Vordergrund, eine Entwicklung, die insbesondere in der IT-Branche und in vielen anderen Dienstleistungsbereichen auffällt.

In der Managementlehre etabliert sich eine evolutionistische Auffassung, die bei der Lösung komplexer Problemstellungen von Beschränkungen des menschlichen Geistes ausgeht. Konstruktivistische Vorstellungen von der Lenkbarkeit sozioökonomischer Systeme werden dabei zunehmend kritisch hinterfragt. So widerlegte unter anderen Wissenschaftlern Herbert A. Simon den Irrglauben von der unbeschränkten Machbarkeit aller Dinge bzw. der rationellen Lösbarkeit aller Probleme. Im Jahr 1978 erhielt er den Nobelpreis in Volkswirtschaft für seine Einsicht, dass man aufgrund unvollständiger Informationen, Zeitdruck und des begrenzten menschlichen Wahrnehmungsvermögens komplexe Probleme bestenfalls bedingt rationell lösen kann (March/Simon, 1958). Speziell das betriebliche Rechnungswesen sieht sich demnach mit der Frage konfrontiert, ob es nicht von einer konstruktivistischen Machbarkeitsideologie getragen wird, obwohl es dem sachrational „ausführenden" Management doch im Regelfall recht „reduzierte" Lenkungsgrößen in Form von selektierten, manipulierten und aggregierten Daten zur Verfügung stellt.

Sowohl die Betonung von „soft facts" als auch die Widerlegung volkswirtschaftlicher Modelle legen den Schluss nahe, dass der zunehmenden Komplexität und Dynamik des Unternehmensgeschehens nicht mehr allein mit den monetären Größen des betrieblichen Rechnungswesens begegnet werden kann. Reine finanzwirtschaftliche Indikatoren weisen insbesondere folgende Schwächen auf:

1. Veränderungen im Umfeld und innerhalb des Unternehmens schlagen sich erst mit zeitlicher Verzögerung im Zahlenwerk des betrieblichen Rechnungswesens nieder. Monetäre Größen spiegeln nur wider, wie erfolgreich das Unternehmen in der Vergangenheit agiert hat. Die Kennzahlen, denen typischerweise die größte Aufmerksamkeit des Managements gewidmet wird, (ROI, Betriebsergebnis) lassen sich zudem nur schwer direkt beeinflussen. Die Einrichtung von Frühwarnsystemen ist deshalb notwendig.

2. Einige entscheidende Indikatoren für den Unternehmenserfolg werden im betrieblichen Rechnungswesen kaum oder gar nicht erfasst. Beispiele sind u. a. typische Variablen einer Balanced Scorecard, wie die Kundenzufriedenheit und Zuverlässigkeit von Lieferanten sowie die Mitarbeiterqualifikation und –motivation.

3. In der betrieblichen Praxis werden Ergebnisverbesserungen im Regelfall über Kostensenkungsmaßnahmen angesteuert. Dabei wird nicht klar unterschieden, ob es sich um Kosten im Sinne von nicht unbedingt erforderlichem Verbrauch an Inputfaktoren handelt oder ob Kosten von potentiellen Ressourcen gemeint sind, die das Management noch nicht voll ausschöpft. Im letzteren Fall besteht die Gefahr, dass über Kostensenkungsprogramme für die Wettbewerbsfähigkeit wichtige Leistungspotenziale vermindert oder gar vernichtet werden (Prahalad, 1999). Die zu frühe Entlassung von Mitarbeitern kann u. U. das Potenzial des Unternehmens reduzieren, in Zukunft rechtzeitig mit Innovationen aufzuwarten

4. Im Zusammenhang mit Kostensenkungsprogrammen dominieren leider noch immer nicht Leistungen, Kunden, Mitarbeiter oder andere Stakeholder sondern Kostenarten das Denken in der Betriebswirtschaftslehre. So stehen Unternehmen, die bei der Personalreduzierung eine Vorreiterrolle einnehmen, später nur selten auf „Bestenlisten". Die einseitige Verfolgung von Effizienz- und Produktivitätssteigerungen schadet einem Unternehmen oft mehr als sie nützt. Die traditionelle Konzentration auf Kosten und auf die Optimierung von Bestehendem kann weiterhin zu einer gewissen Blindheit gegenüber zukunftsträchtigen Entwicklungen am Markt führen.

5. Eine an rein ökonomischen Erfolgskriterien orientierte Unternehmensstrategie läuft Gefahr, überlebenswichtige Entwicklungen im Umfeld des Unternehmens zu übersehen. Die Missachtung erfolgsrelevanter gesellschaftlicher, sozialer und ökologischer Nebenbedingungen beeinträchtigt letztendlich auch Erfolgspotenziale. Insbesondere die für die Wettbewerbsfähigkeit des Unternehmens so wichtigen Entscheidungen, wie die über Investitionen für Innovationen und kontinuierliche Verbesserungsprozesse, werden durch Signale des betrieblichen Rechnungswesens, die solche Nebenbedingungen nicht berücksichtigen, tendenziell negativ beeinflusst.

1.4.2   Konsequenzen für die Controlling-Praxis

Ausgehend von den zentralen Schwächen des internen Rechnungswesens besteht eine zentrale Aufgabe des Controlling darin, die erheblichen Leistungsmängel eines finanzwirtschaftlich orientierten Rechnungswesens zu überwinden. Der Fokus der Entscheidungsträger muss auf alle – auch nicht monetäre – erfolgskritischen Gestaltungs- und Lenkungsparameter gerichtet werden. Damit wird das betriebliche Rechnungswesen als zentraler Informationslieferant für das Controlling nicht überflüssig. Für kurzfristige Entscheidungen im operativen Controlling bieten monetäre Größen weiterhin eine wertvolle Hilfe. Sobald jedoch strategische Fragestellungen mit Informationen des Controlling fundiert unterstützt werden sollen, müssen weitere Informationskategorien und –quellen hinzugezogen werden.

1.5   Operatives und strategisches Controlling im Vergleich

Ein erfolgreiches Controlling setzt simultanes operativ-strategisches Denken voraus. Die Praxis trennt beide Formen normalerweise nicht. Aus Gründen der Klarheit und Übersichtlichkeit wird nachfolgend dennoch das operative vom strategischen Controlling abgegrenzt. Ausgehend davon werden die Rolle der immateriellen Vermögenswerte („intangible assets") im Controlling sowie die Beziehung des Controlling zur Finanzbuchhaltung diskutiert.

Wie in Abb. 1.1 und Abb. 1.2 dargestellt, finden sich sowohl operatives als auch strategisches Controlling im kybernetischen Regelkreis wieder. Darin enthalten sind u. a. folgende betriebswirtschaftliche Prozesse: Zielvereinbarung, Planung einschließlich Budgetierung, Information und Berichtswesen sowie Analyse und Steuerung.

1.5.1   Operatives Controlling

Im operativen Bereich („die Dinge richtig tun") liefert der Controllerdienst Steuerungshilfen für Aktionspläne, die sich in einem vorwärts rollierenden Planungszeitraum innerhalb eines Zeithorizontes von 12 bis 36 Monaten realisieren lassen, wenn Prognosen und Wirtschaftswirklichkeit sich innerhalb einer Bandbreite decken. Innerhalb dieses Zeitraumes erlaubt das operative Controlling eine aktive Gewinnsteuerung beispielsweise über den Soll-Deckungsgrad (Deckungsbeitrag in Prozent), wenn eine ordnungsgemäße Deckungsbeitragsrechnung die Zielgrößen definiert. Im Rahmen der EDV-gestützten Nachkalkulation wird der Soll- mit dem Ist-Deckungsgrad je Auftrag verglichen. Die Abweichung wird in Prozent angegeben: Ist-Deckungsgrad = 32 % < Soll-Deckungsgrad = 36 % => eine ungünstige Abweichung von 4 %. Ursachenforschung und –analyse sind sofort nachvollziehbar und in der Praxis üblich bei einer Abweichung von plus/minus 5 % oder bei einem bestimmten absoluten Betrag (bspw. 25.000 €).

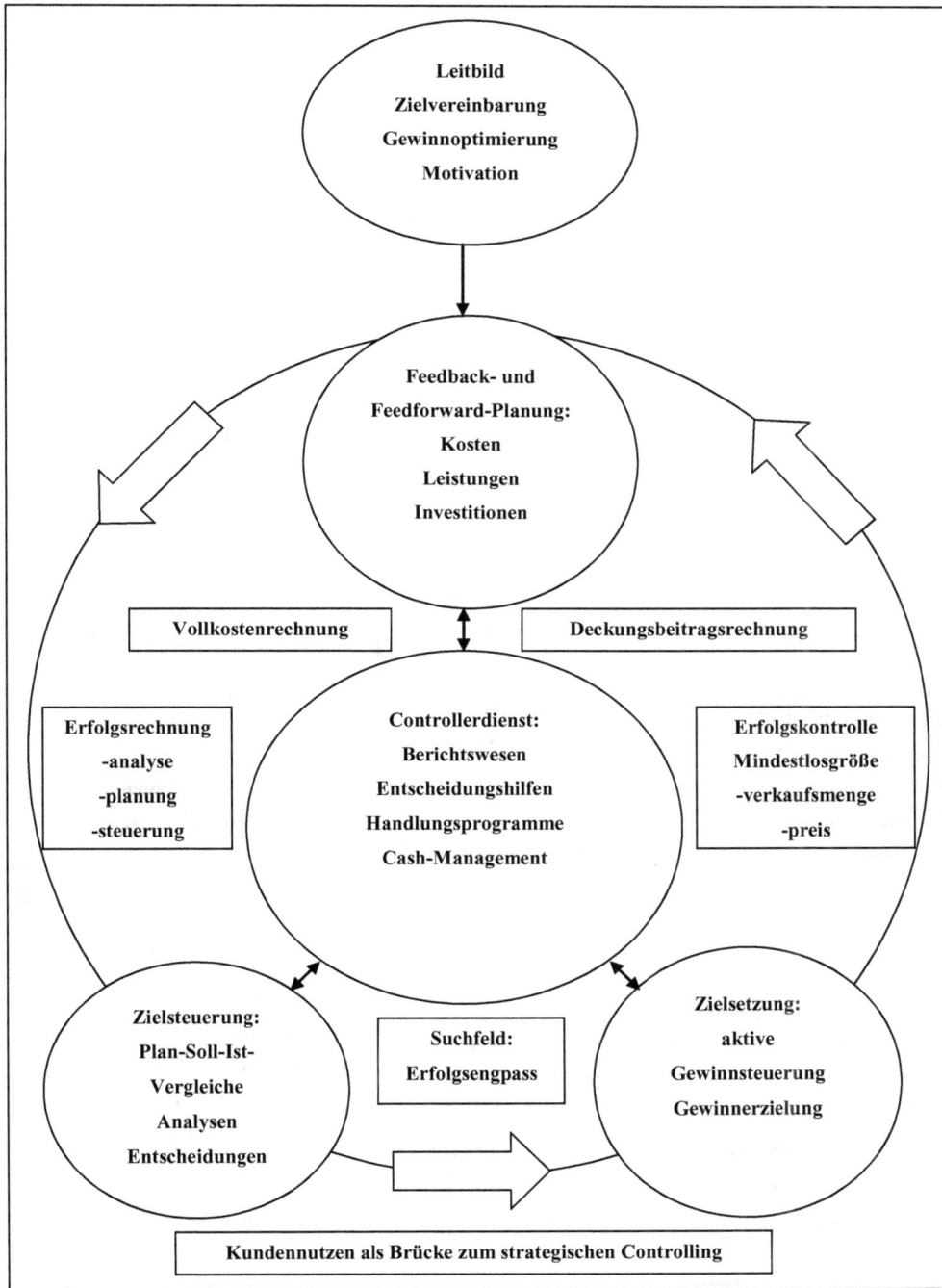

Abb. 1.1   Regelkreis operatives Controlling (Quelle: Vgl. Abb. Mayer, 1995.)

Leitbild
Zielvereinbarung
Existenzsicherung
Energie- und
Umweltbilanz

Feedforward-Analysen
Feedforward-Planung

Umfeldanalysen
Potenzialanalysen
Strategische Bilanz
Wachstumsstrategie
Eckwertplanung

Controllerdienst:
Strategisches Berichtswesen
Plan-Soll-Ist-Vergleiche
Innovationen (FuE)
Projektmanagement

Matrixanalysen
Rendite/Marktziele
Wachstumskonzept
Funktionsstrategien
Checkprogramme

Zielsteuerung:
Balanced Scorecard
GAP-Analysen
Portfolio-Matrix
Wettbewerbs-
strategien

Suchfeld:
Wachstumsengpass

Zielsetzung:
Transfer strategischer
Pläne in Handlungs-
programme
Alternativpläne

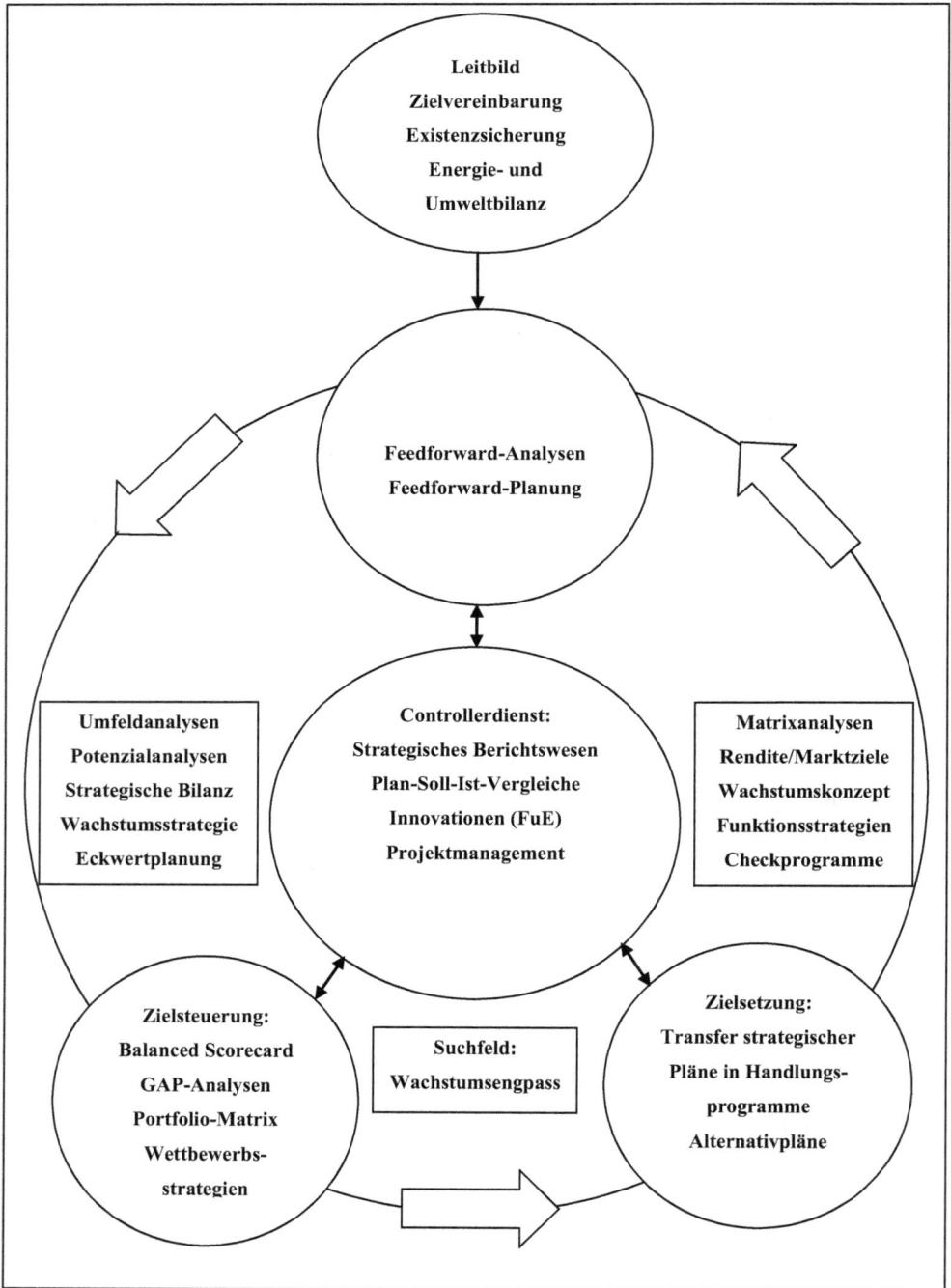

Abb. 1.2   Regelkreis strategisches Controlling (Quelle: Vgl. Abb. Mayer, 1995.)

1.5.2 Strategisches Controlling

Im strategischen Bereich („die richtigen Dinge tun") werden längerfristige Entscheidungen getroffen. So signalisiert beispielsweise die Kundendeckungsbeitragsrechnung über die Deckungsbeitragstiefenanalyse, welche Kunden allgemein zu fördern (Ist-Deckungsgrad > Soll-Deckungsgrad) und welche zu „therapieren" bzw. zu vernachlässigen (Ist-Deckungsgrad < Soll-Deckungsgrad) sind. Die Kundendeckungsbeitragsrechnung löst einen Umdenkprozess aus, alle Aktivitäten im Unternehmen auf schnellere Problemlösungen für die zu fördernden Kunden zu konzentrieren als dies ein Mitbewerber leisten kann. Es bildet sich effektiv eine Brücke vom strategischen zum operativen Controlling, wenn Forschung und Entwicklung (FuE) sich um Innovationen und neue strategische Geschäftsfelder bemühen. Während sich im operativen Bereich überwiegend finanzielle Indikatoren ändern, registriert der strategische Bereich insbesondere die Änderung von Bedingungen im Unternehmensumfeld als Auslöser für zukünftige Wachstumsengpässe. Da sich solche Veränderungen oft auch in immateriellen Werten niederschlagen, sollen Controller diese Vermögenswerte (z. B. „Human Capital" oder „Customer Satisfaction") ebenfalls in ihr Berichtswesen aufnehmen. Die Controller in vielen Unternehmen haben Balanced Scorecards (BSCs) entwickelt und eingeführt, um die Potenziale („potentials"), Chancen oder Risiken zu berücksichtigen, die Veränderungen der immateriellen Vermögenswerte bewirken.

1.5.3 Immaterielle Vermögenswerte

Immaterielle Vermögenswerte sind die nicht greifbaren Werte eines Unternehmens. Sie stellen die immateriellen Quellen gegenwärtiger Leistungsfähigkeit und zukünftiger Entwicklung dar. Sie zielgerichtet zu entwickeln ist Gegenstand jeder Strategie. Sie mit hohem Wirkungsgrad zu nutzen ist die Aufgabe der operativen Tätigkeit. Immaterielle Vermögenswerte sind insbesondere Potenziale, d. h. Möglichkeiten und Fähigkeiten. Um sein Auftragsbuch gut zu füllen, ist ein Unternehmen beispielsweise auf gute Kundenbeziehungen angewiesen. Um auch langfristig profitabel wirtschaften zu können, müssen diese Beziehungen stabil und ausbaufähig sein.

Ebenso benötigt ein Unternehmen tragfähige Beziehungen zu seinen Mitarbeitern, Partnern und Investoren, um erhaltene Aufträge professionell ausführen zu können, Dabei müssen Beziehungsstrukturen den Besonderheiten der unternehmensspezifischen Aufträge angepasst sein. Legt eine Kundengruppe beispielsweise großen Wert auf individuell maßgeschneiderte Software-Lösungen (z. B. bei Linux), so müssen die eigenen Mitarbeiter ein hohes Maß an Kreativität und Eigenständigkeit aufweisen. Legt dagegen der Kunde gesteigerten Wert auf weltweit einheitliche Standards (z. B. bei Microsoft), so erfordert deren Umsetzung die Disziplin, sich den mitunter sehr engen Vorgaben dieser Standards anzupassen.

Die für ein Unternehmen so überlebenswichtigen Potenziale werden von der Gemeinschaft geschaffen und zur Verfügung gestellt. Bildung, Gesundheit und soziale Absicherung gehören hierzu, genauso wie eine gut entwickelte Infrastruktur – von ausgebauten Transportwegen über verschiedene kulturelle Einrichtungen bis hin zu vielfältigen Telekommunikationswegen einschließlich des Internets. Für ein Unternehmen sind neben den Beziehungen zu

Stakeholdern (Kunden, Mitarbeiter, Lieferanten, Gläubiger und Aktionäre) gute Beziehungen zu staatlichen wie zu nichtstaatlichen Institutionen und Einrichtungen von großer Bedeutung. Damit Beziehungspotenziale effektiv in Leistungen umgesetzt werden können, müssen also adäquate Strukturen und Prozesse geschaffen werden, mit deren Hilfe die Human- und Gemeinschaftspotenziale genutzt werden können.

So verstanden bildet der Unterschied zwischen dem Erwerben und dem Nutzen von Potenzialen (Möglichkeiten und Fähigkeiten) die Abgrenzung zwischen operativem und strategischem Controlling. Strategisch entwickelt ein Unternehmen Potenziale, während es operativ die verfügbaren Potenziale nutzt. Im strategischen Geschäft verdient ein Unternehmen kein Geld, sondern „nur" Potenziale, die jedoch die Voraussetzung sind, um im operativen Geschäft ausreichend Geld verdienen zu können. Ohne das strategische Geschäft hat ein Unternehmen auf Dauer dazu nicht einmal die Chance. Ohne das operative Geschäft wiederum fehlt das Geld, um beides finanzieren (und damit auch die Zukunft sichern) zu können. Nicht der Planungszeitraum allein macht den Unterschied, sondern auch der Umgang mit den Potenzialen. Abb. 1.3 stellt dieses Wechselspiel dar.

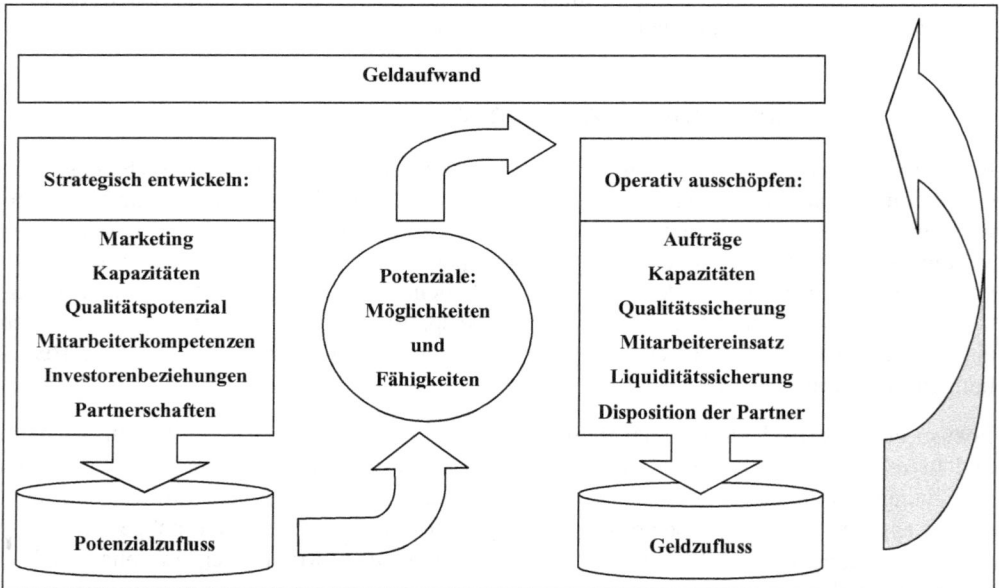

Abb. 1.3   Potenziale strategisch entwickeln und operativ ausschöpfen (Quelle: Vgl. Abb. Friedag, in Schmidt, 2004.)

1.5.4 Abgrenzung des Controlling von der Finanzbuchhaltung

Betriebliche Entscheidungsträger benötigen zukunftsorientierte Steuerungsinstrumente, anhand derer sie operative Maßnahmen im Hinblick auf bestimmte unternehmerische Ziele planen können. Hierin lag der Ansatz zur Entwicklung des operativen Controlling hin zu einem System zur Gewinnsteuerung.

Dabei umfasste das Controlling anfangs nur eine Jahresvorschau. Die Unterteilung der traditionellen Jahresplanung in Monatspläne sollte dem Unternehmen Maßstäbe setzen für Teilschritte, die isoliert von der Gesamtentwicklung kontrollierbar waren. So liefert der Plan-Soll-Ist-Vergleich im Januar eines Jahres das erste Feedback zur Realisierbarkeit des Gesamtplanes des Jahres. Mit jedem weiteren Monat entsteht zunehmende Sicherheit über Chancen und Risiken des geplanten Ergebnisses.

Demgegenüber übermittelt die Finanzbuchhaltung vergangenheitsbezogene Informationen. Bilanzen zeichnen in periodischen Abständen auf, wie sich die Substanz eines Unternehmens verändert hat und stellen damit lediglich Momentaufnahmen aus der bereits erlebten Geschichte des Unternehmens dar. Die Gewinn- und Verlustrechnung sowie die Kapitalflussrechnung verstehen sich als Filme der geschehenen Entwicklung zwischen den Zeitpunkten der Bilanzerstellung.

Ausgehend von der ursprünglichen Jahresvorschau verlagert sich im Gegensatz der Planungshorizont des Controllers immer weiter in die Zukunft hinein. Nicht nur Investitionsplanungen, sondern auch Projekte, wie beispielsweise die Einführung eines neuen Produktes oder der Aufbau eines neuen Vertriebswegs (z. B. E-Commerce), spielen sich über einen wesentlich längeren Zeitraum ab. Mit der Mittelfristplanung wird der Planungshorizont hierzu über das Jahr hinaus ausgedehnt. Ein rollierender Prozess aus Planung, Budgetierung, Abweichungsanalyse, und Steuerungsmaßnahmen verbindet die Jahres- mit der Mittelfristplanung. Dennoch ist die Mittelfristplanung in der Regel eine Extrapolation des ersten Planungsjahres (d. h. eine Weiterrechnung unter Beachtung tariflicher und anderer ähnlicher vorhersehbarer Veränderungen).

Die Mittelfristplanung erstreckt sich generell über einen Planungshorizont von drei bis fünf Jahren. An sie schließt sich die Langfristplanung mit einem Horizont von fünf bis zehn oder mehr Jahren an sowie die strategische Planung, die keinen begrenzten Zeithorizont kennt.

Während die Langfristplanung mit den gleichen Planungsgrößen wie Jahres- und Mittelfristplanung arbeitet, verwendet die strategische Planung andere Faktoren, um zukünftige Entwicklungen einzuschätzen. Der rollierende Plan-Soll-Ist-Vergleich und die kundenbezogene Deckungsbeitragstiefenanalyse des operativen Controlling geben zwar Impulse für das strategische Controlling, jedoch verlieren operative Controlling-Werkzeuge am Zeithorizont ihre direkte Wirkung. Während sich Veränderungen im operativen Bereich meist anhand von finanziellen Indikatoren abbilden lassen, gehen diesen konkreten Veränderungen im strategischen Bereich Stimmungswechsel oder geänderte politische bzw. gesellschaftliche Bedingungen voraus. Diese Erkenntnis befähigt das strategische Management jenseits eines Prognosehorizontes von drei bis fünf oder sogar zehn Jahren, die sich oft nur mit schwachen Signalen ankündigenden Veränderungen mit strategischer Bedeutung wahrzunehmen. Typische, sich langfristig ändernde Bedingungen sind Nachfrageänderungen bevorzugter Kunden, Umfeld- und Umweltprobleme, Ressourcenbeschränkungen und der Wandel heute noch gültiger Technologien und Marktstrukturen (bspw. zum regionalen und globalen Wettbewerb). Abb. 1.4 stellt den Zusammenhang zwischen Planungshorizont, Planungsmentalität und Faktoren dar, die in die Planung einbezogen werden.

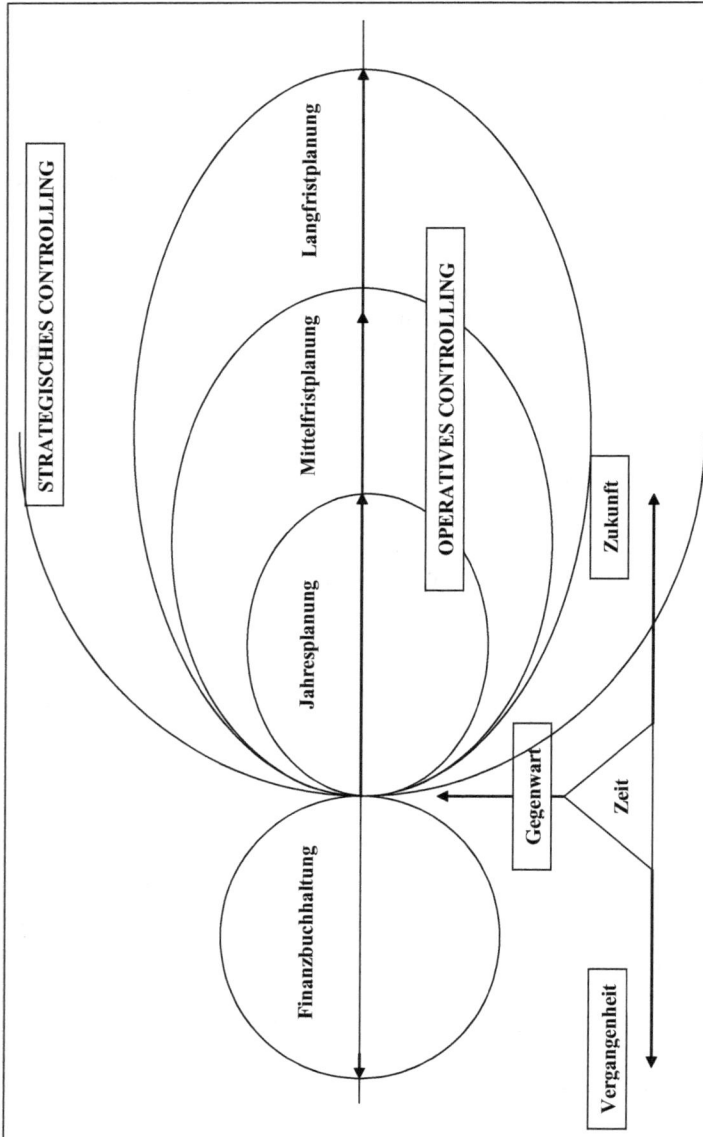

Abb. 1.4   Die Vernetzung von Finanzbuchhaltung, operativem und strategischem Controlling (Quelle: Vgl. Abb. Mayer, in Freidank und Mayer, 2004.)

1.5.5   Feedback-, Feedforward-Denken und der Zukunftsaspekt des Controlling

Controlling lebt nicht von richtiger Planung und deren Umsetzung, sondern von der falschen. Mit anderen Worten sind es gerade die Abweichungen, die einen Controller zu Untersuchungen, Gesprächen und der Suche nach Gegensteuerungsmaßnahmen veranlassen. Dadurch entsteht eine andere Einstellung zu Fehlern. Anstatt begangener Fehler und „Schuldigen" steht im Vordergrund der gewollte Lernprozess, den die Abweichungsanalyse ermöglicht. Damit ist das Controlling als ein Lernprozess auf der Basis von systematischem Probieren („trial and error") für das Unternehmen und sein Management zu verstehen (Mann, 2003).

Abb. 1.5 stellt Abweichungen als das Feedback aus bzw. als die Rückkoppelung mit der Vergangenheit dar. Da das Controlling nur ein Steuerungssystem im Hinblick auf bestimmte Ziele ist, sollte man die Abweichung nicht ausschließlich in der Retroperspektive betrachten. Neben der Beantwortung der Frage „Warum ist hier eine Abweichung entstanden?" sollte die Abweichung als eine wichtige Information zwischen dem Ist-Stand und dem zukünftigen Ziel begriffen werden. Insofern ist die Abweichung ein Signal für notwendige Gegensteuerungsmaßnahmen. Sie verweist auf Wandlungen der Umwelt und fordert zur Anpassung des Unternehmens an gesellschaftspolitische Entwicklungen heraus.

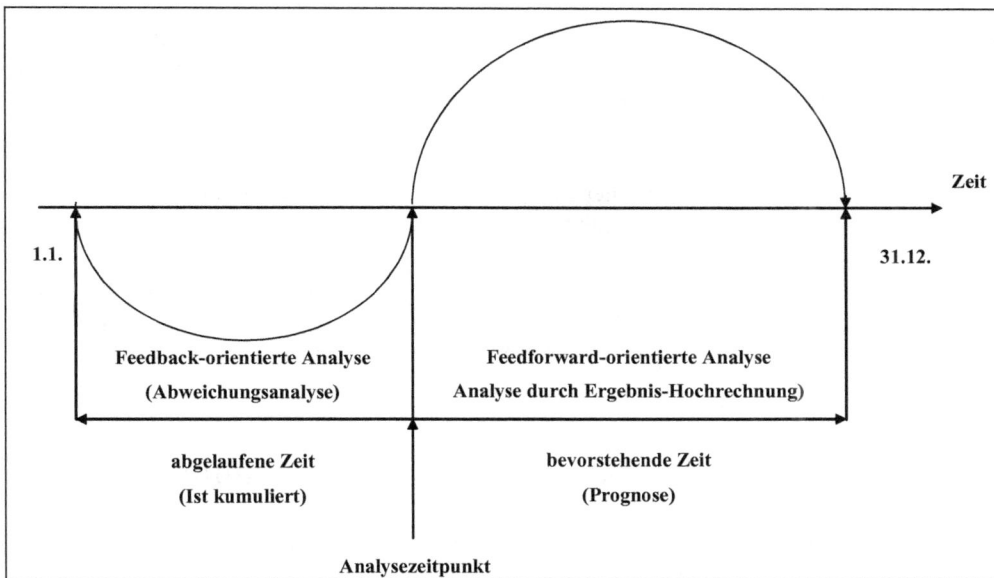

Abb. 1.5   Der Unterschied zwischen Feedback- und Feedforward-Denken (Quelle: Vgl. Abb. Mann, 2003.)

Die andere Einstellung zur Abweichungsanalyse und dem resultierenden Lernprozess ergibt sich aus drei Komponenten. Erstens wird das notwendige Feedback für den Lernprozess aus verschiedenen Vergleichen gewonnen. Dabei unterscheidet man zwischen monatlichen, mittelfristigen und langfristigen Plan-Soll-Ist-Vergleichen.

Zweitens eröffnet das Umdenken von Feedback zu Feedforward dem Controlling die Möglichkeit, sich durch das Antizipieren von Abweichungen aus dem Dilemma ihrer Kompensation zu befreien. Abweichungen können nicht gänzlich vermieden werden, jedoch kann man sich durch das Feedforward-Denken weitgehend vor unangekündigten Abweichungen schützen. Mögliche zukünftige Differenzen und deren Ursachen können durch gründliche Vergangenheitsanalysen frühzeitig identifiziert und behoben werden. Das vermeidet die Potenzierung von Fehlentscheidungen.

Begreift man drittens die Abweichung als Feedback bzw. Feedforward zwischen Zielsetzung und Realisierung, d. h. zwischen den einzelnen Planungshorizonten und Ist-Ergebnissen, entsteht ein in sich verzahntes, kybernetisches Regelkreissystem. Dieses System stellt die Zusammenhänge her zwischen strategischer Planung, Langfrist-, Mittelfrist- und Jahresplanung sowie Plan-Soll-Ist-Vergleichsanalyse und Gegensteuerungsmaßnahmen, die nur in einem integrierten und in sich geschlossenen System gewahrt bleiben.

Der Zukunftsaspekt des Controlling lässt sich in folgenden Punkten zusammenfassen:

- Controlling ist nicht auf vergangene Abläufe und Ergebnisse fixiert, sondern auf zukünftige Entwicklungen.

- Die Vergangenheit ist nur von Bedeutung, wenn sie Hinweise zur besseren Bewältigung der Zukunft gibt. So dienen Plan-Soll-Ist-Vergleiche nicht der Suche nach „Sündenböcken" für vergangene Abweichungen, sondern zeigen Ansatzpunkte für zukunftsorientierte Steuerungs- und Gegensteuerungsmaßnahmen auf.

Mit dem zeitlichen Horizont, der einer Planperiode zugrunde liegt, verändern sich die Faktoren, die zur Betrachtung herangezogen werden. Die Betrachtung vergangenheitsorientierter Substanzveränderungen (Aktiva und Passiva) verschiebt sich im operativen Controlling zur Analyse von Faktoren (Erträge und Kosten), die später zu Aktiva und Passiva führen werden. Im strategischen Controlling stehen dagegen Potenziale im Vordergrund, die zukünftig Erträge und Kosten verändern werden (Abhängigkeiten, Anziehungskräfte, Knappheiten usw.).

1.6   Unzulänglichkeiten der Kostenrechnung

Im operativen Bereich sind die Controlling-Instrumente hauptsächlich der Kostenrechnung entliehen. Da sich das strategische Controlling jedoch auch auf Faktoren erstreckt, die in der Kostenrechnung nicht behandelt werden, ergeben sich Unzulänglichkeiten, die zur Entwicklung zusätzlicher Controlling-Werkzeuge geführt haben.

1.6.1   Historisch gewachsene Probleme und gegenwärtige Lösungsalternativen

Die Geschichte der Kostenrechnung lässt sich in vier Phasen einteilen. Die erste Phase ist geprägt vom Aufbau einer zunächst primitiven, später immer ausgefeilteren, stets unternehmensspezifischen Betriebsbuchhaltung. Sie stellt jene entscheidungsrelevanten Informationen bereit, die die Finanzbuchhaltung nicht liefern kann.

Standardisierung und ein höherer Detaillierungsgrad charakterisieren die zweite Phase. In Zusammenarbeit zwischen Wirtschaftswissenschaft und Industrieunternehmen wurde in Deutschland die Grenzplankostenrechnung geschaffen. Bis heute ist sie hierzulande sowohl in Produktions- und in Dienstleistungsunternehmen als „Goldstandard" anerkannt. Ähnliche Systeme (z. B. das bereits erwähnte „standard direct costing") wurden parallel dazu in den Vereinigten Staaten entwickelt. Trotz einiger Unterschiede haben die deutschen und amerikanischen Rechenwerke viele Gemeinsamkeiten, insbesondere: (1) die leistungsabhängige Planung von Kosten, (2) deren konsequente Trennung in fixe und variable Kostenbestandteile, (3) die durchgängige Verwendung von geplanten Standardkosten und (4) die Orientierung an Prozessen im Unternehmen.

Die dritte Phase kennzeichnete die Neunziger Jahre des 20. Jahrhunderts. Um den zunehmend wissenschaftlich genau beschriebenen Anforderungen der Grenzplankostenrechnung gerecht zu werden, wurden immer detailliertere Strukturen (Kostenstellen, Kostenträger, Ergebnisobjekte) erforderlich. Als Resultat beanspruchte die rein technische Abwicklung der Kostenrechnung teilweise so viel Zeit, dass ein Controller für Analysen, interne Beratungen, Entscheidungsvorbereitungen usw. (d. h. für seine eigentliche Arbeit) keine Kapazitäten mehr hatte.

In der vierten Phase war eine grundlegende Vereinfachung der Kostenrechnung die notwendige Folge, um die Relation zwischen Informationsgewinnung und –nutzung wieder ins Gleichgewicht zu bringen. Dennoch gestalteten sich in manchen Fällen die Vereinfachungsprojekte genauso aufwändig wie die Standardisierungs- und Verfeinerungsprojekte der zweiten Phase. Bisweilen trieb man die Vereinfachung so weit, dass der Leistungsbezug der Kosten verloren ging. Mit anderen Worten: Man schoss in den Phasen zwei, drei und vier oftmals über das Ziel hinaus.

Mit welchem Detaillierungsgrad der Kostenrechnungsinstrumente können Controller also die aktuellen Anforderungen – Wertorientierung, Kundenorientierung, Regionalisierung bzw. Globalisierung – am besten bewältigen? Es stehen drei Alternative zur Auswahl (Zehetner, 2002).

1. Festhalten am komplexen Modell: Trotz einiger Ansätze haben Wissenschaft und Praxis bisher kein schlüssiges Konzept als das der Grenzplankostenrechnung erstellt. Diese Alternative bietet sich überall dort an, wo die Methoden eingespielt sind und das Controlling durch die Komplexität (noch) nicht überfordert ist. Auf den ersten Blick scheint in solchen Fällen kein Änderungsbedarf zu bestehen.

Aber gerade hier ist Veränderung unbedingt notwendig. Die flexible Plankostenrechnung und „standard direct costing" entstanden in einer Ära, in der die Gemeinkosten nur einen kleinen Bruchteil der gesamten Herstellkosten darstellten und die Industrie die deutsche und die amerikanische Volkswirtschaft dominierte. Heute haben die Gemeinkosten oft den größten Anteil an den Gesamtkosten, während die industrielle Produktion in den wirtschaftlich fortschrittlichsten Ländern weniger als 20 % des BSP („GDP") ausmacht. Sich weiterhin auf die Vollkostenrechnung zu verlassen, um die Gemeinkosten den Kostenobjekten zuzuteilen, wie es beispielsweise 80 % der amerikanischen Unternehmen tun, reduziert deshalb die Genauigkeit und Effektivität dieser komplexen Modelle (Sharman/Vikas, 2004).

Eine Lösung dieses Dilemmas der Gemeinkostenzuteilung scheint in der Erweiterung der komplexen Modelle um eine Variante der aktivitätenbasierten Kostenrechnung (ABC), nämlich die „resource consumption accounting" (RCA) zu liegen. Diese Form der Kostenrechnung ist eine Weiterentwicklung des „standard direct costing" der 1930er Jahre.

Allerdings hat die ABC Praktiker bereits enttäuscht. Obwohl 60 % der amerikanischen Unternehmen Projekte zur Einführung von ABC begannen, gelang es nur 20 % von ihnen, sie voll zu realisieren (Sharman, 4/2003). Die hohe Komplexität, die mit der ABC zusammenhängt, war gewiss eine Ursache der vielen Misserfolge. Ein zweiter Faktor war das Fehlen einer Software, um die erforderlichen Daten aufzunehmen und in die operativen IT-Systeme der Unternehmen zu integrieren. Ferner bestand unter Akademikern, Beratern und Praktikern keine Übereinstimmung darüber, wie man ABC auf der Betriebsebene am besten einführen sollte.

Horváth fand den Mangel an gültigen Standards für ABC so störend, dass er eine Variante, die Prozesskostenrechnung, mit klareren Regeln entwickelte. Inzwischen hat diese Entwicklung zu einer eigenen, deutschen Form der RCA geführt. Deutsche Praktiker befürchten, dass die Annahme der International Financial Reporting Standards durch die Europäische Union sie zwingen wird, ihre vorhandene, gut durchdachte RCA für eine minderwertige, angelsächsische RCA aufzugeben (Zehetner, 2005).

Um sich davor zu schützen, ist eine internationale Kooperation von Wirtschaft, Hochschulen, Behörden und Berufsverbänden erforderlich, mit dem Ziel, sich auf ein lernbares, umfassendes und effizientes Kostenrechnungssystem zu verständigen, das Anerkennung und Glaubwürdigkeit in Deutschland wie in den Vereinigten Staaten und anderen Ländern genießt. Vermutlich wird diese Einigung geraume Zeit dauern.

2. Radikale Vereinfachung der Controlling-Strukturen: Häufig wählt man diese Alternative dort, wo – z. B. aufgrund Neuausrichtung einer Organisation oder aufgrund personeller Änderungen im Controlling – bestehende Strukturen nicht aufrecht erhalten werden können. Hier bedeutet ein geringer Detaillierungsgrad reine Simplifizierung. Man verzichtet auf die Gewinnung von wichtigen Informationen über die bestehende Situation und über komplexe Sachverhalte, indem man alte, übertriebene Feinheiten durch neue Grobheiten ersetzt. Wegen des hohen Informationsverlustes ist diese Alternative keineswegs empfehlenswert.

3. Vereinfachte Präsentation komplexer Strukturen: Das Management benötigt eine einfache Informationsdarstellung, die dennoch die gesamte Komplexität des Unternehmens
   berücksichtigt und durch „drilling down" bei Datenanalysen die Gewinnung detaillierte-
   rer Auskünfte ermöglicht. Statt einer Vereinfachung der Kostenrechnung durch unreflek-
   tierten Verzicht auf komplexe Strukturen anzustreben, sollten sich die Anstrengungen e-
   her auf das Berichtswesen, auf Präsentationssysteme und auf die Informationskonsolidie-
   rung konzentrieren.

Ein Beispiel für die gelungene Vereinfachung komplexer technischer Vorgänge ist der Computer. Heute muss man nicht mehr Bescheid wissen, wie ein Computer technisch funktioniert, um ihn bedienen zu können. Auch größere Bedienungsfehler veranlassen ihn nur selten zum Totalabsturz. Voraussetzung für diese starken Vereinfachungen sind allerdings
komplexere technische Systeme, die ein Benutzer weder kennen noch verstehen muss.

Gleiches gilt für das Rechnungswesen. Wer die Steuerung eines Unternehmens ohne Verzicht auf Zuverlässigkeit und Schnelligkeit vereinfachen will, muss komplexe Strukturen in
Kauf nehmen. Diese Komplexität darf nach außen nicht sichtbar werden. Die Herausforderung für den Controllerdienst lautet demnach: die richtige Information zur richtigen
Zeit in überschaubarem Umfang in einer für die intuitive Erfassung geeigneten Präsentation
zu liefern.

1.6.2   Konsequenzen für die Controlling-Werkzeuge

Aufgrund der Unzulänglichkeiten bestehender Kostenrechnungssysteme gegenüber kontinuierlich steigenden Anforderungen mussten weitere Controlling-Instrumente entwickelt werden. Besonders das strategische Controlling profitierte davon. Heute spiegelt sich die Weiterentwicklung in den Bausteinen des geschlossenen Controlling-Systems wider: bei Zielsetzung und Planung, Berichtswesen und Analyse sowie Kontrolle und Gegensteuerung.

Die quantitative Zielsetzung ist komplexer geworden. Es genügt nicht mehr, mit einem
einfachen Renditeziel die Umsatzrendite oder den „Return-on-Investment" (ROI) festzulegen, um alle Kräfte im Unternehmen auf dieses Ziel und seine Erreichung auszurichten und
zu bündeln. Benötigt werden zusätzliche Orientierungshilfen (Benchmarks), die sich nicht
nur am Interesse des Kapitalgebers, sondern auch an der Branche orientieren, in der das
Unternehmen tätig ist. Es eignen sich u. a. Marktziele wie Marktanteil, -wachstum, Distribu-
tion, Bekanntheitsgrad, Produktivitätskennziffern wie Umsatz je qm, Umsatz je Beschäftigten, Mengenleistung je Beschäftigten usw. sowie bestimmte Mindestaufwendungen gegenüber dem Wettbewerb (z. B. Werbung in Prozent vom Umsatz, FuE-Aufwand in Prozent
vom Umsatz).

Eine quantitative Zielsetzung muss durch eine qualitative Zielsetzung ergänzt und untermauert werden, die in einem Unternehmensleitbild ihren Niederschlag findet. Das Unternehmensleitbild beschreibt seine Stakeholder und seine Beziehungen zu ihnen, wo und wie es
tätig wird sowie seinen Nutzen für die Gesellschaft. Es sollte die Fähigkeit des Unternehmens aufzeigen, die Probleme bestimmter Zielgruppen nachhaltig besser zu lösen als die
Konkurrenz. Das Leitbild ergänzt damit die qualitative Zielsetzung um eine Begründung,

eine Identifikationsmöglichkeit („corporate identity"), vermittelt den Mitarbeitern das Gefühl, von ihrem Unternehmen berufen worden zu sein.

Die operative Jahresplanung muss um Monatspläne ergänzt werden, da diese über Abweichungsanalysen bereits erste Rückschlüsse auf die Realisierbarkeit des gesamten Jahresplanes erlauben. Gleichermaßen stellt der Vergleich von Jahresplanung und entsprechenden Ist-Werten ein vorweggenommenes Feedback für die strategische Planung dar. Die verschiedenen Planungshorizonte und –systeme müssen kombiniert sein, damit sie die Funktion der ineinander verzahnten Regelkreise übernehmen können. Ein funktionierendes Regelkreissystem erlaubt einem Unternehmen, seine internorientierte, quantitativ geprägte Kostenrechnung durch eine externorientierte, qualitative Betrachtungsweise sinnvoll auszuweiten, zu ergänzen und damit ein strategisches Controlling aufzubauen.

1.7   Neuer Planungsansatz: Beyond Budgeting

Ein Zweck von Budgets ist es, das Management bei der Umsetzung seiner Strategien sowie in der Planung und Kontrolle seiner operativen Maßnahmen zu unterstützen. Ein hoch strukturierter Prozess wie die Budgetierung macht zahlreiche multidimensionale, geplante Handlungen einer Organisation vergleichbar, indem sie sie in Geld bewertet. Einmal genehmigt, autorisiert ein Budget den Verbrauch von Ressourcen bis zu spezifischen Summen, um diese Planungen zu realisieren. Ferner ergibt der Vergleich von Plandaten in Budgets mit Ist- oder Standardergebnissen Abweichungen, die signalisieren, wo man Planungsmethoden oder operative Maßnahmen innerhalb eines Bereichs oder bereichsübergreifend verändern soll. Auf solcher Weise erleichtert der Budgetierungsprozess die Koordinierung und Kontrolle von Aktivitäten auf Unternehmensebene oder der Ebene seiner Sparten erheblich.

Viele empirische Untersuchungen belegen, dass die meisten Organisationen die Budgetierung als mit Abstand ihr wichtigstes Controlling-Instrument betrachten. 84 % der untersuchten österreichischen Unternehmen stimmten zu, dass die Analyse der Unterschiede zwischen Plan- und Ist-Ergebnissen die unverzichtbare Aufgabe des Controlling ist. Sie bejahten auch, dass vergleichende Analysen der Ist-Ergebnisse mit Standardkosten in der Soll-Rechnung das wesentlichste Element im operativen Controlling ist. Untersuchungen in Deutschland haben zu ähnlichen Ergebnissen geführt (Özel, 2003).

Trotz ihrer weit verbreiteten Verwendung klagen Spitzenmanager und Controller jedoch zunehmend über Budgets als Planungs- und Controlling-Instrumente. So zeigte eine Untersuchung europäischer Unternehmen in 2003, dass Manager ihre Planungs- und Budgetierungsprozesse generell ineffizient fanden – obwohl die meisten Befragten die Ressourcen, die sie verschlangen, bestenfalls grob schätzen konnten. Einfach ausgedrückt glaubten die Befragten, dass diese Prozesse wenig Nutzen im Verhältnis zu den (vermutlich) großen Mengen verbrauchter Ressourcen stiften. So planten 78 % der untersuchten Unternehmen Veränderungen in ihren Budgetierungsprozessen, während sogar 12 % überlegten, auf die Budgetierung gänzlich zu verzichten (Oldiges, 2003).

Eine jüngst veröffentlichte empirische Studie bestätigt diese Feststellungen (Answerthink, 2003). Unternehmen benötigen im Durchschnitt etwa neun Monate für den strategischen und operativen Planungsprozess. Sie wenden dafür etwa 2.500 Personentage je 100 Millionen € Umsatz auf und berücksichtigen rund 230 Planungsobjekte. Der Anteil der unterjährig für Forecast-Prozesse und Maßnahmenplanung aufgewendet wird, liegt lediglich bei 20 % des Zeitaufwands. Das Motto der Durchschnittsunternehmen lautet deshalb: „Wir planen nur einmal im Jahr, aber dann richtig! Das heißt: ganz genau, ganz detailliert" (Leyk, 2006).

Seit Ende der 1990er Jahre haben Praktiker und Theoretiker versucht, diesen hohen Aufwand zu reduzieren, indem sie zunehmend alternative, systematische Konzepte zur traditionellen Budgetierung entwickelten (Hope/Fraser, 2003; Horváth/Gleich, 2003; Pfläging, 2003; Weber/Lindner, 2003; Daum 2004). Am bekanntesten sind Beyond Budgeting, Better Budgeting und Advanced Budgeting. Der kritische Unterschied zwischen den einzelnen Konzepten liegt darin, wie radikal sie die Planungs- und Controlling-Systeme eines Unternehmens zu verändern suchen. Better Budgeting und Advanced Budgeting zielen auf die Erhöhung des Nutzens und/oder Senkung der Kosten, die mit der Budgetierung zusammenhängen. So behalten beide Konzepte das Budget als das Schlüsselinstrument eines jeden Controlling-Systems bei. Dagegen strebt Beyond Budgeting grundlegendere Veränderungen an. Es will das Managementmodell eines Unternehmens so radikal verändern, dass Controlling auf der Grundlage von Budgets überflüssig wird.

1.7.1   Weitere Gründe für Beyond Budgeting

Neben der Komplexität und dem ungünstigen Kosten-Nutzen-Verhältnis der traditionellen Budgetierung gab es zwei weitere wichtige Gründe, die zur Entwicklung von Beyond Budgeting führten: zum einen grundlegende Veränderungen in betriebswirtschaftlichen Abläufen, und zum anderen Defizite des herkömmlichen, finanzorientierten Budgets.

Veränderungen von innerbetrieblichen Abläufen stehen vor allem im Zusammenhang mit der Wandlung der „Verkäufermärkte" des Industriezeitalters zu den „Käufermärkten" der technologischen Neuzeit. Die ursprünglich funktionalen Gliederungen in Einkauf, Fertigung und Verkauf werden zunehmend durch die Gestaltung von Prozessketten zwischen Lieferanten und Kunden ersetzt. In ähnlicher Weise weichen die linearen Zusammenhänge zwischen Input und Output den dynamischen kundenorientierten Kombinationen flexibler Geschäftssysteme. Da das traditionelle Budget auch ein Produkt der Industriegesellschaft ist, leuchtet ein, dass die postindustrielle Betriebswirtschaft ein flexibleres Instrument benötigt. Das Konzept des Beyond Budgeting will dieser Anforderung gerecht werden, indem es zwei wesentliche Aspekte betont:

- Die Flexibilisierung der Steuerung durch den Übergang vom althergebrachten Modell des „Fertigens und Verkaufens" zum neuen Modell der „Vorschau und Leistung auf Kundenwunsch" (Hammer, 1999)

- Die Selbstorganisation und Selbstoptimierung durch den Übergang vom hierarchischen Prinzip des Ausführens von Anweisungen zur Netzwerkorganisation der dezentralen

Verantwortung und Entscheidung durch verantwortlich handelnde („empowered"), moti-
vierte Mitarbeiter (Covey, 1999)

Aus der Sicht der Budgetkritiker besteht das zentrale Problem der klassischen Budgetierung
und Leistungsbeurteilung („performance evaluation") gerade darin, dass das Budget im Sinne einer festen Leistungsvereinbarung („fixed performance contract") und das Streben nach
der Erfüllung dieser Budgetvorgabe die falschen Mittel sind, um den Erfolg von Unternehmen zu steuern (Kraus, 2006).   Der wohl erfolgreichste amerikanische Manager des
20. Jahrhunderts, Jack Welch, behauptet sogar „The budget is the bane of corporate America!" (Das Budget ist der Ruin der amerikanischen Wirtschaft!) (Welch/Byrne, 2001). Folgende Kritikpunkte werden in diesem Zusammenhang am häufigsten angeführt (Schäffer,
2002):

- **Mangelnde Strategieorientierung:** Traditionelle Budgets konzentrieren sich auf Unter-
  nehmensfunktionen, Bereiche und Abteilungen sowie auf Kostenreduktion und kurzfristige Erfolgsziele anstatt auf die Unternehmensstrategie und deren langfristige wertorientierte Umsetzung. Empirischen Erhebungen zufolge verfügen weniger als 5 % der Unternehmen über eine enge Verzahnung zwischen strategischer und operativer Planung
  (Hackett, 2002)!

- **Budgets ignorieren die Turbulenz der Märkte:** In stark dynamischen, regionalisierten
  bzw. globalisierten Märkten, die durch wechselnde und individuelle Kundenanforderungen und starke Sondereinflüsse gekennzeichnet sind, macht die Aufstellung eines festen
  Budgets zu einem Zeitpunkt, der zwölf bis fünfzehn Monate vor der eigentlichen Ge-
  schäftsabwicklung liegt, wenig bis keinen Sinn.

- **Budgets verleiten zu falschem Verhalten der Manager („unethical behavior"):** Zum
  Zweck der verbindlichen Budgeterfüllung versuchen Entscheidungsträger alles zu tun,
  um die geforderten Zahlen zu erreichen, im Zweifel auch auf Kosten einer langfristig
  wertorientierten Unternehmensentwicklung (Jensen, 2001). Adelphia Communications,
  Arthur Andersen, Barings Bank, Eastman Kodak, Enron, KPMG, MCI, Parmalat, Royal
  Ahold, Sunbeam, Tyco und WorldCom sind nur ein „dreckiges Dutzend" der vielen Beispiele, bei denen dieser Umstand mit zum beinahen oder tatsächlichen Zusammenbruch
  des Unternehmens geführt hat.

1.7.2   Prinzipien des Beyond Budgeting

Seit 1997 beschäftigen sich die mittlerweile rund 70 Mitgliedsunternehmen des Beyond
Budgeting Round Table (BBRT) mit der Entwicklung eines neuen Modells, das den Herausforderungen einer durch eine wachsende Dynamik und die Dominanz immaterieller Vermögenswerte gekennzeichneten Unternehmensumwelt besser gerecht werden soll. In regelmä-
ßigen Abständen tagen Arbeitskreise, die den Mitgliedsunternehmen über bisherige Erfahrungen mit Beyond Budgeting-Ansätzen und deren Einfluss auf die Beseitigung der Nachtei-
le der herkömmlichen Budgetierung und Unternehmenssteuerung berichten. Daneben stehen
Diskussion und Entwicklung innovativer Lösungsansätze im Mittelpunkt dieser Treffen. Zu

Beginn standen die Betrachtung und Analyse von Problemen mit dem bisherigen Planungs- und Steuerungssystem, erste Erfahrungsberichte und die Definition grundsätzlicher Prinzipien zur Gestaltung eines neuen Managementsystems im Vordergrund. Heute konzentrieren sich die BBRT-Mitglieder stärker auf einzelne Instrumente des Beyond Budgeting und deren Umsetzung in Unternehmen und anderen Organisationen.

Ausgehend von den aktuellen Entwicklungen in der Managementlehre sind diverse Prinzipien zur Neugestaltung der Unternehmensplanung wichtig. Sie lassen sich kategorisieren in Führungsprinzipien, die die Unternehmenskultur bestimmen, und Leistungsprinzipien, die effektiveres Handeln garantieren sollen (Schentler/Tschandel, 2007).

Unter den Führungsprinzipien (Managementsicht) werden insbesondere die folgenden häufig erwähnt:

- Durch die Befreiung aller Manager und Mitarbeiter von der bestehenden Unzufriedenheit mit dem existierenden Controlling-System und durch ihre Motivierung mit gemeinsamen Werten, kann ein Unternehmen gewaltige Innovationspotenziale mobilisieren.

- Durch die Einrichtung von selbstverantwortlichen Profit Center, Handlungsfreiräumen und dezentraler Ergebnisverantwortung kann ein Unternehmen alle Manager und Mitarbeiter ermutigen, Unternehmertum zu praktizieren.

- Durch die Dezentralisierung der Entscheidungs- und Leistungsverantwortung hin zu den Geschäftseinheiten bzw. in die operative Ebene sowie durch die Ermutigung der Manager und Mitarbeiter, sich in „self-controlling" und „management by exception" zu engagieren, kann eine kundenorientiertere Netzwerkorganisation entstehen.

- Durch die Implementierung eines „Coach and Support"-Führungsstils braucht die Zentrale nur subsidiär einzugreifen, wenn die dezentralen Manager ein Problem nicht lösen können oder Unterstützung durch das Top-Management anfordern.

- Durch unternehmensinterne und externe Marktkräfte anstatt durch Pläne und Budgets erfolgt die Koordination von Aktivitäten effektiver und effizienter.

- Durch die Verfügbarkeit erforderlicher Informationen überall und unmittelbar (d. h. in „real time") kann ein Unternehmen die größtmögliche Transparenz und verteilte Kontrolle erzielen.

Als Tenor ist allen Prinzipien die Forderung nach einer Änderung der Unternehmenskultur gemein. So besteht ein Hauptziel des Beyond Budgeting darin, das Controlling zu flexibilisieren und das traditionelle Modell der hierarchischen Steuerung durch eigenständige Abstimmung in einem Netzwerk zu ersetzen.

Unter den Leistungsprinzipien (Controlling-Sicht) stehen die folgenden im Vordergrund:

- Anstelle fixer Budgetziele sollen für den internen oder externen Wettbewerb formulierte relative Maßgrößen selbstadjustierend und leistungssteigernd wirken.

- Anstelle des rein monetären Fokus soll mehr Gewicht auf ausgewählte nicht monetäre Performance-Größen gelegt werden.

- Anstelle der schwerpunktmäßigen Betrachtung des gesamten Unternehmens bzw. einzelner Bereiche, soll sich die Controllingperspektive auf tiefer liegende Berichtsebenen (z. B. die Produkt-, Regions-, Kunden- und Bereichsebene) erstrecken.

- Anstelle des abstrakten bereichsbezogenen Abweichungsdenkens soll *Kaizen*-Steuerung durch noch zu realisierende Innovationen und höhere Absätze zur Schließung von Leistungslücken beitragen.

- Anstelle inputorientierter Kostenartenplanung soll sich die Budgetierung an outputorientierten Prozessen ausrichten.

- Anstelle internorientierter (Kosten-)Ziele sollen benchmarkorientierte Ziele in den Vordergrund treten.

- Anstelle des reinen Jahresbezugs ist eine dynamisch rollierende Sichtweise zu bevorzugen, die die strategiegerechte Koordination der Unternehmensaktivitäten fördert. Als Instrument wird hier insbesondere die Balanced Scorecard propagiert.

- Anstelle von autonomer strategischer Planung soll ein in das Budget integrierter strategischer Planungsprozess geschaffen werden, der auch für die entsprechende Koordination der Aktivitäten sorgt.

- Anstelle einer Vielzahl kleinerer Teilbudgets sollen Gesamtbudgets („Globalbudgets") stehen, die nur von einer kleineren Zahl von Detailbudgets getragen werden.

- Anstelle der zentralen Ressourcenallokation sollen Investitionsentscheidungen auf der Ebene der einzelnen Divisionen oder Sparten getroffen und über die zentrale Vorgabe eines Ziel-ROI (bzw. -CFROI, -EVA oder –SVA) gesteuert werden.

- An die Stelle eines vergangenheitsorientierten soll ein antizipierendes Informationssystem treten, das die Nutzung von Frühwarnsystemen unterstützt und die ständige Anpassung von Strategie und Investitionsentscheidungen an veränderte Umweltbedingungen ermöglicht.

- Anstelle hoher Erfolgsprämien, die auf die höchsten Führungsebenen beschränkt werden, soll ein relatives, teambasiertes Anreizsystem, das im Erfolgsfall allen Mitarbeitern einen (annähernd gleichen) Bonus gewährt, Teamwork und Zusammenarbeit fördern.

Grundgedanke der Leistungsprinzipien ist es, die Budgetierung weitgehend oder gänzlich abzuschaffen und damit die Voraussetzung für eine flexible und innovative Organisation zu schaffen. Die Einführung der Führungs- und Leistungsprinzipien des Beyond Budgeting in Kombination soll das auf Strategie ausgerichtete Handeln sowie Flexibilität und Anpassungsfähigkeit fördern und dysfunktionales Verhalten mindern. Der auf diese Weise (stark) reduzierte Aufwand hätte dann die Steigerung des Shareholder-Value zur Folge.

1.7.3   Namhafte Beispiele

Die spezifische Anpassung, Einführung und Integration neuer Instrumente in den Steuerungsprozess eines Unternehmens brauchen Zeit und erfolgen schrittweise. Man findet in der Fachliteratur zunehmend Erfolgsberichte namhafter Unternehmen, die den Beyond Budgeting-Ansatz in ihre Managementprozesse integriert haben. Die folgenden, sehr komprimierten Erfahrungsberichte einiger Mitglieder der BBRT sind repräsentativ für die gegenwärtige Ausrichtung.

Svenska Handelsbanken

Die schwedische Svenska Handelsbanken verzichtet seit mehr als 30 Jahren auf die traditionelle Budgetierung und setzt stattdessen auf eine radikal dezentralisierte Organisationsstruktur. Das heute sehr profitable Unternehmen gilt als Erfinder des Beyond Budgeting, dessen Grundlagen anlässlich einer schweren Krise durch ein neues Management Anfang der 1970er Jahre gelegt wurden. Als Ergebnis entstand eine flache und einfache Organisation (lediglich vier Hierarchieebenen), bei der den „frontline managers" die Verantwortung für die Kunden übertragen wurde. Als wesentliche Erfolgsfaktoren gelten die direkte Abstimmung zwischen dem Top-Management und der restlichen Organisation, ein schlankes Steuerungssystem, basierend auf wenigen marktorientierten KPIs („key performance indicators"), sowie ein „Incentive System", das im Erfolgsfall jedem einzelnen Mitarbeiter den gleichen Bonus gewährt.

Aldi

Laut Dieter Brandes, früherer Geschäftsführer und Mitglied des Verwaltungsrates des Billiganbieters im Supermarktgeschäft Aldi Nord, erfinden Controller zu viel Neues und überschätzen ihre Kompetenz. Sie tragen damit zur Komplexität bei. Das sehe man beispielsweise an deren starren detaillierten und aufwändigen jährlichen Budgets, die total überflüssig seien. Wegen der Controller und der Computer seien Manager heutzutage schlechter informiert als vor 30 Jahren (Brandes, 2004). Manager sollten ihre eigenen Controller sein, Grenzkostenrechnungen beherrschen und Tatsachen mit Tatsachen vergleichen. Dann könnten die verantwortlichen Manager Fragen nach den Ursachen verschiedenster Abweichungen von Sollvorstellungen oder etwa internen Benchmarks selbst stellen und beantworten.

So habe Aldi schon immer ohne Budgets gearbeitet. Für die laufende Kontrolle und Bewertung der Unternehmensergebnisse, der Mitarbeiter und Abteilungen sei ein gutes Rechnungswesen nötig. Wenn dies vorhanden sei, brauche man nur Stichprobenergebnisse anstatt eines vollständigen und perfekten Berichtswesens, um das Tagesgeschäft zu führen. Zur Steuerung des Gesamtunternehmens reiche eine Liquiditätsübersicht und die Gewinn- und Verlustrechnung (aktuell und Vorperioden), aufgeschlüsselt nach Abteilungen und Bereichen vollkommen aus. Zur Steuerung von Marketing und Vertrieb genügten Daten über die Umsätze und Deckungsbeiträge (aktuell und Vorperioden), aufgeschlüsselt nach Produkten, Regionen, Kunden und Bereichen.

Die Controllingabteilung solle ihr betriebswirtschaftliches und methodisches Wissen für drei Ziele einsetzen. Erstens könne sie den Managern die Zusammenhänge und Bedingungen von Grenzkosten, Grenzerträgen und Deckungsbeitragsrechnungen erklären. Zweitens könne sie ihnen helfen zu verstehen, wie wenig an Daten, Analysen und Berichten sie brauchen und was sie mit dem Wenigen erkennen können. Drittens könne sie ihnen entsprechende Schulung anbieten.

Borealis

Auch Borealis, einer der führenden Hersteller petrochemischer Produkte im europäischen Raum, berichtet von Praxiserfahrungen aus der Unternehmenssteuerung ohne Budgets. Bereits 1996 wurden in diesem Unternehmen Budgets abgeschafft und durch andere Instrumente bzw. Mechanismen ersetzt. Bis zu diesem Zeitpunkt herrschte lange Unzufriedenheit mit dem angewandten Budgetierungsprozess. So wiesen Budgets einerseits eine Grenze für Kosten auf, stellten jedoch gleichermaßen einen Boden oder Sockel für Kosten dar. Was im Rahmen eines Kostenbudgets verabschiedet wurde, nahm man in Anspruch, schon um der Gefahr zu begegnen, im Folgejahr aufgrund der Nichtausschöpfung eine Budgetkürzung hinnehmen zu müssen. Mittelverschwendung war häufig die Folge. Anstatt die finanzielle Steuerung als einen laufenden, das aktuelle Unternehmensumfeld der Organisation berücksichtigenden Prozess zu begreifen, stellte die Budgetierung eine jährliche Einmalveranstaltung dar, die für einen überschaubaren Zeitraum erhebliche Ressourcen band.

Einschneidende Veränderungen anlässlich einer Fusion waren Auslöser für die Umsetzung des Beyond Budgeting-Projekts. Kern der neuen Steuerungsphilosophie bei Borealis war die Abkopplung der finanziellen Steuerung und der Leistungsmessung („Performance Measurement"). Während in der Vergangenheit die finanzielle Budgetierung im Mittelpunkt des Steuerungsprozesses stand, verteilt sich die heutige Steuerungsphilosophie auf ein breit angelegtes Performance Management, das über die Balanced Scorecard monetäre und nicht monetäre Erfolgsgrößen betrachtet, und auf einen rollierenden finanziellen Forecast, der auf einem Zeithorizont von fünf Quartalen und auf aggregiertem Niveau eine finanzielle Steuerung ermöglicht (vgl. Abb. 1.6). Ein Fixkosten-Controlling und ein verbesserter Investmentprozess gehören ebenso zum Kern des Steuerungsansatzes bei Borealis. In mehreren Schritten wurde der Ansatz verfeinert und die Verbreitung im Unternehmen forciert.

So sind die Instrumente heute bereits fest im Unternehmen verankert. Die Unternehmenskultur unterliegt dem ständigen Wandel hin zur Dezentralisierung und zum „Empowerment". Obwohl ein neues Management an der Unternehmensspitze inzwischen wieder einen Finanzplan erstellte, ist Borealis damit nicht zur klassischen Budgetierung zurückgekehrt. Der frühere, umfangreiche Budgetierungsprozess mit seinen langwierigen, komplexen Verhandlungsrunden wurde nicht wiederbelebt. Die neuen Instrumente haben sich etabliert, und der Finanzplan mündet nicht wie zuvor in eine fixierte Leistungsvereinbarung.

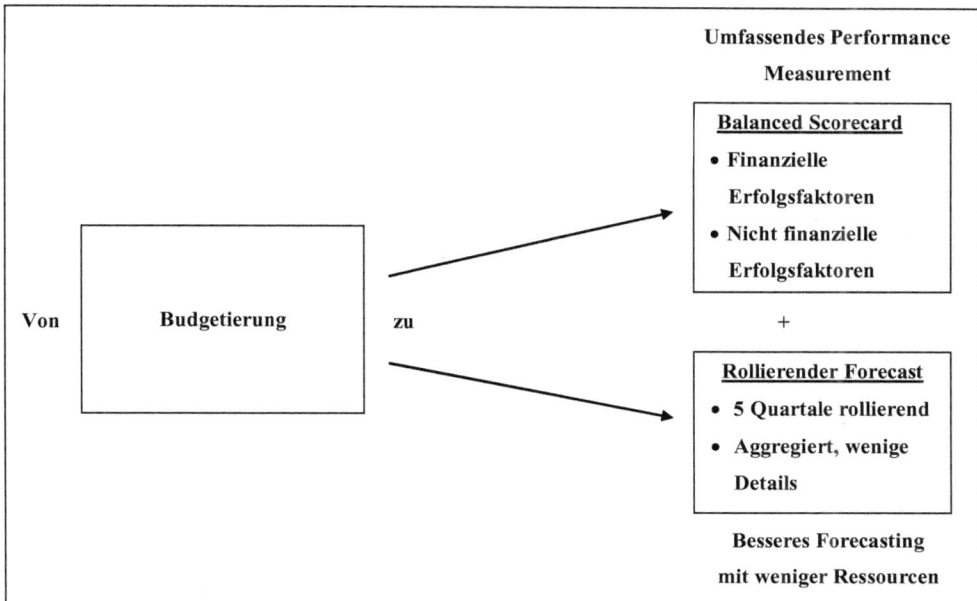

Abb. 1.6   Planungs- und Performance-Measurement-System von Borealis (Quelle: Vgl. Abb. Boesen, 2003.)

Unilever

Die Unzufriedenheit mit dem traditionellen Budgetierungsprozess war auch bei Unilever der Grund für die Implementierung des Beyond Budgeting. Die Geschäftsführung konnte sich nicht damit abfinden, dass nahezu sechs Monate im Jahr darauf verwendet wurden, Marketingbudgets zu erstellen und sie in den folgenden sechs Monaten wieder zu kürzen.

Der geplante Weg des Unternehmens zu einem neuen Planungsmodell gestaltete sich folgendermaßen. Binnen drei Jahren galt es, die Idee des Beyond Budgeting sukzessiv in der Organisation und in den Köpfen der Manager, Controller und Mitarbeiter zu verankern. Dabei stand ein Lernprozess im Mittelpunkt, der einerseits die Erfahrung, das Umsetzen und das Arbeiten mit den neuen Instrumenten und andererseits einen unternehmenskulturellen Veränderungsprozess umfasste.

Nach umfangreichen Vorarbeiten und der Entwicklung grundsätzlicher Konzepte begann Unilever mit einer zentralen Veranstaltung, auf der die Finanz- und Controlling-Führungskräfte über die Idee des Beyond Budgeting informiert wurden. In mehreren Workshops wurde die Vision eines neuen Steuerungsmodells für den Unilever-Konzern unter Berücksichtigung der Beyond Budgeting-Ansätze entwickelt. In einem Zeitraum von zwei Jahren wurden in mehreren Arbeitskreisen („practitioner groups") neue Steuerungsinstrumente entwickelt und deren Umsetzung in verschiedenen Piloteinheiten erprobt. Die gewonnenen Erfahrungen und Lerneffekte wurden kontinuierlich in das sich entwickelnde

Konzept eingebracht, so dass sich im Laufe der Zeit ein Gesamtkonzept ergab, das ab 2005 in einem schrittweisen Roll-Out unternehmensweit umgesetzt wurde.

Rhodia

Der französische Chemiekonzern Rhodia legt im neuen Planungsprozess mehr Wert auf Effizienz als auf Genauigkeit. Auch hier war die Unzufriedenheit mit dem herkömmlichen Budgetierungsprozess Ausgangspunkt des Kulturwandels. Im Mittelpunkt des „Change-Projekts" stand die Verzahnung der Strategie mit den „Action Plans" der operativen Einheiten, um die Übereinstimmung der langfristigen Planung mit den umgesetzten Maßnahmen zu gewährleisten. Anstelle umfangreicher Budgets werden heute Action Plans direkt aus der Balanced Scorecard abgeleitet und quartalsweise gegen einen rollierenden Forecast überprüft. Die eingesparte Zeit kann für wertschaffende Aktivitäten genutzt werden.

UBS AG

Im Planungsprozess der UBS AG suchte man nach Möglichkeiten der Verbesserung bestehender Budgetierungssysteme. Dabei wurde deutlich, dass der „Business Plan" – der auf Basis der Strategie und der Balanced Scorecard erstellt wird – das wichtigste Steuerungsinstrument darstellt. Schlüsselelemente sind externe Benchmarks, Risikobewertungen und Alternativ- oder Notfallmaßnahmen („contingency measures"). Ferner werden monetäre und nicht monetäre KPIs zur Verfügung gestellt, die ein tieferes Verständnis des Geschäfts und der Faktoren, die es begünstigen, vermitteln sollen. Budgets werden auf Ebene der Business Units nicht verwendet. Untergeordneten Bereichen ist es dennoch freigestellt, die Vorgaben in Budgets zu übersetzen, was in der Regel auch erfolgt.

Die vorgestellte Planung überwindet die Vergangenheits- und Finanzorientierung der klassischen Budgetierung durch den Einsatz der BSC, ist flexibler (dank der Notfallmaßnahmen) und reduziert dysfunktionales Verhalten (mittels marktorientierter Ziele oder Benchmarks). Allerdings werden Budgets nicht ganz abgeschafft. Man gestaltet die vorhandene Planungs- und Budgetierungssysteme jedoch effizienter, flexibler und wirkungsvoller.

BASF-IT Services

Es gab zwei zentrale Vorgaben für den neuen Planungsprozess der BASF IT-Services: (1) Reduktion der Planungsunsicherheiten und (2) Dynamisierung des Gesamtprozesses. Das erste Ziel wurde realisiert durch eine Verschlankung des Prozesses mittels Kostenstellenreduktion und Kostenartenverdichtung. Um der Umfelddynamik Herr zu werden, wurde die bisher starre Budgetierung durch Rolling Forecasts flexibilisiert, bei der die Plan-Werte monatlich aktualisiert werden.

Deutsche Bahn

Kernziele der Restrukturierung des Planungsprozesses bei der Deutschen Bahn waren Marktorientierung, Schaffung von Transparenz und Kompetenz sowie Motivationssteigerung durch neue Verantwortung. Basis der Restrukturierung war in diesem Fall die Umstellung auf eine prozessorientierte Budgetierung, um die von Gemeinkosten geprägte Produktkalkulation zu verbessern, da insbesondere die Bewirtschaftung von Fahrzeugen (Rangieren, Instandhalten, Ver- und Entsorgen usw.) den Leistungsprozess der Bahn stark beeinflusst. Durch die Prozessorientierung ist es nun möglich, markt- und produktorientierte Prozesse mit klaren Verantwortlichkeiten zu steuern.

Boots Group/BHI

Boots Healthcare International (BHI) ist der am schnellsten wachsende Geschäftsbereich der im FTSE-Index der Londoner Börse gelisteten Boots Group. Er beschäftigt sich mit der Herstellung und Vermarktung von verschreibungspflichtigen und nichtverschreibungspflichtigen Medikamenten sowie Produkten zur Gesundheitspflege. Hier erkannte das Management, dass die Steuerung ohne feste Jahresbudgets besser funktioniert als das bislang übliche Konzept der fixen Jahresbudgets. Zwar beginnt BHI ein neues Geschäftsjahr immer noch damit, im Rahmen der Geschäftsplanung einen sogenannten „operativen Plan" zu erstellen, jedoch nicht, um damit Ressourcen und Maßnahmen für ein ganzes Jahr im Voraus festzulegen. Er ist mehr ein erster Entwurf, der während des Jahres laufend an neue Geschäftsbedingungen angepasst wird. Der Zweck des operativen Plans ist es auch nicht, möglichst genaue Zahlen für die Zukunft zu ermitteln, sondern als Katalysator für den Managementdialog zu dienen, um gemeinsam und koordiniert Ziele und der Weg dorthin festzulegen.

Der operative Plan wird bereits nach wenigen Wochen einem rollierenden Forecast-Prozess unterzogen, der die eigentliche Basis für die Steuerung im Unternehmen darstellt. Im Rahmen des Forecasting-Prozesses werden die ursprünglichen Annahmen immer wieder hinterfragt; bei wesentlichen Veränderungen werden Pläne auch geändert. Ein Widerspruch zwischen dem Controlling, also der Steuerungsfähigkeit des Unternehmens, und einem „budgetlosen" Vorgehen im beschriebenen Sinne ist nicht zu erkennen.

Der Steuerungsprozess, das Performance Management, startet und endet mit einem sogenannten Performance Contract, den alle Business Units mit der Boots-Gruppe eingehen. Dieser Contract umfasst ein Commitment der Business Units für die Erreichung bestimmter Sales-, Profit-, Cash flow-, Economic Profit- und Value-Ziele – letztere stellen eine Art „discounted cash flow" dar, also den auf den Gegenwartswert abgezinste Kapitalfluss der nächsten fünf Jahre. Der Performance Contract wird jährlich aktualisiert. Jede Business Unit bricht dann den eignen Performance Contract auf die einzelnen SPCs („strategic profit center") herunter. Die „top-down" Vorgaben sind zunächst nur grob und beziehen sich auf Kernaussagen. Im Fokus steht das sogenannte „Organic Growth", also das mögliche Wachstum aus eigener Kraft, nicht durch Zukäufe. Damit soll die Vergleichbarkeit mit den Vorjahren geschaffen werden. Gleichzeitig richtet man den Fokus auf den Ausbau der inneren

Wachstumsstärke einer Einheit. Die Finanzkennzahlen sagen darüber meist wenig aus (Daum, 2005).

1.7.4 Neue Steuerungsinstrumente und Modelle auf Basis des Beyond Budgeting

Trotz seiner viel versprechenden Vorteile hat der Planungsansatz des Beyond Budgeting bis heute nur in wenigen Unternehmen das traditionelle Steuerungsmodell ersetzt. Der klassische Budgetierungsprozess und die daraus resultierende fixe Leistungsvereinbarung werden in den meisten Fällen aufrechterhalten.

Auch die meisten der frühen Anwender des Beyond Budgeting-Konzeptes verzichten – wie beschrieben – nicht gänzlich auf Budgets. Auf der einen oder anderen Organisationsebene lebt bei Unilever, UBS, Borealis, BASF-IT Services, der Deutschen Bahn und Boots Group/BHI die Budgetierung weiter. Angesichts schlechter Führung und Unregelmäßigkeiten im Rechnungswesen, die dem französischen Finanzminister Thierry Breton zum Vorwurf gemacht wurden, wünscht sich Rhodias Geschäftsführer wahrscheinlich, dass das Unternehmen sich länger auf Budgets als Controlling-Instrumente verlassen hätte (Kanter, 2005; 2006). Die Vorwürfe stammen aus der Zeit zwischen 1999 und 2002, als Breton im Aufsichtsrat saß und den Vorsitz seines Ausschusses für Wirtschaftsprüfung innehatte. In diese Jahre fiel die Einführung von Beyond Budgeting im Unternehmen.

In Anbetracht der Tatsache, dass so viele Unternehmen sich immer noch auf Budgets verlassen, fragten sich die Befürworter der neuen Paradigmen, ob der Verzicht auf Budgets wirklich entscheidend sei. Lennart Francke, CFO der Svenska Handelsbanken, sagt heute, dass der Erfolg seines Unternehmens nicht hauptsächlich der Abschaffung von Budgets zu verdanken ist. Ähnlich äußert sich Robin Fraser, Gründer und Direktor der BBRT, „Budgeting is not the big issue!" (Die Budgetierung ist nicht das große Thema!). Seiner Meinung nach sind Svenska Handelsbanken und andere Beyond Budgeting-Unternehmen erfolgreich, weil das Konzept sie als Arbeitgeber attraktiv macht. Die größere Attraktivität ermöglicht die Rekrutierung talentierterer Mitarbeiter, die die Potenziale der Unternehmen wiederum erhöhen und schließlich bessere finanziellen Ergebnisse erbringen (Klein, 2005).

So stimmen die Beyond Budgeting-Befürworter überein, dass das Konzept weniger mit der Budgetierung als mit der Einführung eines neuen Managementmodells zu tun hat. Deshalb treten zunehmend neue, unternehmensspezifische Steuerungssysteme, die sich an das Konzept anlehnen, in Erscheinung. Allerdings werden sie eher ergänzend eingesetzt. Diese Modelle implizieren insbesondere die folgenden Ideen:

- **Wertmanagementmodelle:** Im Gegensatz zur Budgetierung, die in erster Linie kurzfristige, an reinen Finanzkennzahlen orientierte Managemententscheidungen fördert, hilft die richtige Anwendung von Wertmanagementkonzepten, wertorientierte, an der langfristigen Unternehmensentwicklung ausgerichtete Entscheidungen zu treffen (Paul, 2004).

- **Benchmarking:** Budgets orientieren sich üblicherweise an internen Vergleichen und Vorgaben. Benchmarking ermöglicht externe Vergleiche und eine Ableitung von Zielen, die an Wettbewerbern oder „Best Practice"-Organisationen ausgerichtet sind.

- **Balanced Scorecard:** Budgets berücksichtigen in nicht ausreichendem Maß die Ressourcenzuteilung auf strategische Maßnahmen und Programme, sondern dominieren über ihre Kurzfristorientierung die strategische Ausrichtung der Organisation. Dagegen stellt die Balanced Scorecard ein integriertes, ganzheitliches, strategisches Führungs- und Informationssystem dar, in dem relevante Kennzahlen („scores") in ausgewogener Form („balanced") definiert und dargestellt werden. In der BSC wird die Ausgewogenheit zwischen den z. T. nicht monetären Potenzialen der unternehmensrelevanten Dimensionen Finanzen, Kunden, Prozesse und Mitarbeiter angestrebt. Um die strategischen Potenziale und den damit verbundenen Gewinn langfristig zu realisieren, soll die BSC die Geschäftsführung dazu veranlassen, die Ressourcenzuteilung so vorzunehmen, dass die dafür erforderlichen kurzfristigen operativen Maßnahmen und Programme ausreichend unterstützt werden (Boeson, 2000; 2002).

- **Process-Based Management:** Während sich Budgets auf Abteilungen und Bereiche beziehen, hilft die konsequente Anwendung eines prozessorientierten (Kosten-) Managements, den Blick auf Prozesse und Kapazitäten zu lenken, die für die Leistungserstellung und Erfüllung der Kundenanforderungen notwendig sind (Cokins, 2001).

- **Customer Relationship Management:** Jährlich prozentual steigende Absatz- und Umsatzbudgets zielen darauf ab, ein Maximum an Erlösen zu erzielen und bilden damit die rein monetäre Seite der Kundenbeziehungen ab. Dagegen hilft das Kundenbeziehungsmanagement, die – oft nicht monetären – Anforderungen der Kunden in den Steuerungsprozess einzubeziehen und dadurch langfristig stabile Kundenbeziehungen aufzubauen.

- **Informationssysteme und Rolling Forecasts:** Anstatt veraltete, der Realität in keiner Weise mehr entsprechende Plan- und Budgetdaten zu verwalten, werden moderne Informationssysteme dazu genutzt, für die Entscheidungsträger innerhalb kürzester Zeit auf die Zukunft ausgerichtete Prognoseinformationen bereitzustellen.

1.8   Better Budgeting und Advanced Budgeting

Obwohl Beyond Budgeting inzwischen mehr mit einem neuen Managementmodell als mit der Budgetierung *per se* zu tun haben mag, wirft das Konzept immer noch die Frage auf, wie ein Unternehmen seine Budgets und seine Budgetierungsprozesse reformieren kann, ohne sie gänzlich aufgeben zu müssen. Den Erfahrungsberichten der oben beschriebenen Unternehmen ist gemein, dass sie jeweils einige Teilaspekte, nicht jedoch alle Komponenten des Beyond Budgeting-Konzeptes umgesetzt haben. Diese Vorgehensweise bezeichnet man auch als Better Budgeting bzw. Advanced Budgeting.

Das Better Budgeting konzentriert sich auf die Vereinfachung der traditionellen Budgetierung durch eine Verbesserung funktionaler und institutioneller Aspekte. Hierbei steht die Reduzierung der Planungsobjekte im Vordergrund, die durch eine Beschränkung auf erfolgskritische Prozesse angestrebt wird. Diese Kern- bzw. Hauptprozesse sollten verstärkt analytisch, von Grund auf geplant und nicht einfach durch Fortschreibung ermittelt werden.

Ein Mittelweg zwischen Better Budgeting (schrittweise Verbesserung) und Beyond Budgeting (radikale Veränderung) stellt das Advanced Budgeting dar. Das Konzept weist folgende Eigenschaften auf:

- Klarer Zielcharakter von Planung und Budgetierung (Strategiebindung, Markt- und Benchmarkorientierung),

- Prozessvereinfachung (Budgetdetaillierung nur, wo es notwendig und sinnvoll ist) und

- Flexibilisierung der Budgets durch rollierende Planung und selbstadjustierende (d. h. selbständig korrigierende) Ziele.

Da diese Merkmale in Form von inkrementellen Verbesserungen denkbar sind, ist eine eindeutige Abgrenzung zwischen Better Budgeting und Advanced Budgeting meist schwierig. Advanced Budgeting impliziert zwar größere Veränderungen der traditionellen Budgetierung als das Better Budgeting, jedoch herrscht keine Einigkeit darüber, ob bestimmte Maßnahmen eher dem Better Budgeting oder dem Advanced Budgeting zuzuordnen sind. Die Übergänge sind fließend und hängen z. T. von den Bedingungen in einem spezifischen Unternehmen ab.

Die Ausgestaltung und Implementierung des Budgetierungskonzeptes ist im Einzelfall abhängig von verschiedenen Faktoren, etwa der Umfeldkomplexität und –dynamik oder dem Stand des vorhandenen Planungssystems. Abb. 1.7 stellt das Verhältnis zwischen der traditionellen Budgetierung, Better Budgeting, Advanced Budgeting und Beyond Budgeting dar. Während die Radikalität des Reformmodells von der traditionellen Budgetierung zum Beyond Budgeting zunimmt, nimmt die Anzahl der potentiell anwendenden Unternehmen (durch die Länge des jeweiligen Dreiecks dargestellt) ab.

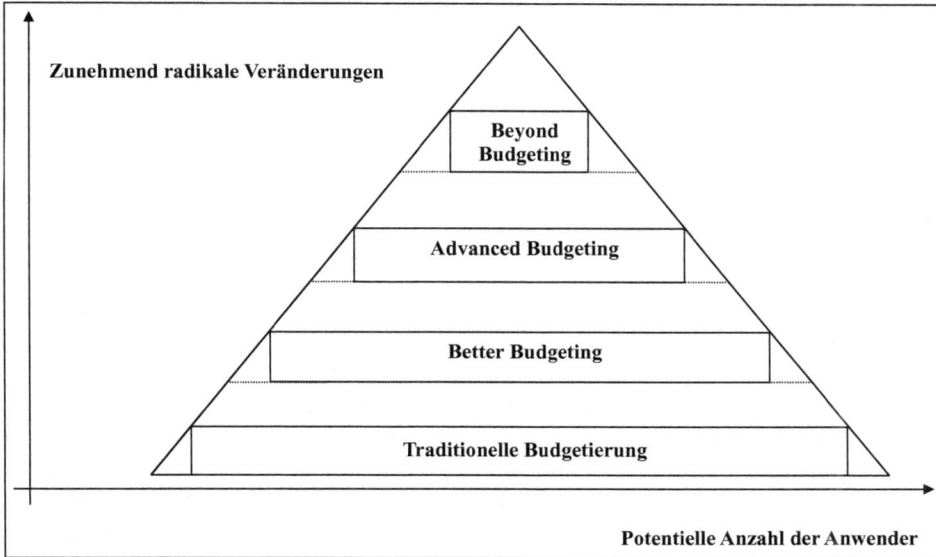

Abb. 1.7 Verhältnis zwischen den verschiedenen Budgetierungskonzepten

1.9 Kritische Beurteilung von Beyond Budgeting

Bis heute konnte das Konzept des Beyond Budgeting die meisten Controller nicht überzeugen. Der Hauptgrund hierfür mag darin liegen, dass Beyond Budgeting mit seinen allgemein gehaltenen Führungs- und Leistungsprinzipien wenig Neues bietet, sondern vorhandene Prinzipien in einer dünnen konzeptuellen „Hülle" kombiniert vermarktet. So haben seine Befürworter einiges mehr an Entwicklungsarbeit zu leisten und an Umsetzungserfahrungen zu sammeln, um ihrer neuen Steuerungsphilosophie in der Praxis zum Durchbruch zu verhelfen. Darüber hinaus ist das Konzept problematisch hinsichtlich des kleinen Kreises potentieller Anwender, seiner Prämissen, der Schwierigkeit, ohne Budgets Ressourcen zu verteilen, der Schwächen der BSC, des teilweise ungünstigen Kosten-Nutzen-Verhältnisses, der Angst vor Veränderungen und der fehlenden empirischen Nachweise seines Einsatzes.

1.9.1 Kleiner Kreis potentieller Anwender

Obwohl sicherlich ein interessantes Konzept, steckt Beyond Budgeting noch in den Kinderschuhen. Für Unternehmen, bei denen sich eine Einführung anbieten würde, mag der Gedankenansatz ein ähnliches substanzielles Potenzial bergen wie die Balanced Scorecard. Aber selbst Befürworter des Beyond Budgeting schätzen den Anteil der geeigneten Kandidaten nur auf 10-20 % der größeren budgetierenden Unternehmen. Bei ihnen könnte die Entbündelung der Budgetierungsfunktionen beitragen zu einer genaueren Zielorientierung sowie höheren Flexibilität bei insgesamt und längerfristig geringeren Aufwendungen. Außerdem wäre bei diesen Unternehmen die Zeit reif für ein neues Managementmodell, da sie als Anwender der Balanced Scorecard bei deren Verzahnung mit der klassischen Budgetierung häufig auf Probleme stoßen.

1.9.2 Prämissen

Innerhalb des kleinen Kreises geeigneter Unternehmen ist die Sinnhaftigkeit einer Anwendung der Prinzipien des Beyond Budgeting an eine Reihe von Prämissen gebunden, die in vielen Veröffentlichungen zum Thema nicht erwähnt werden. So unterstellen beispielsweise einige Autoren pauschal ein Zeitalter der diskontinuierlichen Veränderungen (Bennis, 1999), unvorhersehbarer Konkurrenz (Hamel, 1999) und launischer Kunden (Kotler, 1999) („discontinuous change, unpredictable competition, and fickle customers"). Dies muss aber nicht für jedes Unternehmen in gleichem Maße gelten (Galgenmüller/Gleich/Staudinger, 2006). Folglich muss in jedem Einzelfall geprüft werden, ob die Annahmen hoher Dynamik and hoher Wettbewerbsintensität gegeben sind. Ebenso ist zu prüfen, ob das Unternehmen die von den Befürwortern postulierten Flexibilitätspotenziale in ausreichendem Maße realisieren kann. Können wirklich bei Bedarf relevante Produktionsfaktoren kurzfristig hinzu gewonnen bzw. anderweitig ein- oder freigesetzt werden, ohne solche Schritte im Voraus geplant und budgetiert zu haben?

1.9.3 Ressourcenzuteilung ohne Budgets

Den Schwerpunkt der Diskussion um Beyond Budgeting bildet die Frage nach der Zuteilung von Ressourcen. Sie müssen oft mit einem erheblichen zeitlichen Vorlauf disponiert werden. Das setzt der Flexibilität Grenzen. Im produzierenden Gewerbe und im Handel beispielsweise bildet eine saubere Mengenflussplanung die Basis für die Steuerung der Bestände. Unscharfe Absatz- oder Produktionsplanung führt nicht nur zu ungenutzten Kapazitäten, sondern auch zu Krisen in der kurzfristigen Disposition. Das kann die Durchlaufzeiten erhöhen mit dem Ergebnis, dass die Lagerbestände unkontrolliert ansteigen. Wer auf die Jahresgesamtplanung verzichten zu können glaubt (was die wenigsten Controller tun), budgetiert zumindest für die durchschnittliche Lagerumschlagsdauer im Voraus.

Aus ähnlichen Gründen wäre es leichtsinnig, in einem Unternehmen auf ein Cash-Budget als Teil seiner Liquiditätsplanung zu verzichten. Aufgrund des U. S. Sarbanes-Oxley Act oder des deutschen KonTraG könnte die Geschäftsführung sich durch einen solchen Verzicht strafbar machen (Unterlassung adäquater Kontrolle).

Ohne Budgets für die Fertigung, den Verkauf und den Cashflow wäre das von den Banken nach Basel II erforderliche Rating praktisch nicht möglich. Ohne jene Budgets wäre auch der Versuch, ein Gericht zu überzeugen, ein Unternehmen aus der Konkursverwaltung zu entlassen, fast immer aussichtslos. Ihr Fehlen würde ferner viele Interessenten von Übernahmen und Fusionen abschrecken. Darüber hinaus würde der Verzicht auf Budgets die

Glaubwürdigkeit des Managements bei der Lieferung zukunftsorientierter Informationen an Aktionäre, andere Stakeholders und Analysten untergraben.

1.9.4   Schwächen der BSC

Einige Befürworter von Beyond Budgeting schlagen vor, Budgets als das Hauptinstrument des Controlling durch BSCs zu ersetzen (Horváth, 2005). Trotz vieler Vorteile ist die BSC kein Allheilmittel für die Probleme eines Managements mit seinem Controlling-System. Im Gegenteil ist der Versuch, eine BSC zu entwickeln und einzuführen, besonders in kleinen und mittelgroßen Unternehmen (KMUs) mit zahlreichen Schwierigkeiten verbunden (Rickards, 2007).

Beispielsweise setzt der Einsatz von BSCs voraus, dass die Geschäftsführung eine oder mehrere konkrete Strategien schon durchdacht hat. Deswegen muss der Einführung von BSCs die Entwicklung von Strategien vorausgehen. KMUs, deren Geschäftsführern die Fähigkeit fehlt, strategisch zu denken, werden dieses Manko wohl nicht ausgleichen können, selbst wenn sie sich externe Berater leisten können. So macht der Versuch BSCs zu entwickeln und zu verwenden, für sie wenig Sinn.

Ferner können Balanced Scorecards die Transparenz der Entscheidungsfindung in einem Unternehmen nur erhöhen, wenn die Geschäftsführung will, dass sie dies tun. Mit anderen Worten begrenzt die „corporate culture" des Unternehmens die Möglichkeiten zur effektiven Implementierung von BSCs. In Corporate Cultures, wo das Empowerment der Mitarbeiter durch die Delegation von Aufgaben, die klare Zuordnung von Verantwortung und individualisierte, zielorientierte Anreize unbekannt sind, erweisen sich BSCs meistens als ineffektiv.

Je weniger entwickelt die Planungs- und Controlling-Systeme eines Unternehmens sind, desto mehr Probleme wird man bei der Entwicklung und Einführung von BSCs haben. Gespräche über die Entwicklung von Balanced Scorecards können bestehende Defizite in der Planung und im Controlling völlig klar machen. Bevor ein Unternehmen versucht, eine BSC einzuführen, sollte es diese Defizite beseitigen. Die Einführung von Balanced Scorecards eliminiert nicht den Bedarf an anderen Planungs- und Controlling-Instrumenten. Stattdessen braucht sie deren Ergebnisse als Inputs.

Folglich ist der Einsatz von BSCs nicht besonders weit verbreitet. Obwohl 24 % der größten deutschen Unternehmen mit ihnen experimentiert haben, arbeiten nur 11 % der mittelgroßen und 4 % der kleinen Unternehmen mit ihnen (Töpfer/Lindstädt/Förster, 2002).

1.9.5   Kosten-Nutzen-Verhältnis

Da eine detaillierte Anleitung zur Implementierung des Ansatzes nicht existiert, ist eine Einführung von Beyond Budgeting mit erheblichem Aufwand verbunden. Schließlich handelt es sich nicht um ein einzelnes Instrument, sondern um einen grundlegenden Veränderungsprozess im Management, auch mit Blick auf die spezifische Kultur des Unternehmens. Aus dem Konglomerat aus Einzelprinzipien und Instrumenten muss sich jedes Unternehmen

seine maßgeschneiderte Lösung erarbeiten. Die zu erwartenden Verbesserungen rechtfertigen nicht in jedem Fall die damit verbundenen Kosten.

1.9.6   Angst vor Veränderungen

Auch die Angst vor Veränderungen mag zum Widerstand gegen die Implementierung von
Beyond Budgeting beitragen. Sie zu überwinden ist in hierarchischen Organisationen besonders schwierig. Einerseits wagen Vorgesetzte es nicht, Verantwortung für Veränderungen an Untergebene zu delegieren, könnte die Leistung doch die eigene übertreffen. Andererseits weichen viele Mitarbeiter der Übernahme von Verantwortung für Veränderungen
aus, weil sie meinen, sie könnten ihren Vorgesetzten missfallen. (Da CEOs wie Jack Welch
sich brüsten, jährlich 10 % ihrer Manager zu entlassen, fällt es nicht schwer zu verstehen,
warum diese Angst so weit verbreitet ist.)

Eine verwandte Form der Angst hat mit dem Know-how zu tun, das für den Umgang mit
Controlling-Instrumenten und Werkzeugen der Budgetierung erforderlich ist. Menschen mit
Controlling-Kenntnissen mögen Versagensängste bei Personen mit Know-how-Defiziten
verursachen. Eine Auslagerung des operativen Controlling (Richter, 2006) bzw. ein Control-
ling-Paradigma, das auf Budgets verzichtet, kehrt diese Situation um: Stabsmitglieder mit
dem für die Budgetierung notwendigen Know-how haben plötzlich Angst, sie könnten ihren
Wert für die Organisation verlieren.

1.9.7   Mangelnde Erfahrungswerte

Informationen über die erfolgreiche Implementierung von Beyond Budgeting sind aufgrund
der beschriebenen Probleme noch Mangelware. Die obigen Praxisbeispiele sind bestenfalls
erste Belege, dass der Weg zum Beyond Budgeting von bestimmten Organisationen mehr
oder weniger erfolgreich beschritten werden kann. Es fehlt eine weitergehende Ausarbeitung
der Instrumente sowie die Dokumentation der Erfahrungen von Managern, Controllern und
Mitarbeitern mit dem neuen Steuerungsansatz. Es gibt ebenfalls keine aufgearbeiteten Leh-
ren aus „verunglückten" Praxisfällen. Es bleibt zu hoffen, dass neue Publikationen Abhilfe
schaffen.

Bis überzeugendere Studien veröffentlicht werden, erscheint Skepsis angebracht:

- Wie genau soll die Unternehmenssteuerung ohne detaillierte Finanzzahlen erfolgen, insbesondere in Krisenzeiten?

- Inwiefern löst der Ansatz die üblichen praktischen Budgetierungsprobleme des Unternehmens?

- Können die damit verbundenen Veränderungen in der Unternehmenskultur im Einzelfall
  durchgesetzt werden?

- Rechtfertigen die erzielten Veränderungen den kurzfristigen hohen Aufwand?

- Wie gestaltet sich die Kommunikation zwischen Unternehmen und Kapitalmärkten sowie Rating-Agenturen, ohne dass detaillierte Budgets vorliegen?

- Ist der Unternehmensführung bewusst, dass ihre Arbeit bei der Verwirklichung des Beyond Budgeting erst dort beginnt, wo die wissenschaftlichen Abhandlungen enden?

1.10 Kritische Beurteilung von Better Budgeting und Advanced Budgeting

Der weniger radikale Ansatz eines Better Budgeting oder eines Advanced Budgeting stößt anscheinend auf mehr Zustimmung. Beide Ansätze zielen nicht auf eine komplette Änderung der Unternehmenskultur. Um diese Ansätze zu implementieren, sind die erforderlichen Instrumente bereits vorhanden, und die notwendigen Veränderungen im Budgetierungsprozess sind weniger extrem. Eine höhere Transparenz und bessere Aussagekraft finanzieller Daten kann beispielsweise die Umstellung des Jahresabschlusses auf Internationale Rechnungslegungsstandards (International Financial Reporting Standards, IFRS) bewirken (Leissing, 2002; Teichmann, 2002; Barthélemy/Willen, 2003; Lüdenbach/Hoffmann, 2003). Weiterhin erlaubt das wertschöpfende Controlling bewährte Instrumente wie das Target Costing weiter zu entwickeln bzw. vielschichtiger zu interpretieren. Diese schrittweisen Veränderungen haben den Vorteil, dass sich Controller an konkreten Zahlen, Berechnungen und Prozentwerten orientieren können.

Ferner schließt ein Controlling auf der Grundlage von Better Budgeting oder Advanced Budgeting keineswegs die Integration weicher Zielgrößen im Sinne der Balanced Scorecard aus. So zählen Mitarbeiterzufriedenheit und Kundenzufriedenheit zu den nicht bilanzierungsfähigen, immateriellen Vermögenswerten, von denen aber die Fähigkeit des Unternehmens, in der Zukunft Ergebnisse zu erzielen, wesentlich abhängt. Die Entwicklung dieser Werte ist jedoch heute noch nicht in die Berichterstattung gegenüber Aufsichtsrat und Hauptversammlung eingebunden.

Die Forschungen, die 2003 die große Unzufriedenheit europäischer Manager mit der Budgetierung belegten, wurden 2005 wiederholt. Auch dieses Mal umfasste die Untersuchung 80 Unternehmen verschiedener Größen aus unterschiedlichen Industriebranchen. Sie fanden heraus, dass die Unternehmen weit kleinere, weniger radikale Reformen sehr viel langsamer angegangen waren, als mancher Wissenschaftler und Berater vielleicht erwartet hatte. Die Forscher konnten nur 18 % der Reformprojekte als bahnbrechend effektiver klassifizieren. Im Verhältnis zu 2003 hatten diese Organisationen ihre Planungs- und Budgetierungsprozesse kaum verkürzt. Die durchschnittliche Dauer betrug immer noch vier Monate, während mehr als ein Viertel der Befragten fünf Monate dafür brauchten. Mehr als 70 % der untersuchten Unternehmen waren immer noch unzufrieden mit ihren Planungs- und Budgetierungsprozessen. Die Erwartungen des Managements hinsichtlich der Effizienz blieben unerfüllt (Oldiges, 2005).

1.10.1   Hilfsmittel

Die o. g. Forschungsergebnisse müssen besonders ernüchternd auf die Befürworter aller drei Reformmodelle wirken. Vielleicht wird die Umsetzung von Better Budgeting und Advanced Budgeting von denselben Faktoren behindert, die auch die Implementierung von Beyond Budgeting blockieren. Jedenfalls gibt es auf dem Gebiet der Modernisierung von Planungs- und Controlling-Systemen noch viel zu tun. Bei einer so hohen, weit verbreiteten Unzufriedenheit ist es kein Wunder, dass 69 % der Befragten angaben, dass ihr Unternehmen innerhalb der nächsten zwei Jahre einen weiteren Anlauf zur Erneuerung seiner Budgetierungsprozesse begänne (Oldiges, 2005)!

Sofern die Kritik am bestehenden Budgetierungsprozess im Wesentlichen dessen Starrheit und Zeitaufwand betrifft, wird es häufig ausreichend sein, im Rahmen der etablierten Abläufe den Budgetierungsprozess zu verkürzen, Budgets flexibler zu gestalten und die Planungsinhalte anzupassen. Bestehende Budgetierungssysteme können damit durch ein Bündel von (im Grunde genommen bekannten) Maßnahmen optimiert werden (Rickards, 2006).

Zur Verschlankung der Budgetierung können u. a. folgende Maßnahmen dienen:

- Konzentration auf erfolgskritische Prozesse und Reduzierung der Anzahl der erforderlichen Teilbudgets und der monetären Vorgabegrößen

- Vereinfachung des Budgetierungssystems durch weitgehenden Verzicht auf taktische Planungen

- marktorientierte Ziele und Vorgaben anstelle von Budgetierung auf Basis der Fortschreibung, schnelle Vorschauinformationen statt detaillierter budgetbasierter Prognoserechnungen

- Verlassen des Kalenderjahres als Budgetzyklus und z. B. Übergang zur rollierenden Budgetierung (Leyk, 2006)

- Reduzierung von Frequenz und Anzahl der Budgetkontrollen und damit Fokussierung des Berichtswesens

- Vereinfachung der Budgetierungsprozesse durch Reduzierung der Kostenarten. Eine neue Fallstudie fand heraus, dass in einem Budget mit 38 Kostenarten nur acht davon 82 % der Gesamtkosten abdeckten (Horváth, 2005). Statt jede der 38 Kostenarten detailliert zu planen, wäre es einfacher, schneller und effizienter, die anderen 30 Kostenarten in einer „Sonstige-Kosten-Kategorie" zusammenzufassen und das Budget nur noch mit insgesamt neun Kostenarten zu entwerfen.

Ergänzend kann der Budgetierungsprozess durch organisatorische Maßnahmen flexibilisiert und verkürzt werden, indem z. B.

- die „Top-Down-Komponenten" der Aufbauorganisation gestärkt werden, um Doppelarbeit, Fehler aufgrund manueller Datenübertragung und den Zeitaufwand zu reduzieren (Binder, 2005), beispielsweise durch Beendigung des immer noch weit verbreiteten Einsatzes verschiedener EDV-Systemen bei der Erlös- und Kostenplanung sowie Budgetkontrolle und ihren Ersatz durch ein integriertes Planungs- und Controlling-System,

- der Budgetvereinbarungs- und -verabschiedungsprozess vereinfacht wird, etwa durch Konzentration auf wenige wesentliche Daten über den Markt, die Produkte, die Mitarbeiter und Geschäftspartner,

- die operative Planung dezentralisiert wird.

1.10.2 Pragmatische IT-Perspektive

Wie groß der Zweifel der Praxis daran ist, ob man völlig auf Budgets verzichten kann, lässt sich an der Haltung wichtiger IT-Lieferanten ablesen. Beispielsweise bieten SAP AG sowie Schlott Sebaldus AG und Winterheller Software IT-Tools an, die die neuen Konzepte IT-seitig unterstützten sollen: „SAP SEM" und „Professional Planner". Ihre Basis ist der integrierte Planungs- und Steuerungszyklus, der die strategische und operative Planung miteinander verknüpft. In Bezug auf das „richtige" Steuerungssystem verhalten sich diese Lieferanten neutral und wollen alle Ansätze gleichzeitig unterstützen.

1.11   Welches Reformkonzept wählen?

Better Budgeting und Advanced Budgeting stellen – anders als der Ansatz des Beyond Budgeting – die internen Modelle der Akteure nicht grundlegend in Frage. Die Konzepte zielen vielmehr auf die Verbesserung der Effizienz von Budgetierungsprozessen bei weitgehend unveränderten Rahmenbedingungen. Die knappen Zeitressourcen des Managements können durch die Verschlankung des Prozesses besser genutzt werden. Better Budgeting und Advanced Budgeting können (und wollen) eine fundamentale Veränderung der internen Modelle nicht leisten. Aus diesem Grunde werden entsprechende Projekte auch weniger häufig spektakulär scheitern. Wenn aber die Prämissen einer budgetbasierten Koordination nicht mehr gegeben sind, das eigentliche Problem in den Köpfen der Manager steckt und statt Effizienzgewinnen in der Budgetierung eine Veränderung der etablierten Abläufe gefragt ist, greifen beide Ansätze zu kurz. Für die Praxis gilt es daher, viel Zeit und Mühe in die Analyse der Ausgangssituation zu investieren. Nicht immer, aber meistens ist der einfachere Weg auch der bessere.

1.12   Wer sollte mit ins Boot?

Egal ob Better, Advanced oder gar Beyond Budgeting von einem Unternehmen angestrebt wird, ihre Umsetzung zieht weit reichende Veränderungen nach sich, die nicht „nebenbei" zu bewältigen sind. Daher sind die Einbeziehung des gesamten Managements und eine möglichst weitgehende Akzeptanz des Konzeptes im Unternehmen unabdingbare Voraussetzungen für eine erfolgreiche Einführung. Hierbei können externe Personalfachleute wertvolle Dienste in Sachen „Change Management" leisten. Die Einbeziehung von IT- Experten ist nahezu unumgänglich, um bestehende Informationssysteme an das neue Konzept anzupassen. Schließlich und vor allem ist auch ein bedeutendes Engagement der Controller erforderlich, die die Konzeption der neuen Planungs-, Erfolgsmessungs- und Steuerungsverfahren schultern müssen (Schmidt, 2002).

Trotzdem: Keine Angst vor einer Reform der Budgetierung! Im Gegenteil stellt sie eine große Chance für den Controllerdienst dar, sich endgültig zu einem „Business Economics Competence Center" zu emanzipieren, das folgende Aufgaben übernimmt:

- Strategisches Controlling

- Überwachung der Wertschöpfungsprozesse des Unternehmens

- Externe und interne Beschaffung von Informationen für Entscheidungsträger sowie für interne und externe Stakeholders wie erforderlich

- Selektion, Bearbeitung, Analyse, Interpretation, Veröffentlichung und Verteilung wichtiger Unternehmensdaten

- Ständige konzeptionelle Aktualisierung des Managementsystems

1.13   Praktiker sind ebenfalls Pragmatiker

Die pragmatische Entscheidung der IT-Lieferanten, alle Reformkonzepte zu unterstützen, scheint vernünftig. Schließlich wählen Praktiker ihre Controlling-Instrumente und Budgetierungsmethoden aufgrund ihrer Bedürfnisse und nicht aufgrund konzeptueller Diskussionen, die gegenwärtig in der Fachliteratur im Gange sind.

Dieser Pragmatismus wird in neuen Fallstudien der GPC Biotech (Schmitt, 2005) und der T-Online (Gleich/Hofmann, 2005; Schmal/Schmidt, 2006) offensichtlich. Beide Unternehmen haben interne und externe Umwelten mit Charakteristiken (bspw. hohe Dynamik, diskontinuierliche Veränderungen, unvorhersehbare Konkurrenz und launische Kunden), die die Einführung von Beyond Budgeting begünstigen müssten. Dennoch spielt die Budgetierung bei ihnen weiterhin eine wichtige, sich allerdings verändernde Rolle.

Einige Elemente traditioneller Budgetierung sind noch vorhanden. Die Ressourcenzuteilung z. B. bleibt zentralisierter und mehr „top-down" als die Reformkonzepte es vorsehen, insbesondere hinsichtlich der Investitionen in Forschungsprojekte.

Ihre verschlankten Budgetierungsprozesse kombinieren jedoch „top-down" und „bottom-up" Komponenten. Darüber hinaus budgetiert weder GPC Biotech noch T-Online auf der Basis des Kalenderjahres oder verbindet Budgets mit Leistungsbeurteilungen. Solche Veränderungen sind Ideen, die aus Better Budgeting und Advanced Budgeting stammen.

Man findet auch Elemente des Beyond Budgeting bei beiden Unternehmen: die Fähigkeit, schnell auf Änderungen in der Umwelt zu reagieren, häufige Überprüfung der Verbindungen zwischen Strategie und operativen Maßnahmen, Entkopplung der Prognose- und Controllingfunktionen von der Budgetierung, rollierende Pläne mit eingebauten Vorschauinformationen und eine Kultur der ständigen Hinterfragung und Senkung von Kosten.

Angenommen, die Erfahrungen der GPC Biotech und der T-Online seien repräsentativ für das Verhalten der meisten gut geführten Unternehmen, erkennt man, dass die Reform der Budgetierung in undogmatischer Weise, Stück für Stück geschieht. Auf diese Weise schneidern Unternehmen sich einen kohärenten Satz von Veränderungen für ihre Budgetierungsprozesse. Dadurch sind sie in der Lage, gewisse Funktionen ihrer Budgets zu modernisieren oder gar zu ersetzen, während sie gleichzeitig unerwünschte Nebenwirkungen vermeiden.

1.14 Better Budgeting und Advanced Budgeting in diesem Text

Die nachfolgenden Kapitel beinhalten viele Elemente, die im Einklang mit den Konzepten von Better Budgeting und Advanced Budgeting stehen. Die Behandlung des traditionellen Budgetierungsprozesses in Kapitel 2 geschieht in gestraffter Form. Zum einen würde die Darstellung eines detaillierten Gesamtbudgets den Rahmen des Buches sprengen. Andererseits soll damit gezeigt werden, dass die Konzentration auf das Wesentliche vor allem zur Schaffung eines Instruments führt, das für die Unternehmenssteuerung durchaus nützlich ist. Ferner werden Prognoseverfahren diskutiert, die nicht davon ausgehen, dass die Zukunft allein durch lineare Fortschreibung bisheriger Trends bestimmt sein wird. Am Beispiel eines Profit Centers wird die einfache, intuitive Informationsdarstellung präsentiert, die die Komplexität des Unternehmens berücksichtigt und verfeinerte Datenanalysen ermöglicht.

Kapitel 3 zeigt, wie bewährte Verfahren, wie die *Kaizen*-Budgetierung und die aktivitätenbasierte bzw. prozessorientierte Budgetierung, einen traditionellen Budgetierungsprozess verbessern können. Mit der Intention, Engpässe im Voraus zu antizipieren und entsprechende Gegensteuerungsmaßnahmen vorzubereiten, stellen die präsentierten Liquiditäts- und rollierenden Budgetplanungen praktische Beispiele des Feedforward-Denkens dar.

1.15   Englische und deutsche Fachterminologie

action plan	Maßnahmenplan
annual shareholders' meeting	Jahreshauptversammlung
benchmark	Bezugsmarke, Bezugspunkt, Eckwert
bottom-up	Informationsfluss von unten nach oben, ein Kennzeichen partizipativer Unternehmensführung
business economics competence center	Kompetenzzentrum für Betriebswirtschaftslehre
business plan	Unternehmensplan
business unit	Geschäftsbereich, -einheit, Sparte
contingency measures	Alternativmaßnahmen
corporate identity	Gesamtbild des Unternehmens in der Öffentlichkeit; Ausdruck für Unternehmensphilosophie und -selbstverständnis
customer satisfaction	Kundenzufriedenheit
discontinuous change	diskontinuierliche Veränderung
division	Geschäfts-, Unternehmensbereich, Sparte
drilling down	hinunter bohren, eine Analyse mit disaggregierteren Daten durchführen
empowered	befugt, bevollmächtigt, ermächtigt
fixed performance contract	feste Leistungsvereinbarung
fickle customers	launische Kunden
forecast	Prognose, Vorhersage
frontline manager	Manager mit unmittelbarem Kundenkontakt
gross domestic product (GDP)	Bruttosozialprodukt (BSP)
human capital	Arbeitsvermögen, Humankapital
incentive system	Anreizsystem

intangible assets	immaterielle Aktiva, immaterielle Vermögenswerte, Immaterialgüter
International Financial Reporting Standards (IFRS)	Internationale Rechnungslegungsstandards
key performance indicators (KPIs)	Erfolgsgrößen, Erfolgskennzahlen
know-how	Knowhow, technisches Wissen und praktische Erfahrung
management by exception	Management im Ausnahmefall
not-for-profit	gemeinnützig
performance evaluation	Leistungsbeurteilung
performance measurement	Leistungsmessung
potentials	Potenziale
practitioner group	Arbeitskreis
profit center	Ergebniseinheit
rating	Wertpapiereinstufung, Kreditwürdigkeit
real time	Echtzeit
soft facts	„weiche" (d. h. nicht in Geld messbare) Faktoren
strategic profit center	strategische Ergebniseinheit
target cost	Soll-Kosten, Zielkosten
top-down	hierarchisch, von oben nach unten
trial and error	Versuch und Irrtum, systematisches Probieren
unethical behavior	unethisches Verhalten
unpredictable competition	unvorhersehbare Konkurrenz

1.16   Literatur

Answerthink, „Best Practices in Planning and Budgeting", www.answerthink.com, 2003.

Agthe, K., „Stufenweise Fixkostendeckung im System des Direct Costing", *Zeitschrift für Betriebswirtschaft*, 29. Jg., 1959.

Auffermann, J. D., „Der Controller – eine unternehmerische Persönlichkeit", *RKW Auslandsdienst*, Heft 51, 1957.

Barthélemy, F. und B.-U. Willen, IAS/IFRS: *Vom Projektplan bis zur erfolgreichen Umsetzung am Beispiel SAP R/3*, Haufe, Freiburg, 2003.

Becker, L., „Unternehmen tun etwas für die Umwelt – und berichten darüber", *Frankfurter Allgemeine Zeitung*, 7. Juli 1998.

Bennis, W., „Becoming a Leader of Leaders", in R. Gibson, (Hrsg.), *Rethinking the Future*, Nicholas Brealey, London, 1999.

Binder, Bettina, „Controlling-Panel von Horváth & Partners zum CFO-Panel erweitert", *Der Controlling-Berater*, 2/2005.

Boeson, T., „Creating Budget-less Organizations with the Balanced Scorecard", *Balanced Scorecard Report*, 6/2000.

Boeson, T., „New Tools for a New Corporate Culture – The Budget-less Revolution", *Balanced Scorecard Report*, 1/2002.

Boesen, T., „Borealis", The First Annual Beyond Budgeting Summit, London, 2003.

Bramsemann, R., *Handbuch Controlling*, Hanser, München/Wien, 1993.

Brandes, D., „Einfachheit im Controlling umsetzen: ‚Weniger ist mehr' als Leitgedanke", *Der Controlling-Berater*, 7/2004.

Cokins, G., *Activity-Based Cost Management*: *An Executive's Guide*, Wiley, New York, 2001.

Covey, S., „Putting Principles First", in R. Gibson, (Hrsg.), *Rethinking the Future*, Nicholas Brealey, London, 1999.

Daum, J. H., „Beyond Budgeting – Ein Management- und Controlling-Modell für nachhaltigen Unternehmenserfolg", *Der Controlling-Berater*, 7/2002.

Daum, J. H., *Beyond Budgeting – Steuern ohne Budgets*, Wiley, Weinheim, 2004.

Daum, J. H., „Vom Controlling zum Business Support – ‚Beyond Budgeting' bei Boots/BHI", *Der Controlling-Berater*, 2/2005.

Deyhle, A., „‚Heute schon tun – woran andere erst morgen denken' Professor Dr. Elmar Mayer 80", *Controller Magazin*, Januar 2004.

Freidank, C.-C. und E. Mayer, (Hrsg.), *Controllingkonzepte*, Gabler, Wiesbaden, 2004.

Galgenmüller, F., R. Gleich und M. Staudinger, „Budgetierung in der Automobilindustrie", *Der Controlling-Berater*, 3/2006.

Gleich, R. und S. Hofmann, „Kann man schnell wachsende Unternehmen mit Budgets steuern? Das Beispiel der Effizienzmatrix von T-Online", *Der Controlling-Berater*, 6/2005.

Gruber, H. F. und L. Nausner, „Akzeptanz steigern (Teil 1): Unternehmensführung durch systematisches Management", *Der Controlling-Berater*, 1/2004.

Hackett Best Practice, (Hrsg.), *Book of Numbers Finance*, www.thehackettgroup.com, 2002.

Hamel, G., „Reinventing the Basis for Competition", in R. Gibson, (Hrsg.), *Rethinking the Future*, Nicholas Brealey, London, 1999.

Hammer, S., „Beyond the End of Management", in R. Gibson, (Hrsg.), *Rethinking the Future*, Nicholas Brealey, London, 1999.

Harris, J. N., „What Did We Earn Last Month?", *N. A. C. A.-Bulletin*, 1936.

Hoffmann, F., „Der Controller im deutschen Industriebetrieb", *Der Betrieb*, Heft 50, 21. Jg., 1968.

Hope, J. und R. Fraser, *Beyond Budgeting: How Managers Can Break Free from the Annual Performance Trap*, Harvard, Boston, 2003.

Horváth, P., in A. Klein, „Erster deutscher Beyond Budgeting Summit", *Der Controlling-Berater*, 6/2005.

Horváth, P. und R. Gleich, *Neugestaltung der Unternehmensplanung*, Schäffer-Poeschel, Stuttgart, 2003.

Jensen, M. C., „Paying People to Lie: The Truth about the Budgeting Process", Harvard Business School Working Paper 01-072, 2001.

Kanter, J., „Breton Inquiry Pits French Elites vs. Shareholders", *International Herald Tribune*, July 2-3, 2005.

Kanter, J., „Much Ado about Rhodia", *International Herald Tribune*, January 20, 2006.

Kaplan, R. S. und H. T. Johnson, *Relevance Lost*, Harvard, Cambridge, MA, 1987.

Kilger, W., J. Pampel und K. Vikas, *Flexible Plankostenrechnung*, 12. Auflage, Gabler, Wiesbaden, 2005.

Klein, A., „Planung und Budgetierung im Wandel?", *Der Controlling-Berater*, 5/2005.

Kotler, P., „Mapping the Future Marketplace", in R. Gibson, (Hrsg.), *Rethinking the Future*, Nicholas Brealey, London, 1999.

Kraus, A., „Anreizsystem und Budget – Spannungsfeld oder Symbiose?", *Der Controlling-Berater*, 1/2006.

T. Leissing, „Controller's Roadmap Teil 2: Wertorientiertes, internes und externes Konzern-reporting nach IAS und US-GAAP", *Der Controlling-Berater*, 3/2002.

Leyk, J., „Rollierender Forecast: Budgetierungsaufwand senken und Unternehmensziele besser erreichen", *Der Controlling-Berater*, 1/2006.

Lüdenbach, N. und W.-D. Hoffmann, (Hrsg.), *IAS Kommentar*, Haufe, Freiburg, 2003.

Mann, R., „Neue Entwicklungen im Controlling", *Der Controlling-Berater*, 3/2003.

March, J. G. und H. A. Simon, *Organizations*, J. Wiley, New York, 1958.

Mayer, E., *Controlling als Denk- und Steuerungssystem*, Haufe, Freiburg, 1995.

Özel, F., „Controlling und Kontrolle", *Controller Magazin*, 1/2003.

Oldiges, N., „Quo Vadis Budgeting", noldiges@thehackettgroup.com, 2003.

Oldiges, N., „Planning on the Move", noldiges@thehackettgroup.com, 2005.

Paul, J., „Wann Kennzahlen schaden", *Harvard Business Manager*, 6/2004.

Pfläging, N., *Beyond Budgeting, Better Budgeting*, Haufe, Freiburg, 2003.

Plaut, H.-G., „Die Plankostenrechnung in der Praxis des Betriebes", *Zeitschrift für Betriebs-wirtschaft*, 21. Jg., 1951.

Plaut, H.-G., „Die Grenz-Plankostenrechnung", *Zeitschrift für Betriebswirtschaft*, 23. Jg., 1953.

Prahalad, C. K., „Strategies for Growth", in R. Gibson, (Hrsg.), *Rethinking the Future*, Nicholas Brealey, London, 1999.

Richter, S., „Outsourcing: Auslagerung von Controlling-Tätigkeiten an einen externen Dienstleister", *Der Controlling-Berater*, 1/2006.

Rickards, Robert C., „Management Perspectives on Problems in Controlling and Cost Accounting", *Investment Management and Financial Innovations*, 3/2005.

Rickards, Robert C., „Beyond Budgeting: Boon or Boondoggle", *Investment Management and Financial Innovations*, 2/2006.

Rickards, R., „BSC and Benchmark Development for an E-Commerce SME", *Benchmarking: An International Journal*, 3/2007.

Riebel, P., *Einzelkosten und Deckungsbeitragsrechnung*, Westdeutscher Verlag, Opladen, 1972.

Schäffer, U., „Budgetieren ohne Budgets: Ein neuer Weg mit Zukunft", Controlling Innovation Berlin: 2002, 7. September 2002.

Schentler, P. und M. Tschandl, „Beyond Budgeting – eine kritische Würdigung der Bestand-teile", *Der Controlling-Berater*, 1/2007.

Schmahl, C. und A. Schmidt, „Steuerung von Wachstumsunternehmen über Effizienzziele anstelle fixer Kostenbudgets", *Der Controlling-Berater*, 3/2006.

Schmidt, W., „CIB 2002: Basel II und Beyond Budgeting im Fokus", *Der Controlling-Berater*, 6/2002.

Schmidt, W., „Ganz im Zeichen der Strategieumsetzung: 18. Stuttgarter Controller-Forum", *Der Controlling-Berater*, 7/ 2004.

Schmitt, M., „Planung: Erfolgreiche Unternehmenssteuerung mit flexiblen Budgets", *Der Controlling-Berater*, 2/2005.

Sharman, P. A., „The Case for Management Accounting", *Strategic Finance*, 4/2003; deutsche Übersetzung von K. Vikas, „Kritische Betrachtung zum Stand der Kostenrechnung in den USA", *Der Controlling-Berater*, 2/2004.

Sharman, P. A., „Bring on German Cost Accounting", *Strategic Finance*, 6/2003; deutsche Übersetzung von K. Vikas, „Kostenrechnung in den USA: Sehnsucht nach der deutschen Kostenrechnung", *Der Controlling-Berater*, 5/2004.

Sharman, P. A. und K. Vikas, „Lessons for Controllers and Management Accountants from 60 Years of Experience and Development of German Cost Accounting", *Strategic Finance*, 6/2004; deutsche Übersetzung von K. Vikas, „Kostenrechnung: Was kann ein Controller in den USA aus der Entwicklung der deutschen Kostenrechnung lernen?", *Der Controlling-Berater*, 1/ 2005.

Teichmann, W., „Internationale Rechnungslegung: Chance zum Reengineering im Controlling", *Der Controlling-Berater*, 5/2002.

Töpfer, A., G. Lindstädt und K. Förster, „Balanced Scorecard – Hoher Nutzen trotz zu langer Einführungszeit", *Controlling*, 2/2002.

Weber, J. und S. Linder, *Budgeting, Better Budgeting oder Beyond Budgeting?*, Schriftenreihe Advanced Controlling, Band 33, WHU, Vallendar, 2003.

Welch, J. und J. A. Byrne, *Jack: Straight from the Gut*, Warner, New York, 2003.

Wysiwyg://16/http://www.fei.org/rf/about.cfm, 2005.

Zehetner, K., „Über Fein- und Grobheiten in der Kostenrechnung", *Der Controlling-Berater*, 3/2002.

Zehetner, K., „Internationalisierung als Gefahr für die Rolle des Controllers?", *Der Controlling-Berater*, 2/2005.

2 Der traditionelle Budgetierungsprozess und die Unternehmenssteuerung

2.1 Einleitung

Budgets quantifizieren Pläne für zukünftige Handlungen. Bei der Erstellung des ersten Budgetentwurfes geht man in der Praxis häufig von historischen Daten (den Ist-Werten der vorhergehenden Rechnungsperiode) aus, und passt sie den geplanten, von der neuen Zielsetzung abgeleiteten Leistungen an. So lenkt ein Budget das Augenmerk der Manager nach vorn und zwingt sie, sich Qualitätsverbesserung und Kostensenkung zum Ziel zu setzen.

In der Budgetierung unterscheidet man zwischen monetären und nicht monetären Budgets. Die monetären Budgets beinhalten die erwarteten Umsatz- und Kostenauswirkungen, auf die die Pläne des Unternehmens abzielen. Die nicht monetären oder physischen Budgets betreffen beispielsweise die Anzahl der benötigten Maschinen, Geräte und Mitarbeiter, aber auch den Platzbedarf oder die erforderliche Menge an Rohstoffen.

Da das Management für alle funktionalen Glieder der Wertschöpfungskette plant, gibt es nicht nur Budgets für Fertigung und Verkauf (Absatz und Umsatz), sondern auch für Forschung und Entwicklung, Design, Beschaffung, Marketing, Vertrieb und Kundendienst. Ausgehend von einem auf der Grundlage aggregierter Zahlen vereinfachten Gesamtbudget („master budget") behandelt dieses Kapitel das klassische operative Budget („operating budget") am Beispiel des Produktionsbereichs sowie die Unternehmenssteuerung anhand der Profit Center („responsibility accounting"). Das nachfolgende Kapitel setzt sich mit weiteren Techniken und Gestaltungsmöglichkeiten von Gesamtbudgets, mit der Budgetierung in anderen Funktionsbereichen sowie mit dem Finanzbudget in Handels- und Dienstleistungsunternehmen auseinander.

2.2 Die Entwicklung eines Controlling-Systems

Insbesondere in kleinen, jungen Unternehmen ist eine direkte Beobachtung die vorherrschende Methode der Kontrolle. So geht der Geschäftsführer jeden Morgen durch seinen

Betrieb und spricht mit seinen Mitarbeitern. Dadurch sieht, berührt und hört er das Verhältnis zwischen den In- und Outputs des Unternehmens.

Wenn ein Unternehmen bereits länger besteht, können Manager ihre direkten Beobachtungen mit historischen Daten aus der Finanzbuchhaltung ergänzen. Vergangenheitsbezogene Daten ermöglichen Vergleiche des gegenwärtigen Leistungsniveaus mit Leistungen einer oder mehrerer Vorperioden. Ein solcher Vorjahresvergleich kann die Einschätzung des aktuellen Leistungsstandes einer Abteilung erleichtern. Manchmal analysieren Manager ganze Zeitreihen von derartigen Beobachtungen, um Einsichten zu gewinnen, die zur Optimierung wirtschaftlicher Prozesse innerhalb des Unternehmens beitragen können.

Während des Wachstumsprozesses eines Unternehmens erfahren Manager, dass die Zukunft nicht einfach die Fortsetzung der Vergangenheit ist. Gerade wenn man sich für neue Ziele entscheidet oder erwartet, dass es zukünftig anders kommen wird, bietet ein geplantes Budget einen besseren Maßstab zur Beurteilung der Leistung des Unternehmens als historische Vergleiche. Unterjährige Vergleiche der Ist- mit den Plan-Daten sind eine Möglichkeit der fortgeschrittenen Budgetplanung. Daraus können sich Hinweise auf Mängel in der Budgetierung, aber auch auf Schwierigkeiten und mangelnde Effektivität bei der Umsetzung eines Plans ergeben. Budgets zählen deshalb zu den wichtigsten Instrumenten für die Steuerung des Unternehmenswachstums. Ferner bilden sie die Basis für den Ausbau und die Verfeinerung von Controlling-System und Rechnungswesen.

Allerdings nimmt die Budgetierung selbst nicht unbedeutende Unternehmensressourcen in Anspruch. Da sich zukünftige Entwicklungen nur schwer vorhersagen lassen, ist das Budgetieren ein schwieriges, zeit- und arbeitsintensives Handwerk. Ein Manager widmet daher der Budgetplanung einen beträchtlichen Anteil seiner Arbeitszeit. Des Weiteren beanspruchen Aktivitäten, die mit der Planung oder Überwachung von Budgets zusammenhängen, oftmals einen nicht unwesentlichen Anteil aller Stabstellen eines Unternehmens.

Dennoch lässt der fast universale Einsatz von Budgets in der Praxis darauf schließen, dass die damit verbundenen Kosten in einem günstigen Verhältnis zu ihren Nutzen stehen müssen. Indem ein Manager immer wieder Budgets für verschieden lange Zeiträume erstellt und überwacht, lernt er, Zukunftsvisionen zu quantifizieren und auch mit längeren Planungshorizonten umzugehen. Dies ermöglicht es ihm verstärkt, potentielle Problemfelder frühzeitig zu identifizieren und ernsthafte Schwierigkeiten zu vermeiden.

2.3 Definition und Rolle von Budgets im Unternehmen

Ein Budget ist der quantitative Ausdruck eines Handlungsplans und dient gleichzeitig als Hilfe bei der Koordinierung und Umsetzung des Plans. In enger Zusammenarbeit mit den zuständigen Bereichsleitern formuliert der Controller jeweils ein Budget für ihre Teileinheit. Das Gesamtbudget fasst am Ende die Budgets aller Teileinheiten des Unternehmens zusammen. U. a. quantifiziert es die Erwartungen der Manager hinsichtlich zukünftiger Umsätze,

Cashflows und der finanziellen Lage. Ein Gesamtbudget verdeutlicht so die Ziele des Unternehmens für einen bestimmten Zeitraum.

Nach Abschluss der Budgetplanung wird das Tagesgeschäft auf dieser Grundlage geführt. Im Laufe und am Ende der Rechnungsperiode erfolgt die Evaluierung der operativen Unternehmensergebnisse in Form von Berichten, die Ist- mit Plan-Daten vergleichen. Aus diesen Leistungsbeurteilungen können nützliche Erkenntnisse erworben werden, die in die nächste Runde der Planungen eingehen.

In einem gut geführten Unternehmen gestaltet sich der Budgetzyklus folgendermaßen: Zunächst findet die Planung der Leistung für die Organisation insgesamt und für jede ihrer Teileinheiten statt. Das gesamte Managementteam einigt sich auf eine bestimmte Erwartungshaltung. In der nächsten Phase des Budgetzyklus dient die Planung als Maßstab, mit dem man Ist-Ergebnisse vergleichen kann. In der letzten Phase werden Abweichungen vom Plan untersucht und analysiert. Falls erforderlich, leitet man auch entsprechende Gegensteuerungsmaßnahmen ein. Danach beginnt der Budgetzyklus erneut, unter Berücksichtigung des Feedbacks aus der analytischen Phase und unter Beachtung eventuell geänderter Rahmenbedingungen.

Neben der oben erläuterten Aufgabe erfüllen Budgets weitere wichtige Funktionen in einem Unternehmen. Dazu zählen die Koordinierung verschiedener Aktivitäten, die Kommunikation wichtiger Informationen über Funktionsbereiche und Managementebenen hinweg, die Motivation von Managern und Mitarbeitern sowie die Autorisierung von Maßnahmen. So ist z. B. die Autorisierungsfunktion besonders wichtig für die Budgetierung im öffentlichen Sektor, wo Budgetbeschlüsse als Genehmigungen und Obergrenzen für Ausgaben dienen. Im weiteren Verlauf werden Budgets jedoch hauptsächlich im Zusammenhang mit dem operativen Controlling eines Wirtschaftsunternehmens betrachtet.

2.4   Vorteile der Budgetierung

Aufgrund ihrer vielfältigen Vorteile sind Budgets heute wesentliche Bestandteile der meisten Managementkontrollsysteme. Klug eingesetzt zwingen Budgets einen Manager zu planen. Sie weisen auch auf bestimmte Erwartungen hin, die ein geeignetes Mittel für die Beurteilung von späteren Leistungen darstellen. Schließlich fördern Budgets die Koordination von und die Kommunikation zwischen verschiedenen Teilbereichen einer Organisation.

2.4.1   Strategie, Taktik, Pläne und Budgets

Oft geraten Organisationen in Krisen, die sie hätten antizipieren und vermeiden können. Deshalb ist der Zwang zur Planung für sich verändernde Bedingungen bei weitem der größte Vorteil der Budgetierung für das Management. Wegen seiner großen Bedeutung für die Zukunftssicherung eines Unternehmens stellt der Budgetierungsprozess ferner einen Bestandteil von Strategie und Taktik dar. Strategie ist ein breiter Begriff, der auf die Wahl von

Zielen hindeutet. Dagegen umfasst die Taktik die spezifischen Maßnahmen, die erforderlich sind, um strategische Ziele zu erreichen.

In einem Unternehmen beinhaltet eine strategische Analyse u. a. folgende Fragen: Welche Ziele hat sein Management? Haben die Märkte für seine Produkte lokalen, regionalen, nationalen, oder globalen Charakter? Welche Faktoren bestimmen die Entwicklung dieser Märkte? Wie werden Welt- oder nationale Wirtschaft, Konkurrenz und verschiedene Regierungsebenen die Entscheidungen der Unternehmensführung beeinflussen? Welche Organisationsform und Finanzstruktur dienen dem Unternehmen am besten, um in einer gegebenen Situation die gesteckten Ziele erreichen zu können? Mit welchen Risiken sind andere Strategien behaftet und welche alternativen Pläne gibt es für den Fall, dass der bevorzugte Plan misslingt?

Da eine strategische Analyse mit der Wahl sowohl kurzfristiger als auch langfristiger Ziele zusammenhängt, führt sie außerdem zu kurz- und langfristigen Plänen mit taktischen Maßnahmen. Die Kombination aus Plänen und Taktik bildet wiederum die Basis für die Formulierung von Budgets.

So setzt sich die Geschäftsführung im Rahmen ihrer Strategiemeetings beispielsweise das langfristige Ziel, zu einem weltweit agierenden Unternehmen („global player") aufzusteigen. Erster Schritt dorthin soll das kurzfristige Ziel sein, im benachbarten Ausland einen Marktanteil von 30 % zu erreichen. Zur Umsetzung dieser lang- und kurzfristigen Ziele stellt die Geschäftsführung einen langfristigen, mehrjährigen und einen kurzfristigen Plan für die nächste Rechnungsperiode auf. Letzterer umfasst taktische Maßnahmen, wie den Aufbau eines Vertriebsnetzes, die Durchführung einer Werbekampagne und die Anmietung eines Lagerhauses im Nachbarland. Die entsprechenden Mittel zur Ausführung jener Maßnahmen sowie ihre erwarteten Auswirkungen auf den Umsatz und das Betriebsergebnis („operating income", „operating result") schlagen sich in den operativen Teilbudgets und im Gesamtbudget nieder. Die Teil- und Gesamtbudgets wiederum dienen als Bausteine für das mehrjährige Budget des Unternehmens.

Auf diese Weise sind Strategie, Taktik, Pläne und Budgets eng miteinander verflochten. Dabei zeigt ein Budget dem Manager die voraussichtlichen Folgen der zuvor beschlossenen Pläne auf. Anhand jener Rückkopplung kann ein Plan entweder bestätigt oder revidiert werden, bis die gewünschten Wirkungen erreicht werden. Zusammenfassend kann man sagen, dass ein Gesamtbudget an sich weder einen strategischen noch einen taktischen Plan darstellt. Stattdessen hilft es einem Manager, taktische Maßnahmen umzusetzen und damit strategische Ziele zu erreichen. Budgets sind zwar Planungswerkzeuge, aber der Planungsprozess insgesamt umfasst weitaus mehr Aktivitäten als nur die Budgetierung.

2.4.2 Maßstab für die Leistungsbeurteilung

Als Maßstab für die Beurteilung von Ist-Ergebnissen eignet sich die budgetierte Leistung besser als die historische. Z. B. könnten die Umsätze einer Berichtsperiode höher oder die Fertigungsmaterialkosten niedriger als in der Vorperiode ausfallen. Diese Entwicklung kann zwar ermutigend, muss aber nicht zwingend ein Zeichen des Erfolgs sein. Der Absatz eines

Unternehmens könnte im Jahr von 450.000 auf 500.000 Produkteinheiten gewachsen sein. Der Zuwachs um 11,1 % scheint auf den ersten Blick auf ein erfolgreiches Geschäftsjahr hinzudeuten. Allerdings relativiert sich das Bild, wenn das Marktwachstum in die Betrachtung einbezogen wird. Da das Unternehmen bereits während des Planungsprozesses das Wachstum des Marktes vorhersah, budgetierte es vom damaligen Marktanteil einen Absatz von 600.000 Produkteinheiten für das Jahr. Vor diesem Hintergrund stellt ein Ist-Absatz von 500.000 Produkteinheiten ein enttäuschendes Ergebnis dar. *Ceteris paribus* würde man die Leistung deswegen eher als schlecht beurteilen.

Die Aussagekraft von Vergangenheitsvergleichen kann außerdem von der Einführung neuer Technologien und Produkte, der Einstellung neuen Personals sowie vom Auftreten weiterer Konkurrenten oder neuer allgemeiner Wirtschaftsbedingungen beeinträchtigt werden. An diesem Punkt wird ein weiterer Vorteil von Budgets deutlich. Sie helfen einem Vorgesetzten, die Leistungen der Manager und Mitarbeiter seines Verantwortungsbereiches aufgrund gezielter Größen und nicht aufgrund von Laune, Willkür oder historischen Daten zu beurteilen. Für den einzelnen Mitarbeiter bedeutet die Arbeit mit Budgets gleichzeitig mehr Transparenz im Evaluierungsprozess. Er erfährt zu Beginn einer Rechnungsperiode, welche Ziele für seinen Arbeitsbereich gesteckt werden und kennt damit den Maßstab der späteren Leistungsbeurteilung.

Neben der Anwendung überholter Maßstäbe ist eine zweite Schwäche der Leistungsbeurteilung auf der Grundlage historischen Daten, dass sie Ineffizienzen vergangener Handlungen verbergen kann. Demgegenüber zwingt ein gutes Budgetierungssystem den Manager, seinen Verantwortungsbereich während der Planungsphase genau zu untersuchen. Kostenstrukturen können u. U. in Frage gestellt und damit Ineffizienzen aufgedeckt werden, die andernfalls nicht entdeckt worden wären.

Eine dritte gravierende Schwäche historischer Daten liegt darin, dass Zukunftschancen, die in der Vergangenheit nicht existierten, übersehen werden. Budgets können einen Manager auf mögliche Umsätze, Kostenersparnisse und Gewinne hinweisen, die aus neuen Chancen erwachsen. Gleichzeitig ergibt sich sowohl für das Unternehmen als auch für den einzelnen Manager aus der Berücksichtigung dieser neuen Möglichkeiten ein Vorteil bei der Leistungsbeurteilung. So stellt beispielsweise die Möglichkeit für einen Kunden, sich per Handy rasch Informationen aus dem Internet zu beschaffen, eine innovative Dienstleistung dar. In dem Jahr, als die Innovation auf den Markt kam, sind die Umsätze des verantwortlichen Managers im Vergleich mit denen des Vorjahres sprunghaft angestiegen. Wegen der stark veränderten Marktlage wäre ein historischer Vergleich keine gute Basis für die Leistungsbeurteilung des betroffenen Managers. Stattdessen soll der einzelne Manager (oder auch Mitarbeiter) daran gemessen werden, wie gut er im Verhältnis zum Budget für das gegebene Jahr gewirtschaftet hat.

2.4.3   Koordination und Kommunikation

Im Kontext der Budgetierung bedeutet Koordination die Abstimmung aller Produktionsfaktoren aufeinander sowie aller Abteilungen und Funktionen untereinander, sodass ein Unternehmen seine Ziele erreichen kann. Mit Kommunikation ist die Information der Manager und Mitarbeiter über die Ziele und Pläne des Unternehmens gemeint.

Die Koordinationsaufgabe zwingt einen Manager dazu, über die Verhältnisse zwischen individuellen Abläufen, Abteilungen und dem Unternehmen als Ganzes nachzudenken. So müssen im Beschaffungsbereich die Materialeinkaufspläne mit der geplanten Ausbringungsmenge im Fertigungsbereich abgestimmt werden. Der Produktionsbereich wiederum muss die Fertigungsarbeit und Maschinenstunden so kalkulieren, dass die produzierten Fertigerzeugnisse ausreichen, um den vom Vertriebsleiter prognostizierten Absatz zu decken.

Das folgende Beispiel illustriert die Rolle eines Budgets bei der Koordination von Unternehmensaktivitäten. Ein Produktionsmanager, der aufgrund der Maschineneffizienz evaluiert wird, würde vorzugsweise mittels einer erhöhten Ausbringungsmenge seine Effizienz steigern. Wenn die Vertreter den erhöhten Output allerdings nicht absetzen können, werden sich teure Halbfertig- und Fertigwarenbestände ansammeln. In dieser Situation sorgt das Budget für die erforderliche Koordination, indem es den Produktionsmanager unter Druck setzt, nur die Warenmenge zu fertigen, die der Vertriebsleiter absetzen zu können meint. Um Zielkonflikte zwischen einzelnen Unternehmensbereichen zu vermeiden, müssen die Anreiz-, Budgetierungs- und Evaluationselemente eines Controlling-Systems so gestaltet sein, dass Karriere- und Unternehmensinteressen im Einklang stehen.

Für einen funktionierenden Koordinationsprozess ist die unternehmensinterne Kommunikation ein entscheidender Erfolgsfaktor. Im o. g. Beispiel muss der Produktionsmanager den Vertriebsplan kennen, während der Einkaufsleiter mit dem Produktionsplan vertraut sein muss. Die abteilungs- und funktionsübergreifenden Treffen während der Budgetplanung fördern den notwendigen Austausch der Informationen (Wallace/Stahl, 2003). Der Marketingleiter hilft bei der Erstellung des Marketingbudgets. Zusammen mit dem Verkaufsleiter unterstützt er auch den Entwurf des Umsatzbudgets, das in der Regel (schätzungsweise bei etwa 85 % aller Unternehmen) den Eckpfeiler eines Gesamtbudgets und den Startpunkt für den operativen Budgetierungsprozess darstellt. Der Fertigungsleiter kann die erforderlichen Auskünfte für benötigtes Fertigungsmaterial, -arbeit und -gemeinkosten am besten abschätzen. Der Leiter des internen Rechnungswesens hilft seinerseits bei der Erstellung der Finanz- und Liquiditätsplanung („financial budget" und „cash budget").

Als Alternative zur oben beschriebenen Planung kann auch das gewünschte Plan-Ergebnis der GuV-Rechnung den Ausgangspunkt der Budgetformulierung bilden. Man durchläuft in diesem Fall den obigen Budgetierungsprozess in entgegengesetzter Richtung. Dabei werden für jeden Arbeitsschritt die maximalen Kosten berechnet, die am Ende zum angestrebten Jahresergebnis führen. Zum Schluss werden Absatzmengen und Preise ermittelt, die für eine ausgeglichene Plan-Rechnung sorgen.

Bei beiden Vorgehensweisen lenkt der Controller als übergeordnete Instanz den Budgetierungsprozess. Er sorgt dafür, dass die Beteiligten die Ziele der Geschäftsführung nicht aus den Augen verlieren. Auf diese Weise ist ein Budget eine effektive Methode, einen zusammenhängenden, gut aufeinander abgestimmten Satz von Unternehmensplänen nicht nur zu erstellen, sondern auch zu kommunizieren.

2.4.4   Unterstützung von Management und Verwaltung

Budgets helfen Managern, aber Budgets brauchen auch deren Hilfe. Um Budgets sinnvoll einsetzen zu können, muss die Unternehmensleitung die Plan-Rechnung und alle anderen Elemente des Controlling-Systems verstehen und uneingeschränkt unterstützen. Die Unterstützung ist wichtig, um die aktive Beteiligung der untergeordneten Führungsebenen an der Budgetformulierung und die erfolgreiche Umsetzung des Budgets zu gewährleisten. Wenn z. B. die zweite Führungsebene spürt, dass die Unternehmensleitung an das Budget nicht „glaubt", ist es unwahrscheinlich, dass sie den Budgetprozess ernst nehmen wird.

Um den einzelnen Mitarbeiter für die Bedeutung von Budgets zu sensibilisieren, beginnen einige Unternehmen den Vorgang der Erstellung bereits auf einer verhältnismäßig niedrigen Ebene der Managementhierarchie. Diese Vorgehensweise hat den Vorteil, dass Einsichten, Expertise und Spezialkenntnisse der Linienmanager in das Budget einfließen können.

Selbst ein sehr sorgfältig ausgearbeitetes Budget kann oftmals nicht alle tatsächlichen Ereignisse eines Geschäftsjahres berücksichtigen. Um flexibel auf veränderte Bedingungen reagieren zu können, müssen u. U. Anpassungen des laufenden Budgets vorgenommen werden. So mag ein Manager sein Budget zwar uneingeschränkt akzeptieren, aber unvorhergesehene Entwicklungen könnten eintreten, sodass zusätzliche Reparaturen oder Werbemaßnahmen im Interesse des Unternehmens wären. Unter derartigen Bedingungen sollten die verantwortlichen Manager wichtige Maßnahmen nicht verschieben, nur um den Erfordernissen des Budgets gerecht zu werden. Diese Denkweise würde dem Unternehmen langfristig Schaden zufügen. Stattdessen sollte der verantwortliche Manager sich, wenn nötig, um eine Genehmigung der erforderlichen Zusatzausgaben bemühen. Ein flexibel gestaltetes Budget kann ihm sogar selbst nötigen Entscheidungsspielraum ermöglichen.

Ferner führen nicht nur Unwägbarkeiten der Geschäftswelt, sondern auch die menschliche Natur dazu, dass ein geplantes Budget sich nur selten vollständig umsetzen lässt. Auch aus diesem Grund soll ein Budget ein flexibles Werkzeug sein, das dem Management hilft, seinen Zielen möglichst nahe zu kommen. Zusammenfassend sei deshalb betont, dass das Budget ein Mittel zur Erfüllung strategischer und operativer Ziele, aber kein Zweck an sich sein sollte.

2.5   Dauer einer Budgetperiode

Die Dauer einer Budgetperiode wird maßgeblich von der Natur des Geschäftsbetriebes bestimmt. So tendieren Unternehmen einer stabilen Industrie wie der von Versorgungsunternehmen zu eher längeren Budgetzeiträumen. Dagegen bevorzugen kleine Start-ups in einer sich rasch wandelnden High-Tech-Branche kürzere Planungsperioden. Oft umfasst ein Budget einen Zeitraum von einem Jahr oder weniger. Investitionen in Anlagen, Ausrüstungen und Produktveränderungen werden aber auch in Budgets von fünf oder mehr Jahren geplant. Die übliche Budgetperiode für die operative Planung und Kontrolle ist ein Jahr, wobei man das jährliche Budget häufig in Monate für das erste Quartal und in Quartale für das verbleibende Jahr untergliedert.

Da sich viele grundlegende Daten im Jahresverlauf verändern, werden die Plan-Zahlen im Budget häufig revidiert. Anhand neuerer Informationen überarbeitet man am Ende des ersten Quartals normalerweise das Budget für die folgenden drei Quartale. Immer mehr Unternehmen verwenden rollierende Budgets („continuous budgets" oder „rolling budgets"). Ein solches Budget hält die Planung fortlaufend auf dem neuesten Stand, indem man für eine spezifizierte zukünftige Periode an die jeweils bestehende Planungsperiode ein Monats-, Quartals- oder Jahresbudget anhängt.

Rollierende Budgets zwingen die Unternehmensleitung, ständig detailliert über die Geschäftsentwicklung einer zukünftigen Planungsperiode nachzudenken. So könnte eine Eisenbahngesellschaft mit einem Zwei-Jahres-Budget arbeiten, das man einmal monatlich auf den neuesten Stand für die folgenden 24 Monate bringt. Demgegenüber begnügt sich ein Chiphersteller u. U. mit einem einjährigen operativen Budget, das ebenfalls monatlich für die nächsten zwölf Monate überarbeitet wird. Man kann ein rollierendes Budget aber auch für Zwecke der langfristigen Planung erstellen. In diesem Rahmen könnte der Chiphersteller neben seinem einjährigen operativen Budget ein Fünf-Jahresbudget erstellen, das einmal jährlich revidiert wird.

2.6   Terminologie und Arten von Budgets

Die im Zusammenhang mit Budgets verwendete Terminologie unterscheidet sich von Unternehmen zu Unternehmen. Beispielsweise kann man eine budgetierte Bilanz auch als Versuchsbilanz („trial balance") bezeichnen. Außer der budgetierten Bilanz umfasst der budgetierte Jahresabschluss („*pro forma* statements") vieler Unternehmen die budgetierte GuV-Rechnung („income statement") und die budgetierte Kapitalflussrechnung („statement of changes in financial position", „funds statement", oder „cash flow statement"). In einigen Unternehmen redet man vom Anvisieren („targeting") anstelle des Budgetierens. Um der Budgetierung einen positiven Unterton zu verleihen, spricht man hin und wieder von der Gewinnplanung („profit plan"), wenn das Budget gemeint ist (Deyhle, 1996).

Neben der Menge an ähnlich klingenden Fachausdrücken für die Arbeit mit Budgets, existieren vielfältige Arten von Budgets. Aufgrund deren Vielseitigkeit arbeitet ein Controller heute mit speziell entwickelten Budgets und ergänzenden Berichten: Leistungsberichte („performance reports"), die Ist- mit Plan-Ergebnissen vergleichen; flexible Budgets; Lebenszyklusbudgets für Produkte („product life cycle budgets"); langfristige Budgets („longterm budgets"), die man auch Investitionspläne, -budgets, Kapitalbudgets, Projektbudgets oder ähnlich nennt, und Berichte zur Beantwortung spezifischer Managementfragen, wie Kosten-, Beschäftigungs- und Gewinnprognosen („cost-volume-profit projections").

Während sich dieses Buch auf die Vorbereitung von monetären Budgets konzentriert, budgetieren Unternehmen auch ihre nicht monetären Inputs wie z. B. die Arbeitszeit der Mitarbeiter. Gerade in einer Rechtsanwaltskanzlei oder einer Wirtschaftsprüfungsgesellschaft können detaillierte Zeitbudgets eine große Bedeutung erlangen. So kommt es in Dienstleistungsunternehmen nicht selten vor, dass ein Projektleiter seine Mitarbeiter dazu drängt, weniger als die tatsächlich angefallenen Arbeitsstunden für die Erfüllung eines Auftrags anzugeben. Andernfalls würde die Erfüllung des Auftrags teurer und die Realisationsrate niedriger als budgetiert ausfallen. Das wiederum könnte negative Konsequenzen für die Leistungsbeurteilung des Projektteams und dessen Leiter haben.

2.7   Darstellung des Gesamtbudgets

Im Folgenden wird anhand der Ingolstädter Ingenieurwesen GmbH, einem Automobilzulieferer, die Entwicklung eines Gesamtbudgets dargestellt. Dabei stehen die Beziehungen zwischen Umsatz, Beschaffung, Fertigung und Input- und Fertigwarenbeständen im produzierenden Gewerbe im Brennpunkt. Das Kostenrechnungssystem des Unternehmens hat zwei Einzelkostenarten („direct cost categories"), Fertigungsmaterial und –arbeit, sowie einen Gemeinkostenpool („indirect cost pool" oder „overhead cost pool") für Fertigungsgemeinkosten („manufacturing overhead costs"). Der Verteilung variabler und fixer Fertigungsgemeinkosten auf die Endprodukte liegt die Zahl der Fertigungsarbeitsstunden als Verrechnungsschlüssel („cost allocation base") zugrunde.

Abb. 2.1 präsentiert eine stark vereinfachte Übersicht des Gesamtbudgets des Beispielunternehmens. Dieses Gesamtbudget fasst die detaillierten Finanzprojektionen aller Budgets und Pläne des Unternehmens für ein Jahr zusammen. Der größere Teil der Übersicht zeigt verschiedene Komponenten, deren Gesamtheit oft als das operative Budget bezeichnet wird. Mit seinen Teilbudgets oder Anlagen („supporting schedules") stellt es einen Rahmenplan zur Erreichung des jährlichen Gewinnziels dar. Die Teilbudgets zeigen Querschnitte der verschiedenen Glieder der Wertschöpfungskette, angefangen bei Forschung und Entwicklung (FuE) bis hin zum Kundendienst.

Dagegen ist das Finanzbudget der Teil des Gesamtbudgets, der das Investitionsbudget, die Liquiditätsplanung, die budgetierte Bilanz und die budgetierte Kapitalflussrechnung umfasst. Das Finanzbudget berücksichtigt die Auswirkungen operativer und strategischer Maßnahmen auf die Entwicklung der Zahlungsmittelbestände des Unternehmens. Kapitel 3, das sich u. a. mit der Budgetierung von Unternehmen in den Handels- und Dienstleistungssektoren befasst, geht auf Elemente des Finanzbudgets ein. Da Investitionen hauptsächlich längerfristige und so strategische Maßnahmen darstellen, liegt das Investitionsbudget außerhalb des Rahmens dieses Buches.

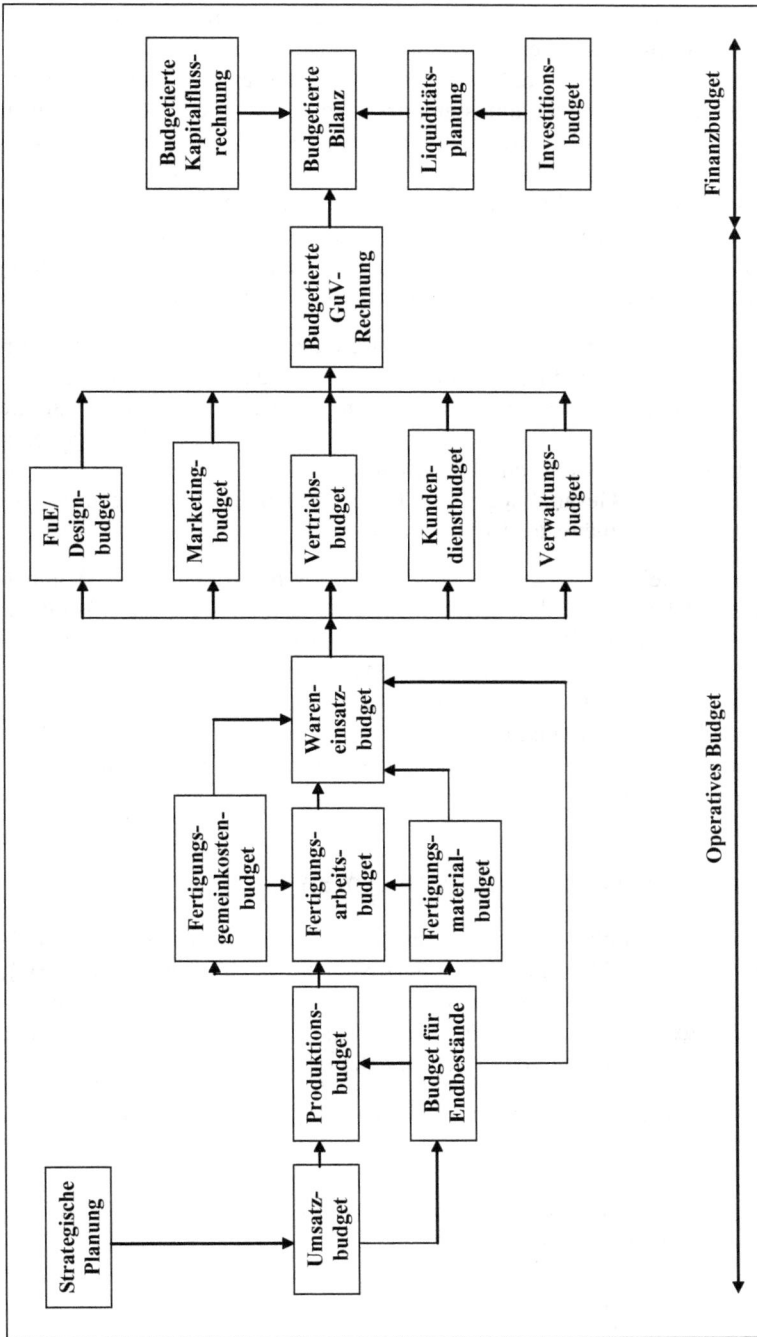

Abb. 2.1   Das Gesamtbudget der Ingolstädter Ingenieurwesen GmbH

Abb. 2.1 führt die logische Vernetzung der Teilbudgets vor. Die Addition von Absatz und Endbestand ergibt die im Geschäftsjahr benötigte Stückzahl an Produkten. Zieht man von der Summe die bereits vorhandene Stückzahl, also den Anfangsbestand, ab, erhält man die Ausbringungsmenge. Die Budgets für Fertigungsmaterial, -arbeit und -gemeinkosten können dann vom Produktionsbudget abgeleitet werden. Bei der Aufstellung des budgetierten Jahresabschlusses beginnt man mit der GuV-Rechnung. Hier ermittelt man den Gewinn der Budgetperiode und addiert diesen zum Anfangsbestand der einbehaltenen Gewinne vorheriger Perioden. Die Summe wird als Unterposition des Eigenkapitals in der Bilanz ausgewiesen. Die budgetierte Kapitalflussrechnung entwickelt man anhand der Gegenüberstellung von budgetierter und zuletzt verfügbarer Bilanz auf der Grundlage von Ist-Zahlen.

Parallel zur Erstellung von den Umsatz-, Produktions-, und Beschaffungsbudgets kann man die einzelnen Budgets für Forschung und Entwicklung, Design, Produktion, Marketing, Vertrieb, Kundendienst und Verwaltungsfunktionen entwerfen. Zeitgleich bereitet man die einzelnen Teile des Finanzbudgets vor. Zusätzlich zur wertmäßigen Planung budgetieren Manager auch den mengenmäßigen Bedarf an physischen Ressourcen, beispielsweise Personal, Maschinen und Raum. Das Gesamtbudget beschreibt jedoch lediglich die monetäre Auswirkung aller Teilbudgets und -pläne des Unternehmens.

In der folgenden Diskussion steht das Gesamtbudget als Ganzes im Mittelpunkt. Dennoch sollte man sich darüber im Klaren sein, dass Schlüsselentscheidungen der Geschäftsleitung bezüglich Preispolitik, Produktmix, Produktionsterminen, Investitionen, Forschung und Entwicklung, Besetzung von Stellen mit bestimmten Managern usw. das Gesamtbudget beeinflussen. Die Entwicklung eines Budgets ist ein dynamischer Prozess, der sich kontinuierlich wiederholt. Jede sukzessive Fassung des Budgets führt zu neuen Überlegungen über Alternativen und Entscheidungen, die weitere Anpassungen veranlassen, bevor man sich auf einen endgültigen Budgetentwurf einigt.

2.7.1   Grundlegende Daten und Annahmen

Die Ingolstädter Ingenieurwesen GmbH setzt im Wesentlichen Facharbeitskräfte und Metalllegierungen ein, um drei Arten von Maschinenteilen herzustellen: Teile für den unteren (U), den mittleren (M) und den oberen (O) Leistungsbereich. Die Manager des Unternehmens sind bereit, ein Gesamtbudget für das Jahr 20XX zu erstellen. Um die Darstellung der grundlegenden operativen Verhältnisse zu vereinfachen, nehmen wir folgendes an:

1. Die Bestände an unfertigen Erzeugnissen sind unbedeutend und können vernachlässigt werden.

2. Die Bezugskosten des Fertigungsmaterials sowie die Fertigungskosten der Endprodukte bleiben unverändert im Verlauf des Budgetjahres (20XX).

3. Alle Facharbeitskräfte sind qualifiziert, jede der drei Produktarten zu fertigen. Die Facharbeit bestimmt das Produktionstempo.

4. Die Ingolstädter Ingenieurwesen GmbH verwendet einen einzigen Kostentreiber („cost driver") – Fertigungsarbeitsstunden – als Verrechnungsschlüssel, um den Produkten alle Fertigungsgemeinkosten zuzuteilen. (Ein Kostentreiber ist eine beliebige Variable, die die Gesamtkosten beeinflusst. D. h., dass eine Veränderung des Kostentreibers eine Veränderung in der Höhe der Gesamtkosten eines verwandten Kostenobjekts verursacht.)

5. Alle Kunden sind Selbstabholer.

(Aufgabe 2-6 zeigt, wie viel komplexer die Lösung eines Budgetierungsproblems sein kann, wenn allein eine dieser Annahmen nicht beibehalten wird.)

Unter Berücksichtigung aller relevanten Faktoren projizieren die Manager der Ingolstädter Ingenieurwesen GmbH folgende Zahlen für 20XX:

Tab. 2.1   *Preise für Fertigungsmaterial und -arbeit*

Legierung 414	18,00 €/kg
Legierung 721	30,00 €/kg
Legierung 992	65,00 €/kg
Fertigungsarbeit	58,00 €/h

Tab. 2.2   *Zusammensetzung der Produkte*

	Produkte		
Input	**U-Teile**	**M-Teile**	**O-Teile**
Legierung 414	21 kg	21 kg	21 kg
Legierung 721	4 kg	8 kg	12 kg
Legierung 992	0 kg	5 kg	10 kg
Fertigungsarbeit	6 h	8 h	10 h

Zusätzliche Auskünfte, die das Jahr 20XX betreffen, sind:

Tab. 2.3   Zusätzliche Produktauskünfte

	Produkte		
	U-Teile	M-Teile	O-Teile
projizierter Absatz (PE)	8.000	4.000	2.000
Verkaufspreis (€/PE)	1.425,00	2.365,00	3.306,00
Zielendbestand (PE)	800	40	20
Anfangsbestand (PE)	40	20	10
Anfangsbestand (€)	47.923,20	37.528,80	25.548,00

Tab. 2.4   Zusätzliche Fertigungsmaterialauskünfte

	Fertigungsmaterial		
	Legierung 414	Legierung 721	Legierung 992
Anfangsbestand (kg)	6.000	2.000	400
Zielendbestand (kg)	12.000	3.000	500

Hierbei sei angemerkt, dass der Endbestand keinesfalls einen zufälligen Überschuss darstellt, sondern bewusst geplant und budgetiert wird. Die Zielendbestände („target ending inventories") hängen vom geschätzten Absatz, von den erwarteten Schwankungen in der Produktnachfrage, der Verderblichkeit bzw. der Lagerfähigkeit der Waren und dem Logistikkonzept (z. B. „Just-In-Time"-Beschaffung) ab.

Für die geplanten Ausbringungsmengen der U-, M- und O-Maschinenteile projiziert das Management die in Tab. 2.5 und Tab. 2.6 angegebenen Fertigungs- und sonstigen Gemeinkosten.

Tab. 2.5   Projizierte Fertigungsgemeinkosten (€)

			Summe
Variable:	Fertigungsmaterialgemeinkosten	390.000,00	
	Fertigungsarbeitsgemeinkosten	700.000,00	
	Nebenkosten der Fertigungsarbeit und -gemeinkosten	2.431.824,00	
	Strom	590.000,00	
	Instandhaltung	670.000,00	
Fixe:	Abschreibungen	830.000,00	
	Grundsteuer	50.000,00	
	Versicherung	40.000,00	
	Aufsicht	369.000,00	
	Strom	20.000,00	
	Instandhaltung	60.000,00	6.150.824,00

Tab. 2.6   Projizierte sonstige Gemeinkosten (€)

			Summe
FuE-/Designkosten:			
Fixe:	FuE-/ Designgehälter	306.000,00	
	Prototypen und Materialkosten	<u>93.000,00</u>	<u>399.000,00</u>
Marketingkosten			
Fixe:	Marketinggehälter	390.000,00	
	Werbung	90.000,00	
	Geschäftsreisen usw.	<u>120.000,00</u>	<u>600.000,00</u>
Vertriebs- und Warenlagerkosten:			
Fixe:	Verkaufsgehälter und -löhne	180.000,00	
	Miete, Instandhaltung, Steuern	<u>120.000,00</u>	<u>300.000,00</u>
Kundendienstkosten:			
Fixe:	Kundendienstgehälter	170.000,00	
	Geschäftsreisen usw.	<u>40.000,00</u>	<u>210.000,00</u>
Verwaltungskosten:			
Fixe:	Führungskräftegehälter	615.000,00	
	Sachbearbeiter	240.000,00	
	Bürokosten und -bedarf	150.000,00	
	Verschiedenes	<u>108.000,00</u>	<u>1.113.000,00</u>

2.7.2   Die Budgetierungsaufgabe

Zur Vorbereitung einer budgetierten GuV-Rechnung für das Jahr 20XX müssen zunächst die in Tab. 2.7 erscheinenden Anlagen vorbereitet werden:

Tab. 2.7   Teilbudgets

1.	Umsatzbudget
2.	Produktionsbudget in Produkteinheiten (PE)
3.	Fertigungsmaterialbudgets für Verbrauch und Beschaffung
4.	Fertigungsarbeitsbudget
5.	Fertigungsgemeinkostenbudget
6.	Budget für Endbestände
7.	Wareneinsatzkostenbudget
8.	FuE-/Designbudget
9.	Marketingbudget
10.	Vertriebsbudget
11.	Kundendienstbudget
12.	Verwaltungsbudget

2.8   Arbeitsschritte bei der Erstellung eines operativen Budgets

Die meisten Organisationen halten Richtlinien und Hinweise zur Vorbereitung des operativen Rahmenplans in einem Handbuch fest. Obwohl die Details dieser Richtlinien von Unternehmen zu Unternehmen variieren, sind die folgenden Schritte typisch für den traditionellen Budgetierungsprozess im produzierenden Gewerbe. Ausgangspunkt für die Budgeterstellung ist das Umsatzbudget. Anschließend werden in logischer Folge Schritt für Schritt die in Abb. 2.1 aufgeführten Teilbudgets erstellt.

2.8.1   Das Umsatzbudget

Das Umsatzbudget ist das Ergebnis eines komplexen Prozesses der Informationssammlung und -analyse. In der Regel involvieren diese Tätigkeiten Gespräche mit dem Verkaufsleiter und den Vertriebsmitarbeitern bezüglich des projizierten Umsatzes. Wenn jedoch die vorhandene Produktionskapazität das mögliche Absatzvolumen begrenzt, sollte sie als Ausgangspunkt für die Vorbereitung des Umsatzbudgets dienen. Dies kann insbesondere bei einer ungewöhnlich starken Marktnachfrage, Knappheit von Personal oder Material und Streiks der Fall sein, wenn ein Unternehmen gezwungenermaßen seine Fertigwarenbestände abbauen musste.

Weil einige andere Teilbudgets logisch vom Umsatzbudget abgeleitet werden, ist die Projizierung möglichst genauer Umsatzdaten von kritischer Bedeutung. Variablen außerhalb der Kontrolle eines Unternehmens (z. B. der Konkurrenzdruck oder die gesamtwirtschaftliche Lage) erschweren eine zuverlässige Schätzung. Ein späterer Teil dieses Kapitels erläutert detailliert die Schwierigkeiten und Notwendigkeit der Erstellung eines genauen Umsatzbudgets. In unserem Beispielunternehmen Ingolstädter Ingenieurwesen wird für das Jahr 20X1 ein Umsatz von 27.472.000,00 € prognostiziert (Anlage 1, s. Tab. 2.8).

Tab. 2.8   Anlage 1

Das Umsatzbudget vom 1. Januar bis 31. Dezember 20XX

	Stückzahl	Verkaufspreis (€/PE)	Umsatz (€)
U-Teile	8.000	1.425,00	11.400.000,00
M-Teile	4.000	2.365,00	9.460.000,00
O-Teile	2.000	3.306,00	6.612.000,00
Summe			27.472.000,00

2.8.2   Das Produktionsbudget in Produkteinheiten (PE)

Die Gesamtzahl der zu produzierenden Fertigerzeugnisse (Anlage 2, s. Tab. 2.9) wird von den geplanten Absatzzahlen sowie von geplanten Bestandsveränderungen durch die folgende Formel bestimmt:

	budgetierter Absatz (PE)
+	Zielendbestand der Fertigerzeugnisse (PE)
-	Anfangsbestand der Fertigerzeugnisse (PE)
=	budgetierte Produktion (PE)

Abb. 2.2   Formel zur Berechnung der budgetierten Produktion

Tab. 2.9   Anlage 2

Das Produktionsbudget in PE vom 1. Januar bis 31. Dezember 20XX

	Produkte		
	U-Teile	M-Teile	O-Teile
budgetierter Absatz (PE)	8.000	4.000	2.000
+ Zielendbestand der Fertigwaren (PE)	800	40	20
gesamter Bedarf (PE)	8.800	4.040	2.020
- Anfangsbestand der Fertigwaren (PE)	40	20	10
budgetierte Produktion (PE)	8.760	4.020	2.010

Wenn sich der Absatz erfahrungsgemäß nicht gleichmäßig über das Jahr verteilt, muss das Management entscheiden, ob man entweder die Ausbringungsmenge dem Absatz periodisch anpasst oder die Ausbringungsmenge konstant hält und die Bestände schwanken lässt. Aufgrund der breiten Akzeptanz von JIT-Produktion („just-in-time production") wählen die meisten Manager heutzutage die erste Alternative. Damit halten sie ihre Bestände im Jahresverlauf möglichst gering. U. U. sprechen aber auch gute Gründe für die zweite Alternative, wie es in unserem Beispiel der Fall ist. So könnte die Aufstockung der Bestände an U-Teilen beispielsweise darauf zurückzuführen sein, dass das Unternehmen zu Beginn der nachfolgenden Periode zum ersten Mal auf einem ausländischen Markt auftreten will. Um rasch einen nennenswerten Marktanteil zu gewinnen, bräuchte das Unternehmen dann eine gewisse Anzahl schnell lieferbarer U-Teile.

2.8.3   Fertigungsmaterialbudgets für Verbrauch und Beschaffung

Die Entscheidung über die Zahl der zu produzierenden Produkteinheiten (Anlage 2, s. Tab. 2.9) ist der Schlüssel zur Berechnung des mengen- und wertmäßigen Verbrauchs von Fertigungsmaterial (Anlage 3A, s. Tab. 2.10).

Verbrauch an Fertigungsmaterial
+ Zielendbestand an Fertigungsmaterial
- Anfangsbestand an Fertigungsmaterial
= Zu beschaffendes Fertigungsmaterial

Abb. 2.3   Formel zur Berechnung des zu beschaffenden Fertigungsmaterials

Tab. 2.10   Anlage 3A

Das Fertigungsmaterialbudget für den Verbrauch (in kg und in €) zum 31. Dezember 20XX

	Legierung 414	Legierung 721	Legierung 992	Summe
Fertigungsmaterial (kg) für die Produktion von U-Teilen	(8.760 PE * 21 kg) 183.960	(8.760 PE * 4 kg) 35.040	(8.760 PE * 0 kg) 0	
Fertigungsmaterial (kg) für die Produktion von M-Teilen	(4.020 PE * 21 kg) 84.420	(4.020 PE * bzw. 8 kg) 32.160	(4.020 PE * 5 kg) 20.100	
Fertigungsmaterial (kg) für die Produktion von O-Teilen	(2.010 PE * 21 kg) 42.210	(2.010 PE * 12 kg) 24.120	(2.010 PE * 10 kg) 20.100	
Fertigungsmaterialbedarf (kg) insgesamt	310.590	91.320	40.200	
kg des Fertigungsmaterials aus dem Anfangsbestand (FIFO)	6.000	2.000	400	
* Kosten/kg des Anfangsbestands	* 18,00 €/kg	* 30,00 €/kg	* 65,00 €/kg	
Kosten des zu verbrauchenden Fertigungsmaterials aus den Anfangsbeständen (a)	108.000,00 €	60.000,00 €	26.000,00 €	194.000,00 €
kg des zu beschaffenden Fertigungsmaterials	(310.590-6.000) 304.590	(91.320-2.000) 89.320	(40.200-400) 39.800	
* Kosten/kg des zu beschaffenden Fertigungsmaterials	* 18,00 €/kg	* 30,00 €/kg	* 65,00 €/kg	
Kosten des zu verbrauchenden beschafften Fertigungsmaterials (b)	5.482.620,00 €	2.679.600,00 €	2.587.000,00 €	10.749.220,00 €
Gesamtkosten des Fertigungsmaterials (a + b)	5.590.620,00 €	2.739.600,00 €	2.613.000,00 €	10.943.220,00 €

Ausgehend vom geplanten Verbrauch erstellt man unter Berücksichtigung des Anfangs- und geplanten Endbestands das entsprechende Teilbudget (Anlage 3B, s. Tab. 2.11):

Tab. 2.11   Anlage 3B

<table>
<tr><td colspan="5">Das Fertigungsmaterialbudget für die Beschaffung (in kg und in €)
vom 1. Januar bis 31. Dezember 20XX</td></tr>
<tr><td></td><td>Legierung 414</td><td>Legierung 721</td><td>Legierung 992</td><td>Summe</td></tr>
<tr><td>Fertigungsmaterial (kg) für die Produktion (Anlage 3A)</td><td>310.590</td><td>91.320</td><td>40.200</td><td></td></tr>
<tr><td>+ Zielendbestand des Fertigungsmaterials (kg)</td><td>12.000</td><td>3.000</td><td>500</td><td></td></tr>
<tr><td>Gesamtbedarf (kg)</td><td>322.590</td><td>94.320</td><td>40.700</td><td></td></tr>
<tr><td>- Anfangsbestand des Fertigungsmaterials (kg)</td><td>6.000</td><td>2.000</td><td>400</td><td></td></tr>
<tr><td>Zu beschaffendes Fertigungsmaterial (kg)</td><td>316.590</td><td>92.320</td><td>40.300</td><td></td></tr>
<tr><td>* Kosten/kg des beschafften Fertigungsmaterials</td><td>* 18,00 €</td><td>* 30,00 €</td><td>* 65,00 €</td><td></td></tr>
<tr><td>Beschaffungskosten des Fertigungsmaterials</td><td>5.698.620,00 €</td><td>2.769.200,00 €</td><td>2.619.500,00 €</td><td>11.087.320,00 €</td></tr>
</table>

2.8.4   Das Fertigungsarbeitsbudget

Die Kosten der Fertigungsarbeit hängen u. a. von den Produkttypen, Produktionsmethoden, Stundenlöhnen und Neueinstellungen ab. Die Berechnung der budgetierten Kosten für Fertigungsarbeit erscheint in Anlage 4 (s. Tab. 2.12).

Tab. 2.12   Anlage 4

<table>
<tr><td colspan="6">Das Fertigungsarbeitsbudget vom 1. Januar bis 31. Dezember 20XX</td></tr>
<tr><td></td><td>Ausbringungs-
menge
(Anlage 2)</td><td>Fertigungs-
arbeits-
stunden /PE</td><td>Gesamtzahl der
Fertigungs-
arbeitsstunden</td><td>* Stundenlohn (€)</td><td>Insgesamt (€)</td></tr>
<tr><td>U-Teile</td><td>8.760</td><td>6</td><td>52.560</td><td>58,00</td><td>3.048.480,00</td></tr>
<tr><td>M-Teile</td><td>4.020</td><td>8</td><td>32.160</td><td>58,00</td><td>1.865.280,00</td></tr>
<tr><td>O-Teile</td><td>2.010</td><td>10</td><td>20.100</td><td>58,00</td><td>1.165.800,00</td></tr>
<tr><td>Summe</td><td></td><td></td><td>104.820</td><td></td><td>6.079.560,00</td></tr>
</table>

2.8.5   Das Fertigungsgemeinkostenbudget

Die Summe der Fertigungsgemeinkosten wird von der Entwicklung der individuellen Gemeinkosten in Abhängigkeit vom Kostentreiber (hier die Zahl der Fertigungsarbeitsstunden) bestimmt. Die variablen Gemeinkosten schwanken proportional zur produzierten Stückzahl. Die fixen Gemeinkosten bleiben dagegen über eine breite Spanne möglicher Ausbringungsmengen konstant. Die Berechnung der budgetierten Fertigungsgemeinkosten erscheint in Anlage 5 (s. Tab. 2.13).

Tab. 2.13   Anlage 5

Das Fertigungsgemeinkostenbudget (€) vom 1. Januar bis 31. Dezember 20XX

	Zur budgetierten Gesamtzahl von 104.820 Fertigungsarbeitsstunden	
Variable Fertigungsgemeinkosten:		
Fertigungsmaterialgemeinkosten	390.000,00	
Fertigungsarbeitsgemeinkosten	700.000,00	
Nebenkosten der Fertigungsarbeit und -gemeinkosten	2.431.824,00	
Strom	590.000,00	
Instandhaltung	670.000,00	
Variable Fertigungsgemeinkosten		4.781.824,00
Fixe Fertigungsgemeinkosten:		
Abschreibungen	830.000,00	
Grundsteuer	50.000,00	
Versicherung	40.000,00	
Aufsicht	369.000,00	
Strom	20.000,00	
Instandhaltung	60.000,00	
Fixe Fertigungsgemeinkosten		1.369.000,00
Fertigungsgemeinkosten gesamt		6.150.824,00

Das Unternehmen berücksichtigt sowohl variable als auch fixe Fertigungsgemeinkosten bei der Bestandsbewertung ihrer Fertigerzeugnisse („inventoriable costs"). Daher addiert man die Fertigungsgemeinkosten zu einer Rate von 58,68 € je Fertigungsarbeitsstunde (Fertigungsgemeinkosten insgesamt, 6.150.824,00 €/104.820 budgetierte Fertigungsarbeitsstunden) mit den jeweiligen Fertigungsarbeits- und -materialkosten je Produkteinheit, um die

Stückkosten der hergestellten Fertigwaren zu ermitteln. Multipliziert mit der entsprechenden Stückzahl ergibt dies den Bilanzwert der Fertigerzeugnisse.

2.8.6 Das Budget für Endbestände

Anlage 6A (s. Tab. 2.14) zeigt die Berechnungen zur wertmäßigen Bestimmung des Zielendbestands für Fertigungsmaterial und Fertigerzeugnisse. Diese Information ist nicht nur für das Produktionsbudget, sondern auch zur Erstellung der budgetierten GuV-Rechnung und der budgetierten Bilanz erforderlich.

Tab. 2.14   Anlage 6A

Das Budget für Endbestände vom 1. Januar bis 31. Dezember 20XX				
	Kilogramm	**Kosten/kg**	**Summe**	
Fertigungsmaterial:				
Legierung 414	12.000[†]	18,00 €	216.000,00 €	
Legierung 721	3.000[†]	30,00 €	90.000,00 €	
Legierung 992	500[†]	65,00 €	32.500,00 €	338.500,00 €
	PE	**Stückkosten**		
Fertigwaren:				
U-Teile	800[†]	1.198,08 €[‡]	958.464,00 €	
M-Teile	40[†]	1.876,44 €[‡]	75.057,60 €	
O-Teile	20[†]	2.554,80 €[‡]	51.096,00 €	1.084.617,60 €
Gesamte Zielendbestände				1.423.117,60 €

[†] Vgl. Tab. 2.3 und Tab. 2.4.
[‡] Zur Berechnung vgl. Anlage 6B (Tab. 2.15).

Anlage 6B (s. Tab. 2.15) dagegen beinhaltet die Kalkulation der Stückkosten der drei Produkte. Für die U-Teile fallen beispielsweise je Produkteinheit (21 kg Legierung 414/PE * 18,00 €/kg) + (4 kg Legierung 721/PE * 30,00 €/kg) = 498,00 € Fertigungsmaterialkosten an. Hinzu kommen 58,00 €/h * 6h Fertigungsarbeit = 348,00 € Fertigungsarbeitskosten und 58,68 € * 6h Fertigungsarbeit = 352,08 € zugeteilte Fertigungsgemeinkosten. Daraus ergeben sich Stückkosten von 1.198,08 €, die zur Bestandsbewertung der U-Teile herangezogen werden.

Tab. 2.15   Anlage 6B

Kalkulation der Stückkosten hergestellter Fertigwaren vom 1. Januar bis 31. Dezember 20XX[†]

		Produkte					
		U-Teile		M-Teile		O-Teile	
	Kosten/kg bzw. h	* kg/PE bzw. h/PE	Summe	* kg/PE bzw. h/PE	Summe	* kg/PE bzw. h/PE	Summe
Legierung 414	18,00 €	21	378,00 €	21	378,00 €	21	378,00 €
Legierung 721	30,00 €	4	120,00 €	8	240,00 €	12	360,00 €
Legierung 992	65,00 €	0	0,00 €	5	325,00 €	10	650,00 €
Fertigungsarbeit	58,00 €	6	348,00 €	8	464,00 €	10	580,00 €
Fertigungs-gemeinkosten	58,68 €	6	352,08 €	8	469,44 €	10	586,80 €
Summe			1.198,08 €		1.876,44 €		2.554,80 €

[†] Vgl. projizierte Fertigungsmaterialkosten je Kilogramm in Tab. 2.1 und die Zusammensetzung der Produkte in Tab. 2.2.

2.8.7   Das Umsatzkostenbudget

Mit Detailinformationen aus den Anlagen 3 bis 6 kann das Umsatzkostenbudget (Anlage 7, s. Tab. 2.16) erstellt werden. Dabei ist die in Abb. 2.4 dargestellte Formel zu beachten.

Tab. 2.16   Anlage 7

Das Umsatzkostenbudget (€) vom 1. Januar bis 31. Dezember 20XX

	von Anlage		Summe
Anfangsbestand der Fertigwaren zum 1.1.20XX	gegeben[†]		111.000,00
Fertigungsmaterial	3A	10.943.220,00	
Fertigungsarbeit	4	6.079.560,00	
Fertigungsgemeinkosten	5	6.150.824,00	
Kosten der in 20XX fertiggestellten Waren			23.173.604,00
Kosten der zu verkaufenden Waren			23.284.604,00
- Zielendbestand	6A		1.084.617,60
Kosten der verkauften Erzeugnisse			22.199.986,40

[†] Vgl. Tab. 2.3 (U-Teile 47.923,20 €; M-Teile 37.528,80 €; O-Teile 25.548,00 €).

> Anfangsbestand an Fertigerzeugnissen
>
> + Kosten an fertiggestellten Erzeugnissen
>
> - Zielendbestand an Fertigerzeugnissen
>
> = Herstellkosten der zur Erzielung der
>   Umsatzerlöse erbrachten Leistungen

Abb. 2.4   Formel zur Berechnung der Herstellkosten der zur Erzielung der Umsatzerlöse erbrachten Leistungen

2.8.8   Budgets für sonstige Gemeinkosten

Das Spitzenmanagement des Unternehmens budgetiert die jeweiligen Kosten für FuE/Design, Marketing, Verkauf, Kundendienst und Verwaltung, d. h. für Anlagen 8-12 (s. Tab. 2.17 bis Tab. 2.21), als Pauschalsummen, die es für ausreichend hält. Da die budgetierten Summen in diesen Anlagen nicht in Beziehung zu der Fertigungskapazität oder Ausbringungsmenge stehen, stellen sie reine Ermessensentscheidungen dar.

Tab. 2.17 Anlage 8

Das FuE-/Designbudget (in €) vom 1. Januar bis 31. Dezember 20XX[†]

		Summe
Fixe Kosten:		
FuE-/Designgehälter	306.000,00	
Prototypen und Materialkosten	93.000,00	399.000,00

[†] Vgl. Tab. 2.6

Tab. 2.18 Anlage 9

Das Marketingbudget (in €) vom 1. Januar bis 31. Dezember 20XX[†]

		Summe
Fixe Kosten:		
Werbung und Förderung	390.000,00	
Marketinggehälter	90.000,00	
Geschäftsreisen usw.	120.000,00	600.000,00

[†] Vgl. Tab. 2.6

Tab. 2.19 Anlage 10

Das Vertriebsbudget (in €) vom 1. Januar bis 31. Dezember 20XX[†]

		Summe
Fixe Kosten:		
Gehälter und Löhne des Verkaufspersonals	180.000,00	
Miete, Strom, Instandhaltung und Steuern	120.000,00	300.000,00

[†] Vgl. Tab. 2.6

Tab. 2.20 Anlage 11

Das Kundendienstbudget (in €) vom 1. Januar bis 31. Dezember 20XX[†]

		Summe
Fixe Kosten:		
Kundendienstgehälter	170.000,00	
Geschäftsreisen usw.	40.000,00	210.000,00

[†] Vgl. Tab. 2.5.

Tab. 2.21 Anlage 12

Das Verwaltungsbudget (in €) vom 1. Januar bis 31. Dezember 20XX[†]

		Summe
Fixe Kosten:		
Führungskräftegehälter	615.000,00	
Sachbearbeitergehälter	240.000,00	
Bürokosten und -bedarf	150.000,00	
Verschiedenes	108.000,00	1.113.000,00

[†] Vgl. Tab. 2.6

2.8.9 Die budgetierte GuV-Rechnung

Anlagen 1, 7, 8, 9, 10, 11 und 12 beinhalten alle notwendigen Informationen, um die budgetierte GuV-Rechnung (hier im Umsatzkostenformat, Anlage 13, s. Tab. 2.22) vorzubereiten. Durch die Einführung zusätzlicher Posten aus korrespondierenden Anlagen könnte man die GuV-Rechnung selbstverständlich noch detaillierter gestalten.

Tab. 2.22 Anlage 13

Budgetierte GuV-Rechnung (€) für die Ingolstädter Ingenieurwesen GmbH vom 1. Januar bis 31. Dezember 20XX[†]			
1.	Umsatzerlöse	Anlage 1	27.472.000,00
2.	Herstellungskosten der zur Erzielung der Umsatzerlöse erbrachten Leistungen	Anlage 7	(22.199.986,40)
3.	Bruttoergebnis vom Umsatz		5.272.013,60
4.	Vertriebskosten		
	Verkaufskosten	Anlage 10	(300.000,00)
	Marketingkosten	Anlage 9	(600.000,00)
	Kundendienstkosten	Anlage 11	(210.000,00)
	Vertriebskosten gesamt		(1.110.000,00)
5.	Allgemeine Verwaltungskosten	Anlage 12	(1.113.000,00)
6.	Sonstige betriebliche Aufwendungen		
	FuE-/Designkosten	Anlage 8	(399.000,00)
7.	Ergebnis der gewöhnlichen Geschäftstätigkeit (EGT)		2.650.013,60

[†] Diese Präsentation weicht bewusst von der im Aktiengesetz 1965 vorgeschriebenen Form ab, um die Verbindungen zwischen den einzelnen Teilbudgets und der GuV-Rechnung zu betonen. In der Praxis würde man beispielsweise aus den Anlagen die entsprechenden Daten für Löhne und Gehälter, soziale Abgaben, Aufwendungen für Altersversorgung und Unterstützung, Abschreibungen und Wertberichtigungen, Zinsen und ähnliche Aufwendungen, Steuern usw. aussuchen, addieren und in Staffelform als einzelne Posten ausweisen.

Strategische Entscheidungen zur Erreichung von Umsatz- und Ergebniszielen beeinflussen die geplanten Kosten, die verschiedenen Gliedern der Wertschöpfungskette zugeteilt werden. So sollte beispielsweise eine strategische Verschiebung zugunsten von Produktentwicklung und Kundendienst von einer verstärkten Ressourcenzuteilung an diese Bereiche im Gesamtbudget begleitet werden.

Die Auswirkungen der strategischen Verschiebung kann man anhand eines Vergleiches von Ist-Daten mit den budgetierten Daten (Plan-Daten) ermitteln (sogenannte Plan-Ist-Vergleiche). Je nach Ergebniswirkung kann das Management entscheiden, ob die Verstärkung der Bemühungen in den Bereichen Produktentwicklung und Kundendienst erfolgreich war. Die daraus gewonnene Erfahrung dient als Grundlage für nachfolgende Budgetierungsprozesse.

In diesem Zusammenhang könnte man das erwünschte Ergebnis der gewöhnlichen Geschäftstätigkeit (EGT) in der GuV-Rechnung als alternativen Startpunkt für den operativen Budgetierungsprozess benutzen. Dann würde man rückwärts arbeiten und eine Zielkostengröße („target cost") für jeden Posten, der zum EGT beiträgt, aufstellen, sowohl in der GuV-Rechnung als auch in den einzelnen Budgetanlagen. Dabei fragt man sich: „Was darf dieser Posten kosten, wenn das Unternehmen das angestrebte EGT erreichen will?" Schätzungsweise 15 % aller Unternehmen gehen so vor. Dann könnte in der Praxis die Lösung zur Aufgabe 2-2 als Einstieg in die Erstellung eines Gesamtbudgets dienen.

2.9   Die Absatzprognose

Die Absatzprognose ist ein wichtiges Hilfsmittel bei der Erstellung des Umsatzbudgets. Es handelt sich dabei um eine Schätzung, die von vielen Variablen beeinflusst wird. Insofern sind die Absatzprognose und das Umsatzbudget nicht miteinander zu verwechseln, da erstere zwar oftmals als Basis für die Erstellung des Umsatzbudgets dient, letzteres aber auch maßgeblich von Managemententscheidungen und/oder -strategien bestimmt wird. Im Ergebnis kann das endgültige Umsatzbudget von der ursprünglichen Absatzprognose beträchtlich abweichen.

2.9.1   Faktoren in der Absatzprognose

Aufgrund einer Vielzahl von Einflussfaktoren gestaltet sich die Erstellung einer Absatzprognose als schwierige Aufgabe. Unter anderem müssen folgende Faktoren Berücksichtigung finden: historische Ab- und Umsätze; allgemeine wirtschaftliche und industrielle Bedingungen; die Abhängigkeit des Ab- und Umsatzes von wirtschaftlichen Indikatoren wie Bruttoinlandsprodukt, Volkseinkommen, Beschäftigung, Preise und Industrieproduktion; relative Produktprofitabilität; Marktforschungsstudien; Preispolitik; Werbung und andere Vertriebsmaßnahmen; Qualifikation des Verkaufspersonals; Konkurrenzsituation; saisonale Schwankungen; Produktionskapazität und langfristige Absatztrends für verschiedene Produkte.

2.9.2   Prognoseverfahren

Budgets, die auf der Basis von schlecht durchdachten Prognosen erstellt werden, sind von geringem Wert für die Zwecke der Planung, Koordinierung und Leistungsevaluierung. Deshalb sollte man zur Erstellung von Absatzprojektionen immer die genauesten verfügbaren

Informationen verwenden. Einen effektiven Weg zu zuverlässigen Projektionen bietet der systematische Einsatz von verschiedenen Prognoseinstrumenten (Armstrong, 2001). Hierzu zählen Auskünfte des Verkaufspersonals, statistische Methoden und Beurteilungen von Exekutivgruppen. In der Regel verwendet man eine individuelle Kombination aus den genannten Methoden. Diese Vorgehensweise hat den Vorteil, dass jede einzelne daraus gewonnene Prognose zugleich die Ergebnisse einer anderen Methode ergänzt und kontrolliert.

Auskünfte des Verkaufspersonals

Idealerweise sollten insbesondere diejenigen Mitarbeiter eine aktive Rolle bei der Erstellung von Budgets einnehmen, die anschließend für deren Umsetzung verantwortlich sind. In diesem Fall ist das Verkaufspersonal Hauptansprechpartner, da die Vertreter eng mit den Kunden zusammenarbeiten und deswegen das Marktpotenzial besser kennen. Die Berücksichtigung ihres Wissens hilft, genaue und realistische Umsatzprognosen zu machen.

Ein Problem bei der alleinigen Anwendung dieses Prognoseverfahrens ergibt sich allerdings, wenn die Leistung des Verkaufspersonals nur anhand des Zielerreichungsgrades in Bezug auf budgetierte Umsätze gemessen wird. Ein Mitarbeiter könnte dazu verleitet werden, erreichbare Umsätze bewusst niedriger zu beziffern. Das Budget aufzupolstern („padding the budget") oder ein locker geführtes Budget („budgetary slack") einzuführen bedeutet, dass die budgetierten Einnahmen absichtlich unterschätzt (oder die budgetierten Kosten absichtlich überschätzt) werden, um die Erreichung budgetierter Ziele zu erleichtern bzw. sie zu übertreffen. Die Leistungen des Verkaufspersonals werden ohne größere Anstrengung den Budgeterwartungen genügen. Locker geführte Budgets schützen ebenfalls vor unerwarteten Störungen. Vor diesem Hintergrund haben einige Unternehmen innovative Methoden der Leistungsevaluierung entwickelt, um im Verkaufsbereich Anreize zur sorgfältigen Berichterstattung zu schaffen und gleichzeitig unter Beibehaltung anderer Anreize die aufgestellten Ab- und Umsatzziele zu erfüllen oder zu übertreffen (Reichelstein, 1992; Wallace/Stahl, 2002; Mentzer, 2005; Kraus, 2006; Sekol, 2007).

Statistische Methoden

Die Statistik bietet nützliche Techniken, die bei der Erstellung von Absatzprognosen behilflich sein können. Hierzu zählen insbesondere Regressions- und Trendanalysen. Korrelationen zwischen dem Absatz einerseits und ausgewählten wirtschaftlichen Indikatoren andererseits erleichtern die Formulierung, zuverlässiger Prognosen, vor allem, wenn den Ab- und Umsatzveränderungen des Unternehmens erfahrungsgemäß Schwankungen in den wirtschaftlichen Indikatoren vorausgehen. Allerdings sollte sich kein Unternehmen gänzlich auf die Ergebnisse der Regressionsanalyse verlassen, da sich das Verhältnis zwischen Absatz und spezifischen wirtschaftlichen Indikatoren im Zeitablauf ändern kann.

Trendanalysen untersuchen historische Umsatzdaten (sowohl saisonale als auch Monatsmuster), um zukünftige Ab- und Umsätze vorherzusagen. Ein zu großes Vertrauen auf Ergebnisse der Trendanalyse ist aber ebenfalls gefährlich, da willkürliche Änderungen im Datenmaterial eine Prognose vollkommen verzerren können. Statistische Analysen können also als Hilfsmittel dienen, bieten aber keine allein stehenden, voll befriedigenden Lösungen.

Beurteilungen einer Exekutivgruppe

Alle Spitzenmanager, einschließlich der Verantwortlichen aus den Bereichen Produktentwicklung, Beschaffung, Produktion, Marketing, Vertrieb, Finanzen und Verwaltung, können ihr Wissen und die kollektive Erfahrung nutzen, um in der Gruppe eine Projektion zukünftiger Absatzzahlen zu erarbeiten. Hierzu werden meist Marktforschungsdaten herangezogen.

Ergebnisse von Umfragen bei Unternehmen in verschiedenen Ländern, weisen eine stetige Präferenz für bestimmte Methoden der Absatzprojizierung auf. Dabei sind Einschätzungen des Marketingstabs und Schätzungen aufgrund der Absatzzahlen des vorhergehenden Jahres die am weitesten verbreiteten Methoden. Statistische Techniken werden selten verwendet.

2.10   Computergestützte Finanzplanungsmodelle

Das Gesamtbudget kann einem Unternehmen als umfassendes Planungsmodell dienen (Lüttgens, 2004). Bis zur endgültigen Formulierung eines Budgets muss der ursprüngliche Budgetentwurf viele Szenarien und damit verbundenen Änderungen durchlaufen, da Manager ihre Meinung über verschiedene Aspekte erwarteter Aktivitäten austauschen und „Was-wäre-wenn-Fragen" stellen. Eine Sensitivitätsanalyse untersucht dabei die Auswirkungen von veränderten Umwelt- und Marktbedingungen auf das Gesamtbudget. Abweichungen können sich aus Änderungen in der Konkurrenzsituation, allgemeiner Wirtschaftslage und dem Zugang zu Fertigungsmaterial oder Arbeitskräften ergeben. Die Sensitivitätsanalyse erlaubt es der Unternehmensleitung, die Auswirkungen unsicherer Entwicklungen auf ihr Geschäft zu untersuchen und sich auf diese vorzubereiten. In vielen Unternehmen ist es üblich, zwei bis drei zusätzliche Gesamtbudgets für den Fall zu erstellen, dass sich das folgende Geschäftsjahr 10 % besser oder schlechter, oder noch schlechter entwickelt. Für jedes der Szenarien müssen die Manager spezifische Maßnahmen erarbeiten, mit denen sie unter geänderten Bedingungen die neuen Budgetziele erreichen würden. Auf diese Weise können sie sich frühzeitig auf die Unwägbarkeiten des folgenden Geschäftsjahres einstellen.

Budgetformulierung, Szenarien und Sensitivitätsanalysen erfordern umfangreiche Berechnungen, die ein Unternehmen heute mit Hilfe von computergestützten Finanzplanungsmodellen durchführt. Finanzplanungsmodelle sind mathematische Beschreibungen der Unternehmensverhältnisse unter Berücksichtigung aller operativen Aktivitäten, der Finanzsituation sowie anderer interner und externer Faktoren, die Entscheidungen beeinflussen können. Die strukturelle Basis des Modells bildet das Gesamtbudget mit seinen Teilplänen.

Das Finanzplanungsmodell der Ingolstädter Ingenieurwesen GmbH trifft folgende Annahmen:

1. Die Kosten des Fertigungsmaterials und der Fertigungsarbeit entwickeln sich proportional zur Zahl der produzierten U-, M- und O-Teile.

2. Die variablen Fertigungsgemeinkosten verändern sich in Abhängigkeit von der Zahl geleisteter Fertigungsarbeitsstunden.

3. Alle anderen Kosten sind fix.

4. Die Zielendbestände bleiben unverändert.

Tab. 2.23 zeigt das budgetierte Betriebsergebnis für drei „Was-wäre-wenn" Szenarien.

- Szenario 1: Sinken des Verkaufspreises der U-, M- und O-Teile um jeweils 4 %.

- Szenario 2: Rückgang der verkauften Stückzahl der U-, M- und O-Teile um jeweils 5 %.

- Szenario 3: Erhöhung des Kilogrammpreises von Legierungen 414, 721 und 992 um jeweils 6 %.

Das budgetierte EGT geht im Verhältnis zum Gesamtbudget im ersten um 41 %, im zweiten um 52 % und im dritten Szenario um 62 % zurückgeht.

In einer empirischen Studie betrachteten 4,7 % der befragten deutschen Controller solche Szenarioplanungen als Kernerfolgsfaktor, und weitere 38,8 % maßen ihnen hohe Bedeutung bei. Gleichzeitig aber bewerteten ungefähr ein Drittel der Befragten die in ihrem Unternehmen dafür vorhandene IT-Unterstützung als nicht gut (Leyk/Müller/Grünebaum, 2006).

Tab. 2.23   *Sensitivitätsanalyse von Veränderungen der Budgetannahmen auf die budgetierte GuV-Rechnung der Ingolstädter Ingenieurwesen GmbH vom 1. Januar bis 31. Dezember 20XX*

Szenario	Absatz (PE)			Verkaufspreis (€/PE)			Fertigungsmaterialkosten (€/kg)			Budgetiertes EGT	
							Leg. 414	Leg. 721	Leg. 992		% $\Delta^{\dagger}$ vom Gesamtbudget
	U-Teile	M-Teile	O-Teile	U-Teile	M-Teile	O-Teile				Summe (€)	
Gesamtbudget	8.000	4.000	2.000	1.425,00	2.365,00	3.306,00	18,00	30,00	65,00	2.650.013,60	-
1	8.000	4.000	2.000	1.368,00	2.270,40	3.173,76	18,00	30,00	65,00	1.561.133,60	- 41
2	7.600	3.800	1.900	1.425,00	2.365,00	3.306,00	18,00	30,00	65,00	1.276.413,60	-52
3	8.000	4.000	2.000	1.425,00	2.365,00	3.306,00	19,08	31,80	68,90	1.019.803,00	-62

$^{\dagger}\Delta$ = Veränderung.

2.11   Der „Faktor Mensch" im traditionellen Budgetierungsprozess

Neben dem traditionellen Budgetierungsprozess beschäftigt sich dieses Kapitel mit der Unternehmenssteuerung mithilfe von Profit Center. Dabei werden insbesondere menschliche Faktoren als wesentliche Aspekte der Budgetierung herausgestellt.

Es wurde bereits erwähnt, dass Budgets Manager dazu zwingen, die Lösung von Problemen voranzutreiben, um Ziele zu erreichen. Im Zusammenhang mit strategischen oder operativen Budgets wurden auch die Ableitung taktischer Maßnahmen, die Koordinierung und Kommunikation dieser Handlungen sowie die Motivierung von Managern und die Beurteilung ihrer Leistungen diskutiert.

Controlling-Einsteiger betrachten die Budgetierung zu oft als ein mechanisches Werkzeug. Während die Techniken der Budgetierung wohl frei von Emotionen sind, verlangt ihre Anwendung Wissen, Überzeugungskraft und intelligente Interpretation. Viele Manager haben ein negatives Bild von Budgets. Führungskräfte müssen daher ihre Budgetverantwortlichen (der zweiten und dritten Führungsebene) und Mitarbeiter vom Nutzen eines Budgets überzeugen, das sie als Hilfsmittel bei der Festlegung und Erreichung von Zielen unterstützen soll.

Allheilmittel sind Budgets indessen nicht. Sie können weder ein schwaches Management, noch eine schlechte Organisation oder ein nicht leistungsfähiges Rechnungswesen kompensieren.

2.12   Berichtswesen und Unternehmenssteuerung mithilfe von Profit Center

Wie strukturiert der Controller das Berichtswesen eines Unternehmens, um die Umsetzung des Gesamtbudgets zu steuern? Heute arbeiten fast alle Unternehmen, die Budgetziele festschreiben, mit einem Berichtswesen, das sich aus Verantwortungsbereichen („responsibility centers") zusammensetzt.

2.12.1   Organisationsstruktur

Um die Ziele des Gesamtbudgets zu erreichen, muss ein Unternehmen die Bemühungen aller seiner Mitarbeiter – vom Geschäftsführer über alle Managementebenen hinweg bis zur untersten Hierarchiestufe – koordinieren. Die Koordinierung dieser Bemühungen erfordert es, die Durchführung von Aufgaben an Manager zu delegieren, die für ihre Handlungen bei Planung, Einsatz und Kontrolle menschlicher und physischer Ressourcen verantwortlich sind.

Die Organisationsstruktur bildet die formellen Verantwortungslinien innerhalb eines Unternehmens ab. Man spricht in diesem Zusammenhang von der Organisation nach Geschäftssparten, Produktbereichen, Divisionen, Vertriebswegen oder Projektgruppen (Mayer/Liessmann, 1994). So kann sich eine Baufirma hauptsächlich um ihre Bauprojekte an diversen Standorten organisieren: Ein Tunnelbau in Berlin, ein Gefängnis in Magdeburg und eine Flughafenerweiterung in Frankfurt/Main wären in diesem Fall entsprechende Projektgruppen. Ein Hersteller von Haushaltsprodukten wird sich dagegen zweckmäßiger um seine Produkte organisiert haben. Hier haben die Manager jeder Geschäftssparte (Zahnpasta, Seife, Putzmittel usw.) die Befugnis, für ihren Verantwortungsbereich Entscheidungen hinsichtlich aller Funktionen (Vertrieb, Fertigung, Forschung und Entwicklung, Materialbeschaffung, Personalwesen usw.) zu treffen.

2.12.2 Definition der Kostenrechnung nach Verantwortungsbereichen

Bei der Kostenrechnung nach Verantwortungsbereichen handelt es sich um die Abbildung der Organisationsstruktur eines Unternehmens in einem System von Kosten-, Erlös-, Ergebnis- und Investitionsstellen. Dabei entspricht jede dieser Stellen einem Verantwortungsbereich, dessen Manager für einen bestimmten Aktivitätenkreis verantwortlich ist. Auf einer höheren Managementebene vergrößern sich die Verantwortungsbereiche und damit auch die Zahl der Mitarbeiter, die dem jeweiligen Bereichsleiter zugeordnet sind. Das System ermöglicht Vergleiche zwischen Plänen (Budgets) und Handlungen (Ist-Ergebnissen) für jeden Verantwortungsbereich (Hahn/Hungerberg, 2001). Die vier Haupttypen von Verantwortungsbereichen lassen sich wie folgt charakterisieren:

1. Kostenstelle („cost center") - der Manager ist allein für die Kosten verantwortlich.

2. Erlösstelle („revenue center") - der Manager ist allein für die Erträge verantwortlich.

3. Ergebnisstelle oder Profit Center („profit center") - der Manager ist sowohl für die Erträge als auch für die Kosten verantwortlich.

4. Investitionsstelle („investment center") - der Manager ist für die Investitionen, die Erträge und die Kosten verantwortlich.

Die Abteilung „Gebäudemanagement" eines Hauses einer Hotelkette wäre beispielsweise eine Kostenstelle, weil der Gebäudemanager ausschließlich für die Entwicklung der Kosten verantwortlich ist. Da der Verkaufsmanager nur für Erlöse verantwortlich ist, wäre die Verkaufsabteilung des Hotels eine Erlösstelle. Mit der Verantwortung für Erlöse und Kosten leitet der Hotelmanager einen Profit Center. Der Regionalmanager, der für Investitionen in neue Hotelprojekte sowie für Erträge und Kosten verantwortlich ist, führt eine Investitionsstelle (Gewald, 1999).

2.12.3   Budgets und das Verhalten von Managern

Das folgende Beispiel veranschaulicht eine für ein produzierendes Unternehmen typische Alltagssituation. Die Vertriebsabteilung reicht eine Eilbestellung bei der Produktion ein. Der Produktionsplaner verweigert den erforderlichen zusätzlichen Produktionsdurchlauf, weil er die normale Produktion unterbrechen müsste. Die Unterbrechung würde zu erheblichen zusätzlichen, aber (noch) nicht genau berechneten Kosten führen. Die Antwort von der Vertriebsabteilung lautet daraufhin: „Wollen Sie die Verantwortung für den Verlust von Firma X als Kunde übernehmen?" Selbstverständlich möchte kein Produktionsplaner diese Verantwortung tragen. Er gibt deshalb nach, aber erst nach heftigem Streit, der zu einem bereits beachtlichen Rückstau von schlechten Gefühlen beiträgt.

Mit seinen Kenntnissen menschlicher Aspekte der Budgetierung und der Kostenrechnung nach Verantwortungsbereichen kann der Controller nachfolgende Lösung anbieten. Er analysiert die Löhne in der Produktion, um die genauen zusätzlichen Kosten eines Sonderdurchlaufs zu ermitteln. Diese Information eliminiert den Streitgrund. In Zukunft wird der Produktionsplaner jede Eilbestellung ohne Kommentar annehmen. Die dadurch entstehenden zusätzlichen Kosten werden festgehalten und der Vertriebsabteilung zugeteilt. Danach wird die Spannung zwischen dem Verkauf und der Produktion vermutlich verschwinden. Darüber hinaus wird die Zahl der von der Vertriebsabteilung eingereichten Eilbestellungen wahrscheinlich stetig sinken, bis eine unwesentliche Zahl übrig bleibt.

Die Kostenrechnung nach Verantwortungsbereichen verfolgt Kosten entweder auf die Person, die das beste Wissen über die Entstehung der Kosten hat, oder die Aktivität, die die Kosten verursacht, zurück. In diesem Fall ist die Verkaufsaktivität die Ursache. Die entstehenden Kosten werden deshalb der Verkaufsabteilung zugerechnet. Wenn Eilbestellungen regelmäßig erfolgen, müsste die Verkaufsabteilung über ein entsprechendes Budget verfügen, so dass die Ist-Leistung der Abteilung dem Budget gegenübergestellt werden kann.

2.12.4   Beispiel der Kostenrechnung nach Verantwortungsbereichen

Der vereinfachte Organisationsplan der Heidelberger Herrenmode International AG in Abb. 2.5 zeigt, wie Unternehmen das System der Kostenrechnung nach Verantwortungsbereichen anwenden können. Auf der höchsten Ebene beaufsichtigt ein Vize-Präsident in der Zentrale die ihm untergeordneten Landesdirektoren in den Benelux-Ländern, Deutschland, Frankreich und Polen. Dem deutschen Landesdirektor unterstehen drei Regionalleiter für Nord-, Ost- und Süddeutschland. Der Leiter der Region Nord wiederum betreut die drei Beauftragten für die Bezirke Elbe, Ems und Weser. Für seinen Verantwortungsbereich führt der Weser-Bezirksbeauftragte Aufsicht über die individuellen Niederlassungen Bremen, Göttingen und Hannover, deren jeweilige Geschäfte ein Niederlassungsleiter lenkt.

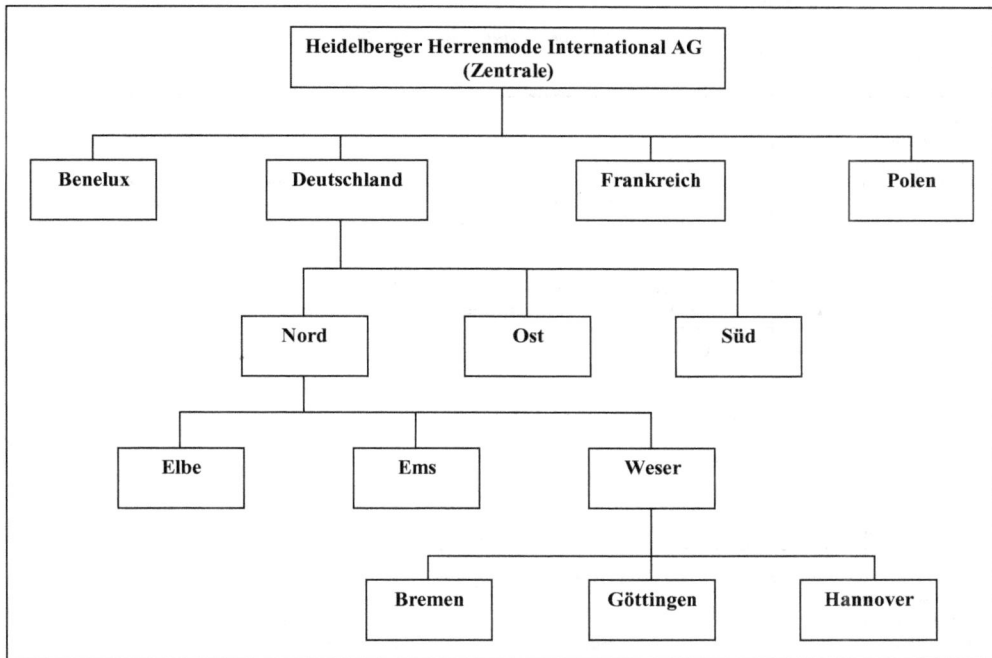

Abb. 2.5   Vereinfachtes Organigramm der Heidelberger Herrenmode International AG

Die Niederlassungsleiter haben nur begrenzte Entscheidungsspielräume bei operativen Maßnahmen. Sie bestimmen, wie sie die lokale Werbung, die Zahl der Mitarbeiter und ihre
Einsatzpläne sowie die Öffnungszeiten der Niederlassung gestalten. Die Bezirksbeauftragten hingegen sind Ansprechpartner für alle Niederlassungen in ihrem Bezirk. U. a.
evaluieren sie die Leistung der Niederlassungsleiter und entscheiden über deren Gehälter. In
ähnlicher Weise beaufsichtigen die Regionalleiter die ihnen zugeteilten Bezirke. Sie evaluieren die Leistung und die Managementvergütung der Bezirksbeauftragten und entscheiden
über die regionale Preispolitik, die Verkaufsförderungsmaßnahmen sowie die Investitionen
bis zu einer gewissen Summe. Die Regionalleiter sind einem Landesdirektor unterstellt, der
die Personalpolitik bezüglich der Regionalleiter, größere Investitionen, die Werbung und die
Strategie auf nationaler Ebene bestimmt. Alle Landesdirektoren müssen sich gegenüber
einem Vize-Präsidenten im internationalen Hauptquartier des Unternehmens verantworten.
Der Vize-Präsident hat die gleichen Funktionen wie die Landesdirektoren, aber auf der
höchsten, internationalen Ebene der Managementhierarchie.

Tab. 2.24 präsentiert eine detaillierte Übersicht zur Anwendung der Kostenrechnung nach
Verantwortungsbereichen, hier in Form der stufenweisen Fixkostendeckungsrechnung, um
die Leistungen bei der Heidelberger Herrenmode International AG zu evaluieren.

Tab. 2.24 Controllingbericht (in Tsd. €) nach Verantwortungsbereichen für Heidelberger Herrenmode International AG

Heidelberger Herrenmode Internationale (ZENTRALE) Monatsbericht	Budget		Abweichungen vom Budget Günstig oder (ungünstig)	
Betriebsergebnis der Länder und Bürokosten der Zentrale	**Laufender Monat**	**Kumuliert seit Jahresbeginn**	**Laufender Monat**	**Kumuliert seit Jahresbeginn**
Bürokosten der Zentrale	(530)	(2.600)	(13)	(48)
Benelux	2.830	7.210	90	113
Deutschland	➤ 2.850	7.810	(50)	(40)
Frankreich	1.790	5.220	70	98
Polen	1.630	3.760	30	82
Betriebsergebnis	8.570	21.400	127	205

Landesdirektor DEUTSCHLAND Monatsbericht	Budget		Abweichungen vom Budget Günstig oder (ungünstig)	
Betriebsergebnis der Regionen und Bürokosten des Landesdirektors	**Laufender Monat**	**Kumuliert seit Jahresbeginn**	**Laufender Monat**	**Kumuliert seit Jahresbeginn**
Bürokosten des Landesdirektors	(120)	(650)	(7)	(14)
Nord	990 ◄	2.820	(104)	(89)
Ost	660	1.900	10	17
Süd	1.320	3.740	51	46
Betriebsergebnis	➤ 2.850	7.810	(50)	(40)

Regionalleiter NORD Monatsbericht	Budget		Abweichungen vom Budget Günstig oder (ungünstig)	
Betriebsergebnis der Bezirke und Bürokosten des Regionalleiters	**Laufender Monat**	**Kumuliert seit Jahresbeginn**	**Laufender Monat**	**Kumuliert seit Jahresbeginn**
Bürokosten des Regionalleiters	(30)	(170)	2	5
Elbe	479	1.373	(27)	9
Ems	232	627	12	28
Weser	309	990	(91)	(131)
Betriebsergebnis	990 ◄	2.820	(104)	(89)

Tab. 2.24 (Fortsetzung)

Regionalleiter NORD Monatsbericht	Budget		Abweichungen vom Budget Günstig oder (ungünstig)	
Betriebsergebnis der Bezirke und Bürokosten des Regionalleiters	Laufender Monat	Kumuliert seit Jahresbeginn	Laufender Monat	Kumuliert seit Jahresbeginn
Bürokosten des Regionalleiters	(30)	(170)	2	5
Elbe	479	1.373	(27)	9
Ems	232	627	12	28
Weser	309	990	(91)	(131)
Betriebsergebnis	990	2.820	(104)	(89)

Bezirksbeauftragter WESER Monatsbericht	Budget		Abweichungen vom Budget Günstig oder (ungünstig)	
Betriebsergebnis der Niederlassungen und Bürokosten des Bezirksbeauftragten	Laufender Monat	Kumuliert seit Jahresbeginn	Laufender Monat	Kumuliert seit Jahresbeginn
Bürokosten des Bezirksbeauftragten	(21)	(90)	1	3
Bremen	165	540	(69)	(111)
Göttingen	27	90	8	22
Hannover	138	450	(31)	(55)
Betriebsergebnis	309	990	(91)	(141)

Bremen Niederlassungsleiter Monatsbericht	Budget		Abweichungen vom Budget Günstig oder (ungünstig)	
Umsatz und Kosten	Laufender Monat	Kumuliert seit Jahresbeginn	Laufender Monat	Kumuliert seit Jahresbeginn
Umsatz	1.430	6.435	(70)	(116)
Wareneinsatzkosten	740	3.599	23	37
Löhne	140	710	-	-
Abschreibungen	100	400	-	-
Sonstige betriebliche Aufwendungen:				
Vorräte	55	193	4	6
Strom, Wasser usw.	80	280	-	2
Instandhaltung	40	80	(17)	(19)
Werbung	110	633	(9)	(21)
Gesamtkosten	1.265	5.895	1	5
Betriebsergebnis	165	540	(69)	(111)

Aufgrund der stark aggregierten Zahlen und der Verdichtung von Informationen enthält der Monatsbericht für die Zentrale zugleich die höchsten Summen, aber keine Details. So ersieht der Vize-Präsident aus seinem Monatsbericht nur, dass beim Betriebsergebnis in Deutschland eine ungünstige Abweichung vom Plan in Höhe von 50.000 € aufgetreten ist. Sie deutet auf ein Problem hin. Diese und alle anderen Abweichungen können für die weitere Analyse auf tiefer liegenden Ebenen unterteilt werden, um das Problem bis zu seinen Wurzeln zu verfolgen (d. h., „drilling down"). Die Aufteilung kann entweder in den Monatsberichten oder in entsprechenden Anlagen vorgenommen werden.

Der Monatsbericht des Landesdirektors signalisiert, dass das Problem hauptsächlich auf das Betriebsergebnis der Region Nord zurückzuführen ist, das mit 104.000 € unter Plan liegt. Aus dem Monatsbericht des Regionalleiters Nord wird ersichtlich, dass das Problem seiner Region zwar überwiegend im Weser-Bezirk, aber auch teilweise im Elbe-Bezirk zu suchen ist. In beiden Bezirken fallen die Betriebsergebnisse jeweils um 91.000 € und 27.000 € geringer als erwartet aus. Der Monatsbericht des Weser-Bezirksbeauftragten zeigt, dass die Niederlassungen in Bremen und Hannover mit ungünstigen Abweichungen von 69.000 € bzw. 31.000 € die Einheiten sind, deren Leistungen das geplante Betriebsergebnis nicht erreichten. Letztlich erkennt man im Monatsbericht des Niederlassungsleiters in Bremen (der nach dem Gesamtkostenverfahren aufgebaut ist), dass die Umsätze unter und die Kosten der Instandhaltung sowie der Werbung über Plan (jeweils 70.000 €, 17.000 € und 9.000 €) ausgefallen sind. Zur Klärung der festgestellten Abweichungen ist damit der Bremer Niederlassungsleiter am ehesten in der Lage, erforderliche Auskünfte zu erteilen (Mevissen und Hofmeier, 2003).

2.12.5   Format des Leistungsberichts

Wie in Tab. 2.24 dargestellt hat der Controller das Format des Monatsberichts so konzipiert, dass die Abweichungen vom Budget betont werden. Diese Betonung ist ein Aspekt des Managements im Ausnahmefall („management by exception"). Hierbei konzentriert man sich in der Analyse auf die Bereiche, die aufgrund größerer absoluter oder prozentualer Abweichungen besondere Aufmerksamkeit benötigen, während man anderen Bereichen, die sich wie erwartet entwickeln, weniger Beachtung schenkt. So liegen die Betriebsergebnisse des Weser-Bezirks und des Elbe-Bezirks unter ihren budgetierten Werten, während das Betriebsergebnis im Ems-Bezirk die Budgetziele für den Berichtsmonat und seit Jahresbeginn übertrifft. Der Regionsleiter würde deswegen seine Bemühungen darauf konzentrieren, die Geschäfte im Weser-Bezirk und im Ems-Bezirk zu verbessern. Die positive Entwicklung des Ems-Bezirkes gibt vorerst keinen Anlass für detailliertere Abweichungsanalysen.

In der Praxis beinhaltet ein vollständiger Monatsbericht auch Detailpräsentationen anderer strategischer, auch nicht finanzieller Daten. Beispielsweise würde ein Ladenbericht die Zahl der bedienten Kunden und die Durchschnittskäufe je Kunde ausweisen. In der Hotelindustrie schließen die üblichen Leistungsmaßstäbe den Prozentsatz der belegten Zimmer und den Durchschnittspreis je Zimmer ein. Die gewählten Leistungsmaßstäbe sind primäre Indikatoren des Erfolgs oder Erfolgskennzahlen („key performance indicators" oder „key success indicators") in ihren jeweiligen Industrien.

Während der Einsatz einer BSC nicht die Grundmenge solcher im Unternehmen (meist automatisiert) verfügbarer Informationen reduziert, hilft sie, eine klare Abgrenzung zwischen strategischen und operativen Kennzahlen zu treffen. Operative Kennzahlen – also jene, die zur Aufrechterhaltung des Geschäftsbetriebes und zur Steuerung des Tagesgeschäftes verwendet werden – sollten, solange sie sich in einem bestimmten Toleranzbereich bewegen, nur einem ausgewählten Empfängerkreis, nicht jedoch dem (Top-) Management regelmäßig berichtet werden.

In unserem Beispiel bedeutete dies, dass der Monatsbericht des Leiters der Bremer Niederlassung dem Vize-Präsidenten in der Zentrale normalerweise nicht vorgelegt wird. Das geschah hier als Ausnahmefall bei Über- bzw. Unterschreiten eines Schwellenwertes für eine bestimmte Kennzahl, und zwar die Abweichung des Ist-Betriebsergebnisses vom Plan-Betriebsergebnis für Deutschland.

2.13   Verantwortung: Feedback und Schuldzuweisung

Im Rahmen der Kostenrechnung nach Verantwortungsbereichen dienen Budgets vor allem dann als Hilfsmittel, wenn die Manager das Datenmaterial vorsichtig interpretieren. Dennoch tendieren Manager, Controller und Studierende dazu, das „Schuldspiel" zu spielen – indem sie Abweichungen im System der Kostenrechnung nach Verantwortungsbereichen nutzen, um jemanden für operative Probleme verantwortlich zu machen. Indessen sollte bei der Abweichungsanalyse von Umsätzen und Kosten ermittelt werden, mit welchem Ansprechpartner zu einer spezifischen Lage ein Gespräch nützlich wäre, um Informationen zu erhalten und Lösungen zu suchen. Normalerweise sollte es nicht das Ziel sein, jemandem die Schuld für eine Abweichung zuzuweisen.

Ein Marketingmanager mag sich beispielsweise entscheiden, eine zusätzliche Werbekampagne einzuleiten. Wenn die zusätzlichen Deckungsbeiträge die Kosten dieser Werbekampagne übertreffen, sollte die negative Abweichung bei den Marketingkosten dem Verantwortlichen nicht zur Last gelegt werden. Stattdessen sollte seine Initiative Anerkennung finden.

Trotz alledem lässt sich in jedem noch so gut geführten Unternehmen nicht jeder Fehler vermeiden. Um Fehler frühzeitig zu entdecken, schafft die weitgehende Kontrolle, die ein Kostenrechnungswesen nach Verantwortungsbereichen beinhaltet, das notwendige Gleichgewicht zum größeren Handlungsspielraum, den die Geschäftsführung dem einzelnen Manager überträgt.

2.14   Budgetspiele

Budgets zeigen, wie eine Organisation plant, ihre Ressourcen einzelnen Unternehmensbereichen oder Aktivitäten zuzuteilen. Da die meisten Manager glauben, dass sie ihre Ziele leichter mit mehr Inputs erreichen können, sind sie stark daran interessiert, möglichst viele Ressourcen zugeteilt zu bekommen. Daher erlebt man bei Budgetverhandlungen häufig Manager, die – oft genug erfolgreich – Spiele folgender Art versuchen (Anthony/Young, 1994).

1. *Hauptsache, den Fuß in der Tür.* In diesem Fall versucht man den Zuschlag für ein kleines Projekt zu erhalten, welches sich später zu einem wesentlich größeren erweitern lässt. Beispielsweise machen viele Baufirmen verlustbringende Angebote für die Pläne eines ersten Projektabschnitts. Nachdem der Bau einmal begonnen ist, lassen sie sich für die fast unvermeidbaren Veränderungen in den ursprünglichen Plänen sowie für spätere Projektabschnitte teuer bezahlen.

2. *Finde die richtige Verpackung.* Die FuE-Abteilung möchte ein neues Weiterbildungszentrum beantragen. Da die Geschäftsführung aber verfügt hat, dass keine neuen Gebäude gebaut werden, schlägt der Abteilungsleiter vor, eine vorhandene, leer stehende Fertigungshalle umzubauen. Häufig wird sein „richtig" verpackter Vorschlag akzeptiert, obwohl es billiger wäre, das Bildungszentrum neu zu bauen.

3. *Ausnutzen von Fachwissen bzw. Informationsasymmetrien.* Manager weisen gern darauf hin, welch unangenehme Folgen eine unterlassene Investition in ihrem Bereich haben könnte. Ein Arzt zum Beispiel behauptet, dass das Krankenhaus, das ihn beschäftigt, ohne ein sehr teueres Gerät bestimmte Fälle nicht mehr zeitgemäß behandeln kann. Er bekommt sein Gerät, weil die Krankenhausführung Angst hat, wegen medizinischer Kunstfehler verklagt zu werden.

   Eng verwandt damit ist das Spiel von Managern aus technischen Bereichen. Sie drängen auf den Kauf neuer Hard- und/oder Software, weil konkurrierende Unternehmen sie bereits beschafft und eingesetzt haben. Ohne sie sei das Unternehmen benachteiligt, weil man nicht mehr auf dem neuesten Stand sein wird.

4. *Drohender Prestigeverlust.* In schwierigen Zeiten müssen Abteilungsleiter mit weniger Ressourcen auskommen. Um solche Budgetreduktionen im Vorfeld abzuwehren, drohen sie mit der Einstellung wichtiger Aktivitäten. So jagt der Kulturdezernent dem Gemeinderat einen Schrecken ein, wenn er sagt, dass wegen einer geplanten Budgetkürzung die bisher immer gut besuchten, mittlerweile überregional bekannten Festspiele in der kommenden Rechnungsperiode gestrichen werden müssten. In solchen Fällen geben die Ratsmitglieder manchmal klein bei, weil sie den Prestigeverlust für ihre Stadt und den Ärger mächtiger Interessengruppen nicht hinnehmen wollen.

Bei Spielen dieser Art müssen Controller auf den Hut sein. Sie rechtzeitig zu erkennen und erfolgreich zu unterbinden, ist vielfach eine Frage der Erfahrung (Johnson, 2005).

2.15   Verantwortung und Kontrollierbarkeit

Der Begriff Kontrollierbarkeit („controllability") bezieht sich auf den Grad der Einflussnahme eines bestimmten Managers auf die Entwicklung von Umsätzen und Kosten. Kontrollierbare Kosten („controllable costs") sind Kosten, die hauptsächlich dem Einfluss eines Managers eines gegebenen Verantwortungsbereiches für eine gegebene Zeitspanne unterliegen. Im Idealfall schließen Kostenrechnungssysteme nach Verantwortungsbereichen entweder alle nicht kontrollierbaren Kosten aus dem Leistungsbericht über einen Manager aus, oder sie trennen diese Kosten deutlich von den kontrollierbaren Kosten (Smith, 1991). Beispielsweise sollte man den Leistungsbericht des Produktionsmanagers beschränken auf die Menge des Fertigungsmaterials, die Zahl der Arbeitsstunden, den Stromverbrauch und den mengenmäßigen Bestand an Vorräten (und *nicht* deren Preise!). Die Zuordnung erfolgt vor dem Hintergrund, dass Preise nicht vom Produktionsmanager, sondern eher vom Leiter der Beschaffung beeinflusst werden.

In der Praxis ist die Kontrollierbarkeit von Umsätzen und Kosten schwer abzugrenzen. Wenige Kosten unterstehen eindeutig ausschließlich dem Einfluss eines einzigen Managers. So kann ein Beschaffungsmanager durch geschickte Verhandlungen die Preise des Fertigungsmaterials beeinflussen; die Preise werden jedoch auch von Marktbedingungen außerhalb der Kontrolle des Managers bestimmt. Ein Produktionsmanager kann den mengenmäßigen Verbrauch beeinflussen, aber die Verbrauchsmengen hängen ebenfalls von der Qualität des eingekauften Materials ab. Darüber hinaus arbeiten Manager oft in Gruppen oder Teams, was die Abgrenzung individueller Verantwortungsbereiche für Umsätze und Kosten zusätzlich erschwert.

Da die meisten Leistungsberichte eine Periode von nur einem Jahr oder weniger betreffen, kann der gegenwärtige Manager Probleme und Ineffizienzen von seinem Vorgänger übernommen haben. Beispielsweise muss er u. U. mit wenig vorteilhaften Lieferanten- oder Gewerkschaftsverträgen arbeiten, die vor seiner Zeit abgeschlossen wurden. Oder er muss dringend notwendig gewordene Instandhaltungsmaßnahmen nachholen, die der Vorgänger unterließ, um Kosten zu drücken. Derartige Konstellationen erschweren die Zuordnung von Einflussbereichen in der Praxis.

Da in den meisten Fällen die Kontrollierbarkeit einiger Kostenarten ungeklärt bleibt, müssen Manager eines Profit Centers oftmals einzelne Posten verantworten, die sie nicht gänzlich kontrollieren können. Damit übernehmen sie ein Risiko, weil ihre Vergütung von Faktoren abhängt, die sie nicht vollständig beeinflussen können. Das Unternehmen müsste fairerweise seine Führungskräfte für die Übernahme dieses Risikos kompensieren (Indjejikian/Nanda, 1999). Ein Unterbleiben der erforderlichen Kompensation führt u. U. zu Kosten aufgrund von Frustration, mangelnder Motivation und Verlust von Führungskräften.

Da ein Manager in der Regel ein gewisses Maß an Kontrolle über die meisten der ihm anvertrauten Positionen hat, kann er wohl für deren Entwicklung verantwortlich gemacht werden. Der Leiter der Beschaffung kann z. B. Lieferantenpreise oder Qualität nicht gänzlich kontrollieren, aber durch gute Beziehungen zu den Lieferanten, geschickte Verhandlungen usw. kann er Preise und Qualität bezogener Waren und Dienstleistungen stark beeinflussen.

2.16   Betonung des Informationsaspektes und Managerverhalten

Noch einmal sei betont, dass sich die Kostenrechnung nach Verantwortungsbereichen nicht auf die Kontrollierbarkeit von Kosten beschränkt. Das System gründet auf Informationen und Wissen, nicht auf Kontrolle. Die Schlüsselfrage lautet: „Wer ist am besten informiert?", mit anderen Worten: „Wer ist die Person, die uns am meisten über einen bestimmten Sachverhalt berichten kann?" Dabei spielt es keine Rolle, inwiefern die Person den Sachverhalt selbst beeinflussen kann. Beispielsweise kann in den Verantwortungsbereich des Einkaufsmanagers die Entwicklung der gesamten Beschaffungskosten fallen und zwar nicht wegen seiner Fähigkeit, Marktpreise zu bestimmen, sondern weil er aufgrund seiner Tätigkeit am Beschaffungsmarkt nicht beeinflussbare Preise und deren Veränderungen vorhersagen und erklären kann. In ähnlicher Weise ist der Niederlassungsleiter eines Ladens der Heidelberger Herrenmode International AG für das Betriebsergebnis seiner Boutique verantwortlich, obwohl er weder den Umsatz noch die Kosten gänzlich beeinflussen kann. Als Geschäftsführer ist er am besten in der Lage, Abweichungen zwischen seinem Ist- und seinem budgetierten Betriebsergebnis zu deuten.

Leistungsberichte für Verantwortungsbereiche können ebenfalls nicht kontrollierbare Posten berücksichtigen, weil deren Berücksichtigung das Verhalten von Mitarbeitern in eine von der Unternehmensleitung gewünschte Richtung lenkt. Deshalb haben manche Unternehmen die Verantwortung ihrer Kostenstellen mit der für Erlösstellen verknüpft. Dadurch wird ein Manager aus der einseitigen Sicht auf die Kosten herausgelöst und für die Auswirkung seiner Entscheidungen auf das Ergebnis sensibilisiert. So könnte er als Kostenstellenleiter die Produktionseffizienz betonen und die Forderung des Verkaufs nach schnellerer Kundenbedienung und Eilbestellungen weniger ernst nehmen. In einer Ergebniseinheit müsste er neben den Kosten auch die Umsätze im Auge behalten. Obwohl dieser Manager wenig Kontrolle über die Vertreterorganisation ausüben kann, wird er als Leiter eines Profit Centers wahrscheinlich die Auswirkung seiner Entscheidungen auf Kosten und Umsätze abwägen, anstatt nur die Kosten zu berücksichtigen.

2.17   Budgets und zielgesteuerte Unternehmensführung

Mehr und mehr Unternehmen wenden erfolgreich eine Form der zielgesteuerten Unternehmensführung („management by objectives" oder „MBO") an (Drucker, 1954). Hierbei formulieren ein Mitarbeiter und sein Vorgesetzter eine Zielvereinbarung, die die Ziele für den Mitarbeiter und entsprechende Maßnahmen zu deren Erreichung enthält. Gegenstand der Mitarbeiterziele soll es dabei nicht sein, einzelne Unternehmenskennzahlen (z. B. das Betriebsergebnis) zu maximieren. Stattdessen steht für ihn die Realisation des budgetierten Betriebsergebnisses im Mittelpunkt, während gleichzeitig weitere Ziele (z. B. ein bestimmter

Marktanteil) angestrebt werden sollen. Die Konzentration auf ein einziges Erfolgskriterium (z. B. das Betriebsergebnis, Umsatzerlöse, Materialkosten, usw.) verleitet einen Mitarbeiter tendenziell dazu, andere wichtige Aspekte seiner Arbeit zu vernachlässigen. Wenn mehrere angestrebte Ziele nicht gleichzeitig erreichbar sind, sollte die Zielvereinbarung Prioritäten setzen oder vorgeben, dass ein optimiertes Gesamtergebnis erreicht wird.

Häufig werden Zielvereinbarung und damit gebündelte Maßnahmenpakete durch die Kostenrechnung nach Verantwortungsbereichen in Verbindung mit einem Budget konkretisiert. Neben finanziellen Erfolgsgrößen misst man den Grad der Erreichung zusätzlicher Ziele, beispielsweise das Niveau der Produktinnovation und -qualität, die persönliche und fachliche Weiterentwicklung des Mitarbeiters und den erreichten Marktanteil. Die vom Mitarbeiter erbrachte Leistung wird dann mit den vereinbarten budgetierten Zielen verglichen.

Die MBO-Methode betont also die Evaluierung von Managern auf Basis mehrerer Ziele – einige kurzfristig, andere langfristig; einige monetär, andere nicht monetär. Auf diese Weise motiviert sie einen Mitarbeiter, wirklich im Interesse des Unternehmens zu handeln. Dazu liefert das Rechnungswesen Informationen, anhand derer man den Grad der Erreichung der monetären (und der nicht monetären) Ziele beurteilen kann.

2.18 Bedeutung und Anwendung traditioneller Budgets

Tab. 2.25 zeigt Ergebnisse einer Vier-Länder-Studie von 100 Automobilzulieferern in Deutschland, Frankreich, Großbritannien und Polen zum Einsatz unterschiedlicher Controlling-Tools. Die Studie ergab, dass die meisten Unternehmen die Standard-Controlling-Aufgaben wie Kostenstellenrechnung, klassische Budgetierung, Forecasting und Produktergebnisrechnung gut im Griff haben – sie sind sogar sehr zufrieden mit ihnen (Dressler, 2006). Die Tatsache, dass dieser Werkzeugkasten („toolkit") einen so hohen Verbreitungsgrad erreicht hat, ist bemerkenswert, steht aber im Einklang mit anderen Studien (Schäffer/Steiners, 2005). Das Standard-Controlling im Unternehmen muss gut funktionieren, will man im Wettbewerb nicht an Boden verlieren.

Tab. 2.25   Einsatz von Controlling-Tools nach Ländern

	Frankreich	Polen	UK	Deutschland
Budgeting	82 %	100 %	100 %	91 %
Forecasting	76 %	100 %	100 %	95 %
Cost Center Accounting	82 %	90 %	100 %	96 %
Project Costing	88 %	80 %	100 %	88 %
Target Costing	71 %	90 %	69 %	64 %
Customer Profitability	53 %	70 %	69 %	82 %
Profit Center Profitability	71 %	50 %	81 %	70 %
SVM	53 %	90 %	88 %	32 %
Lifecycle Profitability	76 %	10 %	50 %	46 %
Balanced Scorecard	24 %	40 %	38 %	45 %
Beyond Budgeting	29 %	40 %	19 %	23 %

Dagegen kommen komplexere und innovativere Instrumente wie z. B. Target Costing, Lebenszyklusrechnung oder Shareholder-Value-Management (SVM) seltener zum Einsatz. Obwohl oft als extrem wichtig eingestuft, werden solche Instrumente (noch) kaum beherrscht.

2.19   Zusammenfassung

Das Gesamtbudget fasst die monetären Teilprojektionen aller Budgets und Pläne eines Unternehmens zusammen. Es beinhaltet die gesamte operative und finanzielle Planung der Geschäftsführung, den formellen Umriss der finanziellen Unternehmensziele sowie die erforderlichen Mittel, sie zu erreichen. Klug umgesetzt, zwingen Budgets einen verantwortlichen Manager dazu, zu planen. Ferner weisen sie auf Erwartungen hin, die einen geeigneten Rahmen für Leistungsbeurteilungen darstellen. Darüber hinaus fördern Budgets die Kommunikation zwischen und Koordinierung von verschiedenen Unternehmensbereichen.

Das Gesamtbudget setzt sich aus zwei Hauptbestandteilen zusammen. Den ersten Teil bildet das operative Budget, das die budgetierte GuV-Rechnung mit ihren tragenden Anlagen umfasst. Den zweiten Teil stellt das finanzielle Budget dar, das die Investitionen, die Liquiditätsplanung, die budgetierte Bilanz und die budgetierte Kapitalflussrechnung beinhaltet.

Im Allgemeinen dient der Umsatzplan als Grundlage für das Produktionsbudget. Die folgenden Anlagen sind mit dem Umsatzplan verbunden: das Produktionsbudget in Produkteinheiten, die Budgets für Fertigungsmaterial, -arbeit, und -gemeinkosten, das Budget für

Endbestände, das Wareneinsatzbudget, die Budgets für FuE/Design, Marketing, Vertrieb, Kundendienst und Verwaltung.

Computergestützte Finanzplanungsmodelle beschreiben mathematisch die Zusammenhänge zwischen operativen Aktivitäten, finanziellen Aktivitäten und anderen Faktoren, die das Budget beeinflussen. Diese Modelle ermöglichen der Geschäftsführung die Durchführung von Sensitivitätsanalysen, die die Budgetauswirkungen in Abhängigkeit von veränderten Annahmen untersuchen.

Ein Verantwortungsbereich ist eine Unternehmenseinheit, deren Manager für einen spezifischen Satz von Aktivitäten verantwortlich ist. Die vier Hauptarten von Verantwortungsbereichen sind: Kostenstellen, Erlösstellen, Profit Center und Investitionsstellen. Die Kostenrechnung nach Verantwortungsbereichen vergleicht die Pläne und Handlungen eines jeden Bereiches durch die Gegenüberstellung von Budgets und Ist-Ergebnissen.

Beeinflussbare Kosten unterliegen hauptsächlich dem Einfluss des Managers eines bestimmten Verantwortungsbereiches für einen begrenzten Zeitraum. Oftmals beinhalten die Leistungsbeurteilungen von Bereichsverantwortlichen auch Kosten, Umsätze und Investitionen, die der einzelne Manager kaum oder gar nicht beeinflussen kann. Abgesehen vom Kriterium der Kontrollierbarkeit verbindet die Kostenrechnung nach Verantwortungsbereichen monetäre Größen mit Managern, die über das größte Wissen und die höchste Informationskompetenz zu spezifischen Budgetposten verfügen. Daher lautet die Hauptfrage bei der Abweichungsanalyse im Rahmen dieses Kostenrechnungssystems: „Wen sollen wir fragen?" und nicht „Wem wollen wir die Schuld geben?"

Deutsche Unternehmen der Automobilzulieferindustrie sind mit ihren traditionellen Controlling-Anwendungen außerordentlich zufrieden – stärker als vergleichbare Unternehmen in Frankreich, Polen und dem UK. Sie zeigen allerdings große Zurückhaltung in der Anwendung einiger neuerer Ansätze wie z. B. des Shareholder-Value-Managements, ganz im Gegensatz zu ihren Konkurrenten in den Nachbarländern.

2.20 Englische und deutsche Fachterminologie

budgetary slack	locker geführtes Budget
cash budget	Liquiditätsplanung
cash flow statement	Kapitalflussrechnung
Controllability	Kontrollierbarkeit
controllable cost	kontrollierbare (beeinflussbare) Kosten
continuous budget	rollierendes Budget
cost center	Kostenstelle

cost driver	Kostentreiber
cost-volume-profit projection	Kosten-, Beschäftigungs- und Gewinn-projektion
direct cost category	Einzelkostenart
financial budget	Finanzbudget
funds statement	Kapitalflussrechnung
global player	weltweit agierendes Unternehmen
income statement	GuV-Rechnung
indirect cost pool	Gemeinkostenpool
inventoriable cost	Bestandsbewertung der Halbfertig- und Fertigerzeugnisse
investment center	Investitionsstelle
key success indicator	primärer Indikator des Erfolgs oder Erfolgs-kennzahl
long-term budget	langfristiges Budget
management by exception	Management im Ausnahmefall
management by objectives	zielgesteuerte Unternehmensführung, Führung durch Zielvereinbarung
manufacturing overhead	Fertigungsgemeinkosten
master budget	Gesamtbudget
operating budget	operatives Budget
operating income	Betriebsergebnis (im internen Rechnungs-wesen)
operating result	Ergebnis der gewöhnlichen Geschäfts-tätigkeit (im externen Rechnungswesen)
overhead cost pool	Gemeinkostenpool
padding the budget	das Budget aufpolstern
performance report	Leistungsbericht
product life cycle budget	Lebenszyklusbudget für ein Produkt
profit center	Ergebniseinheit oder Profit Center

profit planning	Gewinnplanung
pro forma statements	budgetierter Jahresabschluss
responsibility center	Verantwortungsbereich
revenue center	Erlösstelle
statement of changes in financial position	Kapitalflussrechnung
supporting schedules	Anlagen
target cost	Zielkosten
target ending inventory	Zielendbestand
toolkit	Werkzeugkasten
to target	anvisieren
trial balance	Versuchsbilanz

2.21 Übungen

2.21.1 Richtig oder Falsch?

1. Das Gesamtbudget fasst die finanzielle Projizierung aller Teilbudgets und Pläne eines Unternehmens zusammen.

2. Gut umgesetzt, fördern Budgets die unternehmensinterne Koordination von Aktivitäten sowie die Kommunikation verschiedener Unternehmensbereiche untereinander.

3. Das operative Budget ist der Teil des Gesamtbudgets, der das Investitionsbudget, die Liquiditätsplanung, die budgetierte Bilanz und die budgetierte Kapitalflussrechnung umfasst.

4. Ein Budget aufzupolstern bedeutet, die budgetierten Umsätze vorsätzlich zu unterschätzen, bzw. die budgetierten Kosten zu überschätzen, um die budgetierten Ziele leichter erreichbar zu machen.

5. Normalerweise bildet die Liquiditätsplanung den Eckpfeiler für das operative Budget.

6. Das operative Budget endet mit der GuV-Rechnung.

7. Ein Verantwortungsbereich ist ein Teil oder ein Bereich eines Unternehmens, dessen Manager die Verantwortung für einen festgelegten Satz von Aktivitäten trägt.

8. Der Manager eines Profit Centers ist für die Steuerung der Investitionen, Erträge und Kosten seines Verantwortungsbereiches zuständig.

9. Kontrollierbare Kosten sind die Kosten, die ein Buchhalter einem Verantwortungsbereich zuordnet.

10. Viele Manager zeigen eine negative Grundhaltung gegenüber Budgets.

2.21.2   Multiple Choice

1. Ein gutes Budgetierungssystem zwingt Manager, ihr Geschäft während der Planungsphase eingehend zu analysieren, sodass sie ...

   a.   Bereiche identifizieren können, denen in der Vorperiode zu viele Ressourcen zugeteilt wurden.
   b.   den Budgetierungsprozess rechtzeitig abschließen können.
   c.   Ineffizienzen aufdecken können, die andernfalls unerkannt bleiben würden.
   d.   wegen ihrer guten Leistung befördert werden können.

2. Sich verändernde Rahmenbedingungen erfordern Anpassungen der Unternehmenspläne. Deshalb sollten Budgets ...

   a.   strikt umgesetzt werden.
   b.   flexibel sein.
   c.   für sehr kurze Zeitspannen entwickelt werden.
   d.   für jedes Unternehmen unverzichtbar sein.

3. Zurzeit beläuft sich der Absatz von Produkt X auf 40.000 Stück, während der Absatz von Produkt Y zweimal so hoch ist. Wie hoch wird der projizierte Absatz des Unternehmens sein, wenn der Absatz von Produkt X um 10 % steigt, während der von Produkt Y um 12.000 Stück wächst?

   a.   Produkt X: 44.000, Produkt Y: 88.000 Stück
   b.   Produkt X: 44.000, Produkt Y: 92.000 Stück
   c.   Produkt X: 40.000, Produkt Y: 80.000 Stück
   d.   Insgesamt 126.000 Stück

4. Im laufenden Geschäftsjahr hat sich die Paderborner Pinkwart Partner AG ein Produktionsziel von 27.000 PE und einen budgetierten Absatz von 35.000 PE gesetzt. Sie verfügt zu Jahresbeginn über einen Fertigwarenbestand von 16.000 PE. Wie hoch ist der geplante Fertigwarenendbestand?

    a.   Stückzahl: 8.000
    b.   Stückzahl: 62.000
    c.   Stückzahl: 43.000
    d.   Stückzahl: 51.000

5. Die Fertigungsgemeinkosten des Budgets beinhalten alle Aufwendungen einer Fabrik, ausgenommen

    a.   die Fertigungsarbeit und das Fertigungsmaterial.
    b.   die Kosten, die man nicht schätzen kann.
    c.   das Fertigungsmaterial und die Aufsicht.
    d.   fixe Posten wie z. B. die Abschreibung.

Die Multiple-Choice-Fragen 6-9 betreffen die folgende Situation: Die Kölner Klicker AG produziert Murmeln. In 20X1 erwartet sie, 200.000.000 Murmeln zu verkaufen. Das Unternehmen hat einen ausreichend großen Anfangsbestand an Fertigungsmaterial, um 240.000.000 Murmeln herzustellen. Der Anfangsbestand der Fertigwaren betrug 20.000.000 Stück, und man plant einen Fertigwaren-Zielendbestand von 25.000.000 Stück. Der Verkaufspreis der Murmeln liegt bei 0,012 € je Stück. Es bestehen keinerlei Bestände an Halbfertigwaren. Die Fertigungsmaterialkosten betragen 0,002 € je Stück, während sich die Fertigungsarbeitskosten auf 0,004 € je Stück belaufen. Die Fertigungsgemeinkosten betragen 0,0008 € je Stück.

6. Mit welchem Wert erscheinen die Umsatzerlöse in der budgetierten GuV-Rechnung?

    a.   2.160.000 €
    b.   3.120.000 €
    c.   2.400.000 €
    d.   3.180.000 €

7. Wie viele Murmeln wird man in 20X1 fertigen?

    a.   240.000.000
    b.   220.000.000
    c.   195.000.000
    d.   205.000.000

8. Wie hoch werden die Umsatzkosten sein?

    a.   1.224.000 €
    b.   1.394.000 €
    c.   1.360.000 €
    d.   1.496.000 €

9. Wie hoch werden die Gesamtkosten für Fertigungsmaterial, -arbeit und -gemeinkosten jeweils sein?

    a.   410.000 €, 820.000 € und 164.000 €
    b.   0 €, 400.000 € und 160.000 €
    c.   0 €, 410.000 € und 160.000 €
    d.   800.000 €, 400.000 € und 160.000 €

10. In der Kostenrechnung nach Verantwortungsbereichen ist die Hauptüberlegung bei der Kostenkontrolle, …

    a.   ob es fixe oder variable Kosten sind.
    b.   ob sie in der Fertigung oder in der Verwaltung entstehen.
    c.   wo in der Firmenstruktur die Kosten entstehen.
    d.   wer oder was sie verursacht.

2.21.3   Kurze Fragen

1. Definieren Sie folgende Begriffe:

    a.   master budget
    b.   rolling budget
    c.   *pro forma* statements
    d.   operating budget
    e.   financial budget
    f.   responsibility accounting

2. „Um die Ist-Leistung von Managern zu evaluieren, stellt die budgetierte Leistung eine bessere Grundlage dar als die Leistung der Vorperiode." Sind Sie einverstanden mit dieser Behauptung? Erläutern Sie Ihre Antwort.

3. „Die Absatz- bzw. die Umsatzprognose ist die Grundlage für die Budgetierung." Warum?

4. „Operative Budgets stellen verbindliche Verträge dar, die eingehalten werden müssen. Wenn Ist-Umsätze das Planziel verfehlen, soll man die Kosten dementsprechend senken." Stimmen Sie dieser Aussage zu? Warum oder warum nicht?

5. „Budgets sind wunderbare Kommunikationsmittel." Kommentieren Sie diesen Satz.

2.21.4   Aufgaben

1. Umsatz- und Fertigungsbudgets
Der Schkeuditzer Schlosserbetrieb GmbH produziert und verkauft drei Produkte: Dingeins, Dingzwei und Dingdrei. Im Juli 20XX sammelte der Controllerdienst des Unternehmens folgende Daten, um die Budgets für 20X1 vorzubereiten:

	20X1er Umsatzprognose	
Produkt	**PE**	**Preis (€)**
Dingeins	80.000	330
Dingzwei	60.000	400
Dingdrei	40.000	760

	20X1er Bestand an Fertigerzeugnissen (PE)	
Produkt	**Erwartet am 1.1.20X1**	**Ziel am 31.12.20X1**
Dingeins	20.000	25.000
Dingzwei	8.000	9.000
Dingdrei	3.000	3.300

Um ein Stück Dingeins, Dingzwei oder Dingdrei zu produzieren, braucht man folgende Fertigungsmaterialien:

		Menge		
Fertigungsmaterial	**Einheit**	**Dingeins**	**Dingzwei**	**Dingdrei**
A	kg	4	5	6
B	kg	2	3	4
C	Stück	0	1	2

Projizierte Daten für 20X1 bezüglich des Fertigungsmaterials lauten folgendermaßen:

Fertigungsmaterial	Voraussichtlicher Einkaufspreis (€/kg bzw. €/Stück)	Voraussichtliche Anfangsbestände am 1.1.20X1	Budgetierte Endbestände am 31.12.20X1
A	10	23.000 kg	27.000 kg
B	7	19.000 kg	22.000 kg
C	5	3.000 Stück	4.000 Stück

Projizierter Bedarf an Fertigungsarbeit sowie projizierte Stundenlöhne für 20X1 ergeben sich wie folgt:

Produkt	h/PE	Stundenlohn (€)
Dingeins	3	20
Dingzwei	4	24
Dingdrei	5	28

Man verrechnet die Fertigungsgemeinkosten zu einem Satz von 30 € je Fertigungsarbeitsstunde.

Aufgrund der obigen Projizierungen und Budgeterfordernisse für Dingeins, Dingzwei und Dingdrei sollen folgende Budgets für 20X1 erstellt werden:

a.   Umsatzbudget (in €)

b.   Produktionsbudget (in PE)

c.   Budget für die Beschaffung vom Fertigungsmaterial (mengenmäßig in kg bzw. Stück)

d.   Budget für die Beschaffung vom Fertigungsmaterial (in €)

e.   Fertigungsarbeitsbudget (in €)

f.   Budgetierter Bestand an Fertigerzeugnissen am 31.12.20X1 (in €)

2. Budgetierte GuV-Rechnung
Die Wernigeroder Wärmepumpen GmbH verkauft nicht nur Geräte, sondern auch zugehörige Wartungsverträge an ihre Kunden. Aufgrund einer Rezession in der Bauindustrie ist die finanzielle Leistung des Unternehmens zurückgegangen. Die folgende GuV-Rechnung (nach dem Umsatzkostenverfahren) zeigt die Ergebnisse für das Jahr 20XX.

GuV-Rechnung (in Tsd. €) der Wernigeroder Wärmepumpen GmbH
vom 1. Januar bis 31. Dezember 20XX

1.	Wärmepumpen	8.000	
	Wartungsverträge	2.200	
	Umsatzerlöse gesamt		10.200
2.	Herstellungskosten der zur Erzielung der Umsatzerlöse erbrachten Leistungen		(6.000)
3.	Bruttoergebnis vom Umsatz		4.200
4.	Vertriebskosten		
	Verkaufskosten	(350)	
	Marketingkosten	(800)	
	Kundendienstkosten	(1.500)	
	Vertriebskosten gesamt		(2.650)
5.	Allgemeine Verwaltungskosten		(700)
	EGT		850

Das Managementteam der Wernigeroder Wärmepumpen bereitet jetzt ihr 20X1er Budget vor. Dabei berücksichtigt es folgende Informationen:

a. Man erwartet, dass die Verkaufspreise der Wärmepumpen um 8 % ansteigen, da ein Wirtschaftsaufschwung beginnt. Der Verkaufspreis jedes Wartungsvertrags wird gegenüber 20XX unverändert bleiben.

b. Man nimmt an, dass der Absatz von Geräten um 10 % ansteigen wird und dass die Zahl der Wartungsverträge ebenfalls um 10 % wachsen wird.

c. Man projiziert, dass die Kosten jeder verkauften Wärmepumpe um 3 % ansteigen werden, um den Aufwand für erforderliche Technologie- und Qualitätsverbesserungen zu decken.

d. Man schätzt, dass die Marketingkosten um 250.000 € ansteigen und die Verwaltungskosten auf dem Niveau von 20XX bleiben werden.

e. Die Entwicklung der Verkaufskosten verhält sich proportional zur Zahl der verkauften Geräte.

f. Man plant, zu Jahresbeginn zwei neue Wartungstechniker einzustellen. Zusammen werden sie Gesamtkosten (Löhne und Fahrkosten) von 160.000 € verursachen. Das Ziel ist, den Kundendienst zu verbessern und die Reaktionszeit zu verkürzen.

g. Weder am Anfang noch am Ende des Geschäftsjahres gibt es Lagerbestände von Wärmepumpen.

Bereiten Sie eine budgetierte GuV-Rechnung für 20X1 vor.

3. Die Auspolsterung von Budgets, menschliches Verhalten und Ethik im Controlling
Simone Schmelzer, die Leiterin des Controllerdienstes des Oberhausener Verlags KG, die Schul- und Kinderbücher veröffentlicht, arbeitete am Gesamtbudget für 20XX. In Gesprächen mit Gero Westerweiler entdeckte Schmelzer, dass Westerweilers Ab- und Umsatzprognosen niedriger waren, als die Ziele, die Westerweiler für erreichbar hielt. Als Schmelzer Westerweiler danach fragte, sagte er, „Tja, da wir die Prognosen nicht verfehlen wollen, schaffen wir uns ein bisschen Raum zu atmen, indem wir die Ab- und Umsatzprognosen im Allgemeinen um 5 % bis 10 % senken." Schubert fand auch heraus, dass Wolfgang Aschenmacher, der Produktionsleiter, ähnlich handelt. Er zieht sich bei den budgetierten Kosten warm an, indem er 10 % auf seine eigentlichen Kosten aufschlägt.

Soll Frau Schmelzer als Controllerin den Standpunkt vertreten, dass das Verhalten von Gero Westerweiler und Wolfgang Aschenmacher nicht ethisch ist? Wie könnte man in diesem Fall sinnvoll vorgehen?

4. Beschaffungsbudget
Der Plauener Papierladen OHG hat folgendes Umsatzbudget aufgestellt:

Monat	Budgetierter Umsatz (€)
Dezember	250.000
Januar	259.000
Februar	253.000
März	263.500
April	257.500

Die Bruttogewinnspanne beträgt 40 %. Als Zielendbestand wurde 30 % der geplanten Wareneinsatzkosten des Folgemonats eingeplant. Bereiten Sie ein Beschaffungsbudget für den Zeitraum von Januar bis März auf Monatsbasis vor.

5. Fertigungsbudget und Fertigungsarbeitsbudget
Die slowenische Niederlassung der Rolandseck AG produziert und verkauft Kunstrahmen für Gemälde und Fotoaufnahmen von besonderen Ereignissen. Der Controller, Ciril Jazbec, ist für die Aufstellung des Gesamtbudgets der Niederlassung verantwortlich. Er hat folgende Daten für 20XX zusammengetragen:

Plan	Januar	Februar	März	April	Mai
Absatz	12.000 PE	14.000 PE	10.000 PE	11.000 PE	11.000 PE
Verkaufspreis je PE	64,80 €	61,80 €	61,80 €	61,80 €	61,80 €
Fertigungsabeits-stunden je PE	2,0 h	2,0 h	1,4 h	1,4 h	1,4 h
Bruttolohn je Fertigungsarbeitsstunde	12,00 €	12,00 €	12,00 €	13,20 €	13,20 €

Die Fertigungsarbeitskosten beinhalten folgende Lohnnebenkosten zusätzlich zum Bruttolohn: einen Rentenbeitrag von 0,50 € je Arbeitsstunde, einen Unfallversicherungsbeitrag von 0,15 € je Arbeitsstunde, einen Gesundheitsversicherungsbeitrag von 0,40 € je Arbeitsstunde sowie Arbeitslosenversicherungssteuern. Die Sätze für letztere betragen jeweils 6,5 % vom Bruttolohn für Arbeitgeber und Arbeitnehmer.

Die Niederlassung hat einen Arbeitsvertrag, nach dem zum 1.4.20XX eine Lohnerhöhung stattfinden wird. Ferner sind neue arbeitssparende Maschinen aufgestellt worden, die zum 1.3.20XX laufen und voll einsatzfähig sein werden.

Die Niederlassung plant, am 31.12.20XX-1 19.000 Kunstrahmen auf Lager zu haben. Ihre Zielsetzung im Lagerbereich ist es, am Monatsende einen Fertigwarenbestand von 100 % des geplanten Absatzes des nächsten Monats plus 50 % des geplanten Absatzes des übernächsten Monats zu haben.

Erstellen Sie monatliche Fertigungsarbeitsbudgets sowie ein Fertigungsarbeitsbudget für das erste Quartal in 20XX. Unter anderem sollen die Fertigungsarbeitsbudgets sowohl die Fertigungsarbeitsstunden als auch jede einzelne zusätzliche Kostenart der Fertigungsarbeit ausweisen.

6. Umfassende Wiederholung des Budgetierungsprozesses im Fertigungsbereich.
Mit kostenlosem Wasser aus einer eigenen Quelle stellt die Harzer Blauhof GmbH drei Sorten von Sprudelwasser her. Die Herstellung ist ein hoch automatisierter Prozess. Man entnimmt leere Flaschen aus Kisten, stellt sie auf eine Produktionsstraße, säubert sie und spült sie aus, trocknet sie ab, füllt, deckelt und erhitzt sie, um die Kondensation zu reduzieren. Die Bestände zu Beginn und Ende jedes Arbeitstages bestehen lediglich aus Fertigungsmaterial und Fertigwaren; halbfertige Waren gibt es nicht.

Das Sprudelwasser ist in den Geschmacksrichtungen „Pur", „Limone" und „Zitrone" erhältlich. Die Harzer Blauhof kauft die erforderlichen Limonen- und Zitronenkonzentrate von einem Zulieferer, der marktbedingt einen höheren Preis für das Limonenkonzentrat verlangt.

Die Harzer Blauhof GmbH benutzt ein Los von 1.000 Kisten als analytische Produkteinheit für ihre Budgetplanung (jede Kiste beinhaltet 20 Flaschen). Für die Buchführung misst man das Fertigungsmaterial auch in Losen, wobei ein Los des Fertigungsmaterials die erforderliche Inputeinheit (IE) ist, um ein Los (d. h. 1.000 Kisten) Sprudelwasser herzustellen. In 20XX prognostiziert man folgende Einkaufspreise für Fertigungsmaterial:

	Pur	**Limone**	**Zitrone**
Konzentrat	-	1.200 €/Los	1.000 €/Los
Behälter, Deckel usw.	1.400 €/Los	1.400 €/Los	1.400 €/Los
Verpackung	800 €/Los	800 €/Los	800 €/Los

Man füllt die drei Sprudelsorten mit derselben Maschine, die einmal täglich gesäubert wird. Ferner spült man sie aus, wenn man bei der Abfüllung des Sprudelwassers zwischen den Geschmacksrichtungen wechselt. Der einzige Unterschied bei der Flaschenabfüllung besteht gegebenenfalls in der Zugabe eines der beiden Konzentrate.

Folgende sind zusammenfassende Daten für die Vorbereitung von Budgets für 20XX:

1. Umsatz
   - Sprudelwasser Pur, 1.080 Lose zu 8.000 € je Los
   - Sprudelwasser Limone, 270 Lose zu 9.000 € je Los
   - Sprudelwasser Zitrone, 540 Lose zu 8.500 € je Los
   -

2. Anfangsbestände (zum 1.1.20XX) an Fertigungsmaterialien
   - Limonenkonzentrat, 40 Lose zu 1.000 € je Los
   - Zitronenkonzentrat, 80 Lose zu 800 € je Los
   - Behälter mit Deckeln usw., 200 Lose zum Einstandspreis von 950 € je Los
   - Verpackung, 400 Lose zum Einstandspreis von 900 € je Los

3. Anfangsbestände (zum 1.1.20XX) an Fertigwaren
   - Sprudelwasser Pur, 200 Lose zu 4.200 € je Los
   - Sprudelwasser Limone, 50 Lose zu 5.400 € je Los
   - Sprudelwasser Zitrone, 100 Lose zu 5.200 € je Los

4. Zielendbestände (zum 31.12.20XX) an Fertigungsmaterialien
   - Limonenkonzentrat, 20 Lose
   - Zitronenkonzentrat, 40 Lose
   - Behälter mit Deckeln usw., 100 Lose
   - Verpackung, 200 Lose

5. Zielendbestände (zum 31.12.20XX) an Fertigwaren
   - Sprudelwasser Pur, 40 Lose zu 4.700 € je Los
   - Sprudelwasser Limone, 10 Lose zu 5.900 € je Los
   - Sprudelwasser Zitrone, 20 Lose zu 5.700 € je Los

Jedes Los erfordert 20 Fertigungsarbeitsstunden zu dem für 20XX vereinbarten Tarif von 25 € je Stunde. Die Prognose der Fertigungsgemeinkosten berücksichtigt die Fertigungsarbeitsgemeinkosten.

Man prognostiziert, dass sich die variablen Fertigungsgemeinkosten auf 600 € je Stunde der Abfüllungszeit belaufen, wobei mit der Abfüllungszeit die Maschinenlaufzeit gemeint ist. Die Abfüllung von einem Los Sprudelwasser (gleich welcher Geschmacksrichtung) nimmt zwei Stunden in Anspruch. Man schätzt die fixen Fertigungsgemeinkosten für 20XX auf 1.288.000 €.

Die Zahl der Abfüllungsstunden ist der einzige Verrechnungsschlüssel für die Zuteilung aller fixen Fertigungsgemeinkosten.

Man prognostiziert, dass folgende sonstige Kosten anfallen werden: Marketingkosten in Höhe von 12 %, Vertriebskosten (hier Auslieferungs- und Verkaufskosten) in Höhe von 8 % und Verwaltungskosten in Höhe von 10 % des Umsatzes im Jahr 20XX.

Nehmen Sie an, dass die Harzer Blauhof GmbH ihre Bestände an fertigen Erzeugnissen unter Anwendung der FIFO-Methode bewertet. Auf Grundlage der o. g. Daten sollen folgende Budgets vorbereitet werden:

    a.   Umsatzbudget (in €)
    b.   Produktionsbudget (in PE)
    c.   Budget für den Verbrauch an Fertigungsmaterial (in IE und in €)
    d.   Beschaffungsbudget für Fertigungsmaterial (in IE und in €)
    e.   Fertigungsarbeitsbudget
    f.   Fertigungsgemeinkostenbudget
    g.   Budget für die Endbestände
    h.   Budget für die Loskosten der Fertigwaren
    i.   Umsatzkostenbudget
    j.   Marketingbudget
    k.   Vertriebsbudget
    l.   Verwaltungsbudget
    m.   Budgetierte GuV-Rechnung (im Umsatzkostenformat)

2.21.5   Kritisches Denken

Die Freiburger Fiberoptik AG war im ersten Jahrzehnt nach ihrer Gründung sehr rentabel. Wegen der Überkapazität in der Telekombranche befindet sich das Unternehmen allerdings seit geraumer Zeit in einer schwierigen Lage. In 20XX übernahm Dr. Karla Köhler die Leitung der FuE-Abteilung. Sie ließ mehrere Produktentwicklungsprojekte anlaufen. Obwohl die Abteilung einige gute Ideen entwickelte, die zur Einführung von neuen, vielversprechenden Produkten führten, kritisierte der Geschäftsführer Dr. Köhler wegen mangelnder Kostenkontrolle. Die Finanzberichte des Controllers über die FuE-Abteilung unter ihrer Führung waren durchgehend unbefriedigend. Der Geschäftsführer war sehr besorgt, weil die Freiburger Fiberoptik AG kaum noch Gewinn erwirtschaftete und weil im nachfolgenden Jahr die Liquiditätsplanung des Unternehmens nur mit Hilfe eines zusätzlichen Kredits gesichert werden konnte. Da sie die Kosten nicht im Griff hatte, wurde Dr. Köhler in 20X2 entlassen. Ihre Nachfolgerin, Renate Rennenkampf, versprach die Kosten einzudämmen. Sie schraubte die FuE-Aktivitäten zurück, um die Ausgaben der Abteilung unter der budgetierten Summe zu halten. Ende des Jahres 20X3 konnte Frau Rennenkampf eine günstige finanzielle Abweichung vorweisen.

Wenn man die FuE-Abteilung als Verantwortungsbereich bezeichnet, welche einmaligen Probleme gibt es bei der Evaluation ihrer finanziellen Leistungen?

2.22   Lösungen

2.22.1   Richtig oder Falsch?

1. Richtig

2. Richtig

3. Falsch
   Das Finanzbudget ist der Teil des Gesamtbudgets, der das Investitionsbudget, die Liquiditätsplanung, die budgetierte Bilanz und die budgetierte Kapitalflussrechnung umfasst.

4. Richtig

5. Falsch
   Normalerweise ist das Umsatzbudget der Eckpfeiler für das operative Budget.

6. Richtig

7. Richtig

8. Falsch
   Der Manager eines Profit Centers ist für dessen Erträge und Kosten verantwortlich.

9. Falsch
   Kontrollierbare Kosten sind all jene Kosten, die hauptsächlich dem Einfluss des Managers eines bestimmten Verantwortungsbereiches für eine bestimmte Periode unterliegen.

10. Richtig

2.22.2   Multiple Choice

1. c

2. b

3. b   40.000 * 110 % = 44.000; und 80.000 + 12.000 = 92.000

4. a   27.000 = 35.000 + X – 16.000; 27.000 + 16.000 – 35.000 = X; 8.000 = X

5. a

6. c   200.000.000 * 0,012 € = 2.400.000 €

7. d   200.000.000 + 25.000.000 – 20.000.000 = 205.000.000

8. c   200.000.000 * (0,0020 € + 0,0040 € + 0,0008 €) = 1.360.000 €

9. a   205.000.000 * 0,002 € = 410.000 €
   205.000.000 * 0,004 € = 820.000 €
   205.000.000 * 0,0008 € = 164.000 €

10. d

2.22.3   Kurze Antworten

1. a.   Das Gesamtbudget fasst die finanziellen Projektionen aller Teilbudgets und Pläne eines Unternehmens zusammen. Es beschreibt die Finanzpläne für alle Funktionen der Wertschöpfungskette und quantifiziert die Erwartungen der Geschäftsführung in Bezug auf die Vermögens-, Finanz- und Ertragslage.

   b.   Ein rollierendes Budget ist ein Budget oder Plan, das/den man für eine spezifizierte zukünftige Periode durch Anfügen eines Monats, eines Quartals oder eines Jahres in der Zukunft ergänzt.

   c.   „Pro forma statements" sind budgetierte oder prognostizierte Jahresabschlüsse.

   d.   Das operative Budget beinhaltet die budgetierte GuV-Rechnung und deren zusammenhängende Anlagen. Die Anlagen oder Teilbudgets betreffen die verschiedenen funktionalen Bereiche der Wertkette von Forschung und Entwicklung bis zum Kundendienst.

e. Das Finanzbudget ist der Teil des Gesamtbudgets, der das Kapitalbudget, die Liquiditätsplanung, die budgetierte Bilanz und die budgetierte Kapitalflussrechnung betrifft. Das Finanzbudget berücksichtigt die Auswirkungen operativer und strategischer Maßnahmen auf die Entwicklung der Zahlungsmittelbestände des Unternehmens.

f. Das Rechnungswesen nach Verantwortungsbereichen ist ein System, das die Pläne
und   Handlungen   jedes   Verantwortungszentrums   durch   Gegenüberstellung
von Budget und Ist-Ergebnissen kontrolliert.

2. Zum Zweck der Leistungsbeurteilung eines Managers ist die budgetierte Leistung gegenüber historischen Ist-Ergebnissen als Vergleichsmaßstab besser geeignet, da Ineffizienzen
in den historischen Ist-Ergebnissen durch Budgetierung aufgedeckt und beseitigt werden
können. Ferner könnten Zukunftschancen ignoriert werden, wenn sich ein Unternehmen
ausschließlich auf einen Vergangenheitsvergleich beschränkt.

3. Die Absatz- bzw. Umsatzprognose ist die Grundlage der Budgetierung, weil der Umfang
von Lagerbeständen und Fertigungsaktivitäten (sowie die hierfür anfallenden Kosten) in
aller Regel vom Verkaufserfolg abhängen.

4. In vielen Unternehmen sind die Zielvereinbarungen der Führungskräfte an ein bestimm-
tes Budget gekoppelt, dessen Verbindlichkeit Unternehmensleitung und Mitarbeiter mit
ihrer Unterschrift bestätigen. Dennoch kann sich die strikte Einhaltung von Budgets
schädigend auf die Unternehmensentwicklung auswirken. So können kurzfristige (und
kurzsichtige) Kostensenkungen zum Beispiel durch die Verschiebung von Instandhaltungsmaßnahmen in nachfolgende Perioden hinein zu höheren Kosten durch einen ge-
stiegenen Reparaturbedarf führen.

5. Budgets dienen zwar als Kommunikationsmittel, sind aber kein Garant für eine funktio-
nierende unternehmensinterne Kommunikation. So hat es der Controllerstab oft schwer,
die Manager in Linienfunktionen für eine aktive Teilnahme an der Entwicklung von
Budgets zu gewinnen. In einigen Fällen wollen diese Manager die Verantwortung für ihren Teil des Budgets an den Controllerstab abgeben. Dies ist ein Zeichen dafür, dass die
Linienmanager sich nur ungern mit dem Budget auseinandersetzen. Die mangelnde Akzeptanz von Budgets kann auch auf Kommunikationsdefizite zwischen Controllerdienst
und dem einzelnen Linienmanager hinweisen sowie auf Abstimmungsprobleme der
Funktionsbereiche untereinander.

2.22.4   Aufgabenlösungen

1.

Dies ist eine typische Budgetierungsaufgabe. Der Schlüssel zu ihrer Lösung ist, die richtigen Mengen an Fertigwaren und jeweils benötigtem Fertigungsmaterial zu berechnen. Dazu bedient man sich folgender allgemeiner Formel.

> Zielendbestände von Fertigwaren bzw. Fertigungsmaterialien
>
> \+ budgetierter Absatz bzw. Materialverbrauch
>
> <u>- Anfangsbestände von Fertigwaren bzw. Fertigungsmaterialien</u>
>
> budgetierte Fertigung bzw. Materialeinkauf

a.

Schkeuditzer Schlosserbetrieb GmbH
Umsatzbudget für 20X1

	PE	Preis	Summe
Dingeins	80.000	330 €	26.400.000 €
Dingzwei	60.000	400 €	24.000.000 €
Dingdrei	40.000	760 €	<u>30.400.000 €</u>
Projizierter Umsatz			<u>80.800.000 €</u>

b.

Schkeuditzer Schlosserbetrieb GmbH
Fertigungsbudget für 20X1

		Dingeins (PE)	Dingzwei (PE)	Dingdrei (PE)
	Budgetierter Absatz	80.000	60.000	40.000
+	Zielendbestände von Fertigwaren am 31.12.20X1	<u>25.000</u>	<u>9.000</u>	<u>3.300</u>
=	Gesamtbedarf	105.000	69.000	43.300
-	Anfangsbestände von Fertigwaren am 1.1.20X1	<u>20.000</u>	<u>8.000</u>	<u>3.000</u>
=	Budgetierte Fertigung	<u>85.000</u>	<u>61.000</u>	<u>40.300</u>

c.

Schkeuditzer Schlosserbetrieb GmbH
Einkaufsbudget für Fertigungsmaterial (kg bzw. Stück) für 20X1

| | Fertigungsmaterial (kg bzw. Stück) | | |
	A	B	C
Dingeins	340.000	170.000	-
Dingzwei	305.000	183.000	61.000
Dingdrei	241.800	161.200	80.600
Materialbedarf für die Fertigung	886.800	514.200	141.600
+ Zielendbestände am 31.12.20X1	27.000	22.000	4.000
= Gesamtbedarf	913.800	536.200	145.600
- Anfangsbestände am 1.1.20X1	23.000	19.000	3.000
= Zu beschaffendes Fertigungsmaterial	890.800	517.200	142.600

d.

Schkeuditzer Schlosserbetrieb GmbH
Einkaufsbudget für Fertigungsmaterialien (€) für 20X1

	Budgetierter Einkauf (kg bzw. Stück)	Geplanter Einkaufspreis je kg bzw. Stück	Summe
Fertigungsmaterial A	890.800	10 €	8.908.000 €
Fertigungsmaterial B	517.200	7 €	3.620.400 €
Fertigungsmaterial C	142.600	5 €	713.000 €
Budgetierter Einkauf			13.241.400 €

e.

Schkeuditzer Schlosserbetrieb GmbH
Budget für Fertigungsarbeit für 20X1

	Budgetierte Fertigung (PE)	Fertigungsarbeitsstunden je PE	Fertigungsarbeitsstunden insgesamt	Stundenlohn	Summe
Dingeins	85.000	3	255.000	20 €	5.100.000 €
Dingzwei	61.000	4	244.000	24 €	5.856.000 €
Dingdrei	40.300	5	201.500	28 €	5.642.000 €
Summe			700.500		16.598.000 €

f.

Schkeuditzer Schlosserbetrieb GmbH
Budgetierte Fertigwarenbestände am 31.12.20X1

Dingeins:

    Fertigungsmaterialkosten/PE:

A	40 €		
B	<u>14 €</u>	54 €	
Fertigungsarbeitkosten/PE		60 €	
Fertigungsgemeinkosten/PE		<u>90 €</u>	
Budgetierte Fertigungskosten/PE		<u>204 €</u>	
Fertigwarenbestände			5.100.000 €

Dingzwei:

    Fertigungsmaterialkosten/PE:

A	50 €		
B	21 €		
C	<u>5 €</u>	76 €	
Fertigungsarbeitkosten/PE		96 €	
Fertigungsgemeinkosten/PE		<u>120 €</u>	
Budgetierte Fertigungskosten/PE		<u>292 €</u>	
Fertigwarenbestände			2.628.000 €

Dingdrei:

    Fertigungsmaterialkosten/PE:

A	60 €		
B	28 €		
C	<u>10 €</u>	98 €	
Fertigungsarbeitkosten/PE		140 €	
Fertigungsgemeinkosten/PE		<u>150 €</u>	
Budgetierte Fertigungskosten/PE		<u>388 €</u>	
Fertigwarenbestände			<u>1.280.400 €</u>
Fertigwarenbestände gesamt am 31.12.20X1			<u>9.008.400 €</u>

2.

GuV-Rechnung (in € Tsd.) der Wernigeröder Wärmepumpen GmbH
vom 1. Januar bis 31. Dezember 20XX

---

1. Umsatzerlöse:		
Wärmepumpen (8.000 € * 1,08 * 1,10)	9.504	
Wartungsverträge (2.200 € * 1,10)	2.420	
Umsatzerlöse gesamt		11.924
2. Herstellungskosten der zur Erzielung der Umsatzerlöse erbrachten Leistungen (6.000 € * 1,10 * 1,03)		(6.798)
3. Bruttoergebnis vom Umsatz		5.126
4. Vertriebskosten		
Verkaufskosten (350 € * 1,10)	(385)	
Marketingkosten (800 € + 250 €)	(1.050)	
Kundendienstkosten (1.500 € + 160 €)	(1.660)	
Vertriebskosten gesamt		(3.095)
5. Allgemeine Verwaltungskosten		(700)
EGT		1.331

3.

Die Aufpolsterung eines Budgets ist unehrlich insbesondere dann, wenn das Unternehmen dadurch benachteiligt wird. Die Einstellung von Westerweiler und Aschenmacher ist eine direkte Bedrohung für die Effektivität von Schmelzers Stelle. In dieser Situation sollte die Controllerin drei Aspekte des professionellen Verhaltens im Unternehmen berücksichtigen: die Kompetenz, die Integrität und die Objektivität eines jeden Mitarbeiters.

Die Controllerin sollte klare Berichte auf der Grundlage von relevanten und zuverlässigen Daten vorbereiten. Berichte, die auf falschen Prognosen für Erlöse oder Kosten basieren, würden ihre Kompetenz untergraben. Westerweilers und Aschenmachers Leistungen würden besser erscheinen, als sie in Wirklichkeit sind, weil man ihre Leistungen mit unter- bzw. überschätzten und deshalb unrealistischen Budgets vergleichen würde.

Darüber hinaus sollte man jede Aktivität meiden, die gegen die legitimen Ziele des Unternehmens arbeitet. Die Fälschung des Umsatzbudgets und des Kostenbudgets sprechen nicht für die Integrität, die man von einer Controllerin erwartet. Schmelzer wird die Handlungen von Westerweiler und Aschenmacher als unehrlich ansehen, weil sie versuchen, ihre Ergebnisse in ein unverdient vorteilhaftes Licht zu rücken.

Die Controllerin sollte alle relevanten Informationen fair und objektiv berichten. Von ihrem Standpunkt gesehen, handeln Westerweiler und Aschenmacher weder fair noch objektiv.

Indem sie Schmelzer davon in Kenntnis gesetzt haben, könnten die beiden sie in ihren Machenschaften verstricken. Jetzt muss sie gegen die beiden handeln.

In einem professionell geführten Unternehmen sollte unethisches Verhalten nicht geduldet werden. Leider zeigt die Realität jedoch, dass in vielen Fällen ethische Werte nur eine untergeordnete Rolle spielen.

4.
Die nachfolgende Tabelle stellt die Lösung dieser Aufgabe dar.

	Januar	Februar	März
Zielendbestände	45.540 €	47.430 €	46.350 €
+ Umsatzkosten	155.400 €	151.800 €	158.100 €
Gesamtbedarf	200.940 €	199.230 €	204.450 €
- Anfangsbestände	46.620 €	45.540 €	47.430 €
Beschaffungsbudget	154.320 €	153.690 €	157.020 €

Folgende Arbeitsschritte zeigen, wie man einige der Größen für den Monat Januar berechnet.

budgetierte Wareneinsatzkosten in Februar	= (budgetierter Umsatz in Februar * 0,60) = (253.000 € * 0,60) = 151.800 €
budgetierte Zielendbestände in Januar	= (budgetierte Wareneinsatzkosten in Februar * 0,30) = 151.800 € * 0,30 = 45.540 €
budgetierte Wareneinsatzkosten in Januar	= (budgetierter Umsatz in Januar * 0,60) = (259.000 € * 0,60) = 155.400 €
budgetierte Anfangsbestände in Januar	= budgetierte Zielendbestände in Dezember = (budgetierte Wareneinsatzkosten in Januar * 0,30) = (155.400 € * 0,30) = 46.620 €

Wie wir in Kapitel 3 sehen werden, stellen solche Rechnungen wie die obigen auch einen wichtigen Schritt in der Liquiditätsplanung dar.

5.

Slowenische Niederlassung der Rolandseck AG
Budget für die Fertigung und die Fertigungsarbeit
1. Quartal 20XX

		Januar	Februar	März	1. Quartal
	Plan-Absatz (Einh.)	12.000	14.000	10.000	36.000
+	Zielendbestand Fertigwaren (PE)[†]	19.000	15.500	16.500	16.500
=	Gesamtbedarf (PE)	31.000	29.500	26.500	52.500
-	Anfangsbestand Fertigwaren (PE)	19.000	19.000	15.500	19.000
=	Plan-Fertigung (PE)	12.000	10.500	11.000	33.500
*	Fertigungsarbeitsstunden je PE	2	2	1.4	
=	Gesamtbedarf Fertigungsarbeit (h)	24.000	21.000	15.400	60.400
	Fertigungsarbeitskosten (12,00 €/h)	288.000 €	252.000 €	184.800 €	724.800 €
+	Rentenbeitrag (0,50 €/h)	12.000 €	10.500 €	7.700 €	30.200 €
+	Unfallversicherungsbeitrag (0,15 €/h)	3.600 €	3.150 €	2.310 €	9.060 €
+	Gesundheitsversicherungsbeitrag (0,40 €/h)	9.600 €	8.400 €	6.160 €	24.160 €
+	Arbeitslosenversicherungsbeitrag (0,78 €/h)	18.720 €	16.380 €	12.012 €	47.112 €
	Fertigungsarbeitskosten gesamt	331.920 €	290.430 €	212.982 €	835.332 €

[†]100 % des Plan-Absatzes des nächsten Monats plus 50 % des Plan-Absatzes des übernächsten Monats. Beachten Sie, dass der Mitarbeiterbeitrag zur sozialen Sicherheit keine Kosten für den Arbeitgeber darstellt.

6. a.

Harzer Blauhof GmbH
Umsatzbudget vom 1. Januar bis 31. Dezember 20XX

Sprudelwasser	PE	Preis	Summe
Pur	1.080	8.000 €	8.640.000 €
Limone	270	9.000 €	2.430.000 €
Zitrone	540	8.500 €	4.590.000 €
Projizierter Umsatz			15.660.000 €

b.

Harzer Blauhof GmbH
Produktionsbudget vom 1. Januar bis 31. Dezember 20XX

		Pur	Limone	Zitrone
	Budgetierter Absatz (PE)	1.080	270	540
+	Zielendbestand Fertigwaren (PE)	40	10	20
=	Gesamtbedarf	1.120	280	560
-	Anfangsbestand Fertigwaren (PE)	200	50	100
=	Budgetierte Produktion	920	230	460

c.

Harzer Blauhof GmbH
Budgetierter Verbrauch an Fertigungsmaterial (in IE und €)
vom 1. Januar bis 31. Dezember 20XX

	Limonen-konzentrat (IE)	Zitronen-konzentrat (IE)	Behälter, Deckel usw. (IE)	Verpackung (IE)	Summe
Pur	-		920	920	
Limone	230	-	230	230	
Zitrone	-	460	460	460	
Gesamtbedarf Fertigungs-material (IE)	230	460	1.610	1.610	
Fertigungsmaterial aus den Anfangsbeständen	40	80	200	400	
* Kosten je IE	1.000 €	800 €	950 €	900 €	
Kosten des Fertigungs-materials aus den Anfangsbeständen	40.000 €	64.000 €	190.000 €	360.000 €	654.000 €
Fertigungsmaterial aus dem Einkauf	190	380	1.410	1.210	
* Kosten je IE	1.200 €	1.000 €	1.400 €	800 €	
Kosten des Fertigungs-materials aus dem Einkauf	228.000 €	380.000 €	1.974.000 €	968.000 €	3.550.000 €
Gesamtkosten des verbrau-chten Fertigungsmaterials	268.000 €	444.000 €	2.164.000 €	1.328.000 €	4.204.000 €

d.

Harzer Blauhof GmbH
Beschaffungsbudget für Fertigungsmaterialien (in IE und €)
vom 1. Januar bis 31. Dezember 20XX

	Limonen-konzentrat	Zitronen-konzentrat	Behälter, Deckel usw.	Verpackung	Summe
Gesamtbedarf Fertigungsmaterial für die Produktion (IE)	230	460	1.610	1.610	
+ Zielendbestände Fertigungsmaterial (IE)	20	40	100	200	
= Gesamtbedarf (IE)	250	500	1.710	1.810	
- Anfangsbestände Fertigungsmaterial (IE)	40	80	200	400	
= Zu beschaffende IE Fertigungsmaterial	210	420	1.510	1.410	
* Einkaufspreis je IE	1.200 €	1.000 €	1.400 €	800 €	
= Einstandskosten des Fertigungsmaterials	252.000 €	420.000 €	2.114.000 €	1.128.000 €	3.914.000 €

e.

Harzer Blauhof GmbH
Fertigungsarbeitsbudget vom 1. Januar bis 31. Dezember 20XX

	Budgetierte Fertigung (PE)	Fertigungs-arbeitsstunden je PE	Fertigungs-arbeitsstunden gesamt	Stundenlohn	Summe
Pur	920	20	18.400	25 €	460.000 €
Limone	230	20	4.600	25 €	115.000 €
Zitrone	460	20	9.200	25 €	230.000 €
Summe			32.200		805.000 €

f.

Harzer Blauhof GmbH
Fertigungsgemeinkostenbudget vom 1. Januar bis 31. Dezember 20XX

Variable Fertigungsgemeinkosten:	(€)
Pur (600 €/h * 2 h/Los * 920 Lose)	1.104.000
Limone (600 €/h * 2 h/Los * 230 Lose)	276.000
Zitronengeschmack (600 €/h * 2 h/Los * 460 Lose)	552.000
Variable Fertigungsgemeinkosten	1.932.000
Fixe Fertigungsgemeinkosten[†]	1.288.000
Gesamte Fertigungsgemeinkosten	3.220.000

[†] Fixe Fertigungsgemeinkosten je Füllstunde = 1.288.000 €/3.220 Füllstunden = 400 Hinweis: Die Gesamtzahl der Füllstunden beträgt 3.220 h, [(920 + 230 + 460) Lose * 2 h/Los].

g.

Harzer Blauhof GmbH
Budget für die Endbestände zum 31. Dezember 20XX[†]

	IE bzw. PE	Kosten/Einheit	Summe	
Fertigungsmaterial:				
Limonenkonzentrat	20	1.200 €	24.000 €	
Zitronenkonzentrat	40	1.000 €	40.000 €	
Behälter usw.	100	1.400 €	140.000 €	
Verpackung	200	800 €	160.000 €	364.000 €
Fertigwaren:				
Pur	40	4.700 €	188.000 €	
Limone	10	5.900 €	59.000 €	
Zitrone	20	5.700 €	114.000 €	361.000 €
Zielendbestände insgesamt				725.000 €

[†] Beachten Sie, dass im Gegensatz zum Beispiel, das im Text des Kapitels beschrieben wurde, keine Mittelung erforderlich ist, um die Vorrats- und Fertigwarenbestände zu bewerten. Da die Harzer Blauhof GmbH FIFO anwendet, und sowohl der Verbrauch von Vorräten als

auch der Absatz von Fertigwaren ihre Anfangsbestände übertrifft, können die Endbestände nur neu eingekauftes Fertigungsmaterial bzw. neu produzierte Fertigwaren beinhalten.

Das Beispiel der Ingolstädter Ingenieurwesen GmbH dagegen erwähnt keine Bewertungsmethode für die Bestände. Da die Inputpreise sich gegenüber der Vorperiode geändert haben, empfiehlt sich jedoch die Anwendung der gewichteten Durchschnittsmethode.

h.

Harzer Blauhof GmbH
Budget für die Stückkosten der Fertigwaren
vom 1. Januar bis 31. Dezember 20XX

	Kosten je Inputeinheit bzw. -stunde	Input in Einheiten bzw. Stunden	Pur	Limone	Zitrone
Limonen-konzentrat	1.200 €	-	-	1.200 €	-
Zitronen-konzentrat	1.000 €	-	-	-	1.000 €
Behälter usw.	1.400 €		1.400 €	1.400 €	1.400 €
Verpackung	800 €		800 €	800 €	800 €
Fertigungs-arbeit	25 €	20	500 €	500 €	500 €
Variable Fertigungs-gemeinkosten	600 €	2	1.200 €	1.200 €	1.200 €
Fixe Fertigungs-gemeinkosten	400 €[†]	2	800 €	800 €	800 €
Summe			4.700 €	5.900 €	5.700 €

[†] Fixe Fertigungsgemeinkosten/PE = 1.288.000 €/[(920 + 460 + 230) * 2] = 400 €

i.

Harzer Blauhof GmbH
Wareneinsatzkostenbudget
vom 1. Januar bis 31. Dezember 20XX

	Angabe aus Anlage	Angabe	Summe
Anfangsbestände an Fertigwaren am 1.1.20XX	Gegeben[†]		1.630.000 €
Verbrauchte Fertigungsmaterialien	c	4.204.000 €	
Fertigungsarbeit	e	805.000 €	
Fertigungsgemeinkosten	f	3.220.000 €	
Herstellkosten der in 20XX produzierten Waren			8.229.000 €
Herstellkosten der lieferbaren Waren insgesamt			9.859.000 €
- Endbestände der Fertigwaren am 31.12.20XX	g		361.000 €
Wareneinsatzkosten			9.498.000 €

[†]Gegeben in der Fragestellung (ohne Geschmack, 200 * 4.200 €; Limonengeschmack, 50 * 5.400 €; Zitronengeschmack 100 * 5.200 €)

j.   **Harzer Blauhof Marketingbudget vom 1. Januar bis 31. Dezember 20XX**

12 % * 15.660.000 € = 1.879.200 €

k.   **Harzer Blauhof Vertriebsbudget vom 1. Januar bis 31. Dezember 20XX**

8 % * 15.660.000 € = 1.252.800 €

l.   **Harzer Blauhof Verwaltungsbudget vom 1. Januar bis 31. Dezember 20XX**

10 % * 15.660.000 € = 1.566.000 €

m.

Budgetierte GuV-Rechnung der Harzer Blauhof GmbH
vom 1. Januar bis 31. Dezember 20XX

	Anlage	Angabe	Summe
Umsatz	a		15.660.000 €
- Umsatzkosten	i		9.498.000 €
= Bruttospanne			6.162.000 €
- Betriebliche Aufwendungen:			
Marketingkosten	j	1.879.200 €	
Vertriebskosten	k	1.252.800 €	
Verwaltungskosten	l	1.566.000 €	4.698.000 €
= EGT			1.464.000 €

2.22.5 Kritisches Denken

Da kein klar definiertes Verhältnis zwischen den In- und den Outputs der Abteilung erkennbar ist, sollte man sie als eine Kostenstelle bezeichnen. Aufgrund des Kostenstellen-Charakters kann man die *finanzielle* Leistung dieser einzelnen Kostenstelle ebenfalls nur schwer evaluieren. Eine monetäre Evaluation würde auf einem Vergleich zwischen den Plan- und den Ist-Kosten jeder Rechnungsperiode sowie mit denen früherer Perioden basieren.

Wie in den zwei demnächst erscheinenden Fortsetzungsbänden erklärt wird, sind solche Plan-Ist-Vergleiche weniger nützlich als Plan-Soll-Ist-Vergleiche. Im nächsten Kapitel sollen jedoch weitere Techniken und Gestaltungsmöglichkeiten von Gesamtbudgets (z. B. des Better Budgeting bzw. des Advanced Budgeting) sowie die Vorbereitung der Liquiditätsplanung vorgestellt werden.

2.23   Literatur

Anthony, R., und D. Young, *Management Control in Nonprofit Organizations*, Irwin, Homewood, IL, 1994.

Armstrong, J. S., *Principles of Forecasting*, Kluwer, Norwell, Ma, 2001.

Deyhle, A., *Controller Praxis*, 11. Auflage, Band I, Management Service, Wörthsee, 1996.

Dressler, S., „Controlling-Tools bei Automobilzulieferern – Bedeutung und Anwendung", *Der Controlling-Berater*, 2/2006.

Drucker, Peter, *The Practice of Management*, Harper & Row, New York, 1954.

Gewald, S., *Hotel-Controlling*, Oldenbourg, München/Wien, 1999.

Hahn, D. und H. Hungerberg, *PuK*, 6. Auflage., Gabler, Wiesbaden, 2001.

Indjejikian, R., and D. Nanda, „Dynamic Incentives and Responsibility Accounting", *Journal of Accounting and Economics*, 2/1999.

Johnson, L. K., „Debriefing Richard Steele: Stamp Out Budget Shenanigans", *Harvard Management Update*, 8/2005.

Kraus, A., „Anreizsystem und Budget – Spannungsfeld oder Symbiose?", *Der Controlling-Berater*, 1/2006.

Leyk, J., M. Müller und D. Grünebaum, „Der Ansatz des Advanced Budgeting in der Unternehmenspraxis: Empirische Ergebnisse des Horváth & Partners CFO-Panel zum aktuellen Anwendungsstand," *Der Controlling-Berater*, 4/2006.

Lüttgens, B., „Ein stochastisches Simulationsmodell zur Planung der Finanzierung landwirtschaftlicher Unternehmen", (Diss.), Rheinische-Friedrich-Wilhelms-Universität, Bonn, 2004.

Mayer, E., und K. Liessmann, (Hrsg.), *F+E-Controllerdienst*, Schäffer-Poeschel, Stuttgart 1994.

Mentzer, J. T. und M. A. Moon, *Sales Forecasting Management*, 2nd ed., Sage, Thousand Oaks, CA, 2005.

Mevissen, K. und E. Hofmeier, „Profit-Center-Rechnung als Führungsinstrument in einem Energieversorgungsunternehmen", *Der Controlling-Berater*, 3/2003.

Reichelstein, S., „Constructing Incentive Schemes for Government Contracts: An Application of Agency Theory", *The Accounting Review*, 4/1992.

Schäffer, U. und D. Steiners, „Wie nutzen Geschäftsführer und Vorstände in deutschen Industrieunternehmen ihre Kostenrechnung?", *Controlling*, 6/2005.

Sekol, T., „Vertriebs-Controlling: Controlling einer Vertriebsgesellschaft", *Der Controlling-Berater*, 1/2007.

Smith, G. S., *Managerial Accounting for Libraries and Other Not-for-Profit Organizations*, American Library Association, Chicago/London, 1991.

Wallace, T. F. und R. A. Stahl, *Sales and Operations Planning: The How-to Handbook*, T. F. Wallace & Company, Cincinnati, OH, 2003.

Wallace, T. F. und R. A. Stahl, *Sales Forecasting: A New Approach*, T. F. Wallace & Company, Cincinnati, OH, 2002.

3 Weitere Techniken und Gestaltungsmöglichkeiten von Gesamtbudgets

3.1 Einleitung

Neben der Kostenrechnung nach Verantwortungsbereichen hat sich Kapitel 2 überwiegend mit dem operativen Teil des Gesamtbudgets auseinandergesetzt. Dabei stützte sich das operative Budget hauptsächlich auf das erwartete Absatzvolumen. Ausgehend von der Absatzprognose mussten Kapazitäten und Aktivitäten geplant werden, die für die Fertigung und den Absatz einer bestimmten Stückzahl erforderlich sind. Im Folgenden werden weitere moderne Gestaltungsmöglichkeiten und Techniken der Budgetierung erläutert. Dazu zählen die *Kaizen*-Technik und prozessorientierte Budgets, die in der Diskussion um Better Budgeting und Advanced Budgeting (Kapitel 1) erwähnt wurden sowie Besonderheiten des Budgetierungsprozesses in Handels- und Dienstleistungsunternehmen. Des Weiteren wird die Vorgehensweise bei der Liquiditätsplanung („cash budget") und der budgetierten Bilanz eines Unternehmens, bei rollierenden Forecasts und rollierenden Budgets vorgestellt.

3.2 *Kaizen*-Budgets und kontinuierliche Verbesserung

Im Zeitalter der gesättigten Märkte und starken Konkurrenzdruckes ist die kontinuierliche Verbesserung („continuous improvement") von Produkten und Unternehmensprozessen zu einem der wichtigsten Themen der Managementlehre geworden. Ausgangspunkt dieser Lehre waren die Überlegungen japanischer Unternehmen, die den Begriff *Kaizen* für kontinuierliche Verbesserungsbemühungen prägten (Imai, 1986, 1997; Sebestyén, 1994; Simon, 1996). Als *Kaizen*-Budgetierung bezeichnet man eine Budgetierungsmethode, die angestrebte Verbesserungen für eine Planungsperiode explizit in den formulierten Budgetangaben festhält (Tanaka, 1992).

3.2.1   Wie *Kaizen*-Budgets kontinuierliche Verbesserungen fördern

Japanische Managementexperten gelangten früher als ihre westlichen Kollegen zur Einsicht, dass die Befriedigung von Kundenbedürfnissen die ständige Verbesserung interner Unternehmensprozesse erfordert. Im Kontext der Budgetierung bezeichnet man *Kaizen* als eine Methode, die Kosten und Leistungen unter der Annahme zukünftiger Verbesserungen der bestehenden Arbeitsabläufe projiziert. Um potentielle Produkt- und Ablaufverbesserungen einschätzen zu können, muss der Erstellung eines Budgets eine sorgfältige Analyse bestehender Prozesse und Produkte vorausgehen. Identifizierte Verbesserungspotenziale betreffen beispielsweise Veränderungen in operativen Prozessen und schnellere (d. h. verkürzte) Durchlaufzeiten. Bei der Erstellung eines *Kaizen*-Budgets schätzt der Controller die finanziellen Auswirkungen der Veränderungen und ihrer Kosten. Die im Gesamtbudget geplanten Kosten basieren auf den angestrebten Verbesserungen. Deshalb kann das Budget nur durch die Realisierung identifizierter Verbesserungspotenziale umgesetzt werden.

Wie einige andere japanische Unternehmen wendet die Toyota Motor Corporation *Kaizen* zur Budgetierung von variablen Kosten an (Liker, 2004). Der Budgetprozess beginnt mit der Berechnung eines vorläufigen Betriebsergebnisses für das folgende Geschäftsjahr, basierend auf bestehenden Kostenstrukturen. Anschließend wird das Zielbetriebsergebnis bestimmt, das normalerweise das vorläufige Betriebsergebnis übersteigt. Toyota bezeichnet die Spanne zwischen vorläufigem und Zielbetriebsergebnis als „*Kaizen*-Wert". Das Unternehmen versucht, den *Kaizen*-Wert zu etwa gleichen Teilen durch höhere Verkaufszahlen einerseits und Kostensenkungen andererseits zu erwirtschaften. Der *Kaizen*-Wert wird in mehrere Teile gespalten, sodass sich jeder Unternehmensbereich (z. B. Getriebe, Motor, Fahrgestell) ein Ziel setzt, das die Realisation kontinuierlicher Verbesserungen erfordert. Die verantwortlichen Bereichsleiter und Fabrikmanager entwickeln Maßnahmen, die zur Erreichung der Ziele führen sollen.

Die für die Umsetzung eines *Kaizen*-Budgets benötigten Verbesserungsvorschläge müssen von Mitarbeitern aller Unternehmensbereiche zusammengetragen werden. Um ein entsprechendes Verhalten im Unternehmen zu fördern, sollten Anreizsysteme geschaffen werden, die Ideen und Unternehmergeist fördern. Bei Toyota beispielsweise können die Mitarbeiter darauf zählen, dass jeder Verbesserungsvorschlag ernst genommen wird, auch wenn der Vorschlag lediglich auf eine geringfügige Verbesserung abzielt. Sie wissen, dass die Unternehmensführung den Umgang einzelner Bereichsleiter mit dem Vorschlagswesen interessiert verfolgt. Reaktionen seitens eines Vorgesetzten wie „Das ist im Budget nicht vorgesehen", „So haben wir es nie gemacht", „Ähnliches haben wir ohne Erfolg bereits probiert" oder „Dann könnte jeder es so machen" sind damit so gut wie ausgeschlossen.

Wie ein PR-Mitarbeiter des Unternehmens dem Autor berichtete, lassen sich die Resultate dieses Konzepts bei Toyota sehen. Allein in Toyota City reichen die 65.000 Mitarbeiter jährlich über zwei Millionen schriftliche Verbesserungsvorschläge ein (über 35 pro Person!), auf die das Management in durchschnittlich weniger als zehn Tagen reagiert und von denen 97 % realisiert werden.

Eine Studie des Deutschen Instituts für Betriebswirtschaft (Frankfurt/Main) ergibt Vergleichswerte für Deutschland im Jahr 2002. Für seine Untersuchung wertete das Frankfurter Institut die Antworten von 373 Unternehmen und Behörden („government agencies") mit zusammen über 2,5 Mio. Mitarbeitern aus. Insgesamt reichten die Arbeiter, Angestellten und Beamten bei ihren Chefs knapp 1,4 Mio. Vorschläge ein. Damit kamen auf je 100 Mitarbeiter durchschnittlich nur rund 54 Ideen. Deutsche Unternehmen und Behörden setzten durchschnittlich sieben von zehn Vorschlägen um (N. a., 2004).

Die größere Menge von Verbesserungsvorschlägen ist sicher kulturell bedingt; außerdem werden in Europa und Nordamerika viele kleine Maßnahmen eher mündlich als schriftlich kommuniziert. Trotzdem spielt die Umsetzung des oben beschriebenen Anreizsystems eine wesentliche Rolle bei der erfolgreichen Anwendung der *Kaizen*-Technik.

Erfahrungs- oder Lernkurven („experience curves" oder „learning curves") und/oder Produktlebenszyklen („product life cycles") können ebenfalls als alternative Basis für die Erstellung eines *Kaizen*-Budgets dienen (Gillespie, 1981; Cooper, 1994). Wie in Abb. 3.1 durch die nach rechts flacher werdende Kurve dargestellt, schrumpft der Umfang budgetierter Verbesserungen überproportional zur ansteigenden Ausbringungsmenge. Bei der Erstellung der ersten acht Produkteinheiten geht die erforderliche durchschnittliche Durchlaufzeit je Produkteinheit von 120 Stunden auf 90 Stunden zurück – ein Rückgang von 30 Stunden. Dennoch ist eine Steigerung der Ausbringungsmenge von acht auf 64 Produkteinheiten notwendig, um die durchschnittliche Durchlaufzeit je Produkteinheit um weitere 30 Stunden zu senken. Diese Entwicklung berücksichtigt, dass Verbesserungen durch Lernerfahrung in späteren Perioden tendenziell geringer ausfallen, wenn offensichtlichere Verbesserungspotenziale bereits realisiert worden sind.

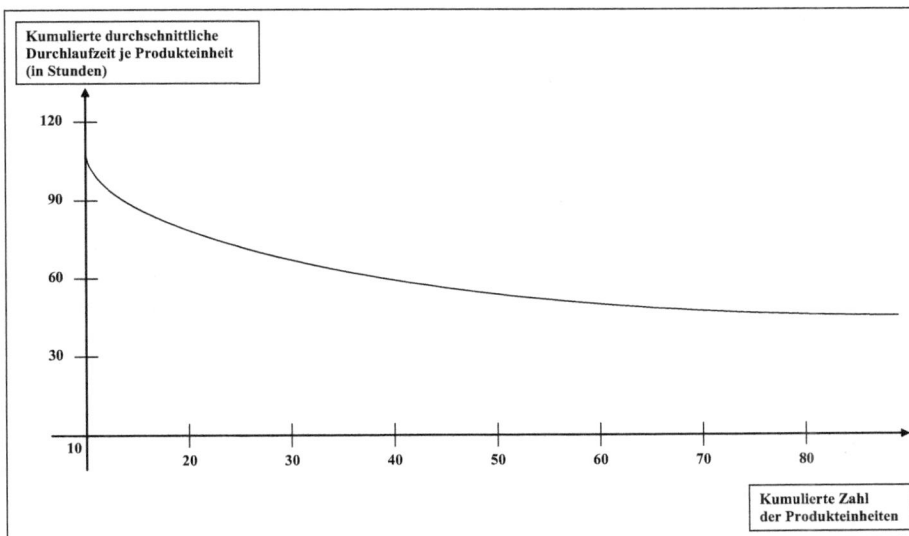

Abb. 3.1   Eine Erfahrungs- oder Lernkurve

3.2.2   Die Erstellung eines *Kaizen*-Budgets

Ein *Kaizen*-Budget wird auf der Grundlage von Standardkostenvorgaben erstellt, die einen ständigen Verbesserungsprozess („continuous improvement standard cost") voraussetzen. Da die vorgegebenen Standardkosten oder -mengen in nachfolgenden Perioden stetig reduziert werden, bezeichnet man dieses Verfahren auch als Standardkostenreduktion („moving cost reduction standard cost").

Für das Beispielunternehmen Ingolstädter Ingenieurwesen GmbH (Kapitel 2) könnte ein *Kaizen*-Budget folgendermaßen ausgestattet sein: Das ursprüngliche Teilbudget der Fertigungsarbeit für 20XX (vgl. Tab. 2.12) nimmt an, dass jeweils sechs, acht und zehn Fertigungsarbeitsstunden für die Fertigung eines U-, M- oder O-Teils erforderlich sein werden. Demgegenüber berücksichtigt die Kaizen-Budgetierungsmethode die geplante Reduktion der Fertigungsarbeitsstunden während des Jahres, wie in Tab. 3.1 gezeigt.   Darin werden die Standardstunden jedes Quartals um 2,5 % gegenüber dem Vorquartalswert reduziert.

Tab. 3.1   *Standardmengenvorgaben für ein Kaizen-Budget der Ingolstädter Ingenieurwesen GmbH in 20XX*

	Budgetangaben (Standard-Fertigungsarbeitsstunden)		
	U-Teile	M-Teile	O-Teile
Januar-März 20XX	6,00	8,00	10,00
April-Juni 20XX	5,85	7,80	9,75
Juli-September 20XX	5,70	7,61	9,51
Oktober-Dezember 20XX	5,56	7,41	9,27

In diesem Beispiel sind geplante Effizienzverbesserungen die Basis für die anvisierten Mengen- und Kostenreduktionen.   Eine weitere Möglichkeit für Kostensenkungen kann die Neuverhandlung von Faktorenpreisen sein.   In der Praxis trifft man meist auf eine Mischung beider Ursachen.

Durch die Anwendung von Standardkosten zur ständigen Verbesserung signalisiert eine Organisation in jedem Fall die Bedeutung der kontinuierlichen Suche nach Möglichkeiten, die Gesamtkosten zu mindern.   Die Ingolstädter Ingenieurwesen GmbH könnte beispielsweise ungünstige Abweichungen vom Fertigungsarbeitsbudget vermeiden, indem sie Arbeitsplätze effizienter gestaltet und gegebenenfalls individuelle Stärken ihrer Mitarbeiter bei der Arbeitseinteilung noch mehr berücksichtigt.   Indessen ist zu beachten, dass der oben präsentierte Rückgang der Fertigungsarbeitsstunden (und -kosten) rechnerisch auch Reduktionen in den variablen Fertigungsgemeinkosten nach sich zieht, weil die Fertigungsarbeitsstunden als Verrechnungsschlüssel dieser Kostenarten dienen.

3.2.3 Der Einfluss von *Kaizen*-Budgets auf andere Stakeholder

Insbesondere japanische Unternehmen, aber mittlerweile auch Firmen in vielen anderen Ländern, beziehen ihre Stakeholder in die *Kaizen*-Budgetierung mit ein. Citizen Watch als weltgrößter Hersteller von Armbanduhren ist ein Beispiel dafür. Die Produktionsbereiche des Unternehmens weisen einen hohen Automatisierungsgrad auf. Einzelteilkosten für jede Uhr machen deshalb einen erheblichen Prozentsatz der Stückkosten aus, auf die mittels der *Kaizen*-Technik besonderes Augenmerk gerichtet wird. Alle Beteiligten des gesamten Fertigungsbereichs einschließlich der Lieferanten müssen kontinuierlich nach Möglichkeiten der Kostensenkung suchen. Am Standort Tokio budgetiert man unter der Annahme, dass alle Lieferanten ihre Kosten jedes Jahr um 3 % reduzieren. Lieferanten, die dieses Ziel übertreffen, dürfen die über 3 % hinausgehenden Kostenreduktionen mindestens ein Jahr lang als zusätzlichen Gewinn einbehalten. Lieferanten, die das 3 %-Ziel verfehlen, bekommen im folgenden Jahr „Hilfe" von den Citizen-Watch-Wirtschaftsingenieuren (Cooper, 1994).

3.3 Prozessorientierte Budgetierung

Die Prozesskostenrechnung („activity-based cost accounting" or „process cost accounting") bietet eine weitere Möglichkeit der Kostenkontrolle. Ihr grundlegender Vorteil besteht darin, dass sie aufgrund von detaillierteren Informationen über die mit einzelnen Teilprozessen bzw. Tätigkeiten verbundenen Kosten zu besseren Geschäftsentscheidungen führen kann (Chiang, 2002; Perkins/Stewart/Stovall, 2002; Devine/Lammert/O'Clock, 2005; Baxendale, 2005; Friedel/Küpper/Pedell, 2005). U. a. erlaubt sie dem Controller, mehrere Kostentreiber zu identifizieren. Da die prozessorientierte Budgetierung auf der Prozesskostenrechnung basiert, gelten für sie die gleichen Vorteile und Prinzipien.

Die prozessorientierte Budgetierung zeigt ihren Nutzen besonders im Hinblick auf die Verrechnung von Gemeinkosten. Sie werden zunächst in Kostenpools verschiedener Aktivitäten gesplittet. Daraufhin werden die Kostentreiber nach dem Verursachungsprinzip zur Verrechnung der Kostenpools identifiziert.

Die vier Schlüsselschritte in der prozessorientierten Budgetierung lauten:

1. Ermittlung der budgetierten Kosten jedes Teilprozesses bzw. jeder Tätigkeit in allen Unternehmensbereichen

2. Ermittlung der erwarteten Nachfrage für jeden Teilprozess aufgrund der gesteckten Absatz- und Produktionsziele

3. Berechnung der budgetierten Gesamtkosten je Teilprozess unter Berücksichtigung der erwarteten Nachfrage

4. Erstellung des Budgets als die Summe der Kosten zur Durchführung bestimmter Tätigkeiten oder Prozesse (anstatt budgetierter Kosten für Funktionsbereiche oder nach Kos-
   tenkategorien sowie der resultierenden Leistungen)

Die Schritte 1 und 2 dienen als Grundlage zur Berechnung des Verrechnungssatzes der Gemeinkosten („indirect cost rate"). Dieser Schlüssel wird zu Budgetierungszwecken mit dem
erwarteten Verbrauch (d. h. mit der Zahl der Prozessdurchläufe) multipliziert.

Die Lindauer Luftfahrtgesellschaft AG hat im Rahmen der prozessorientierten Budgetierung
für den FuE/Design-Bereich vier Teilprozesse und deren jeweiligen Kostentreiber identifiziert. Die budgetierten Gemeinkostensätze für jeden Teilprozess im Jahr 20XX sind in Tab.
3.2 dargestellt.

Tab. 3.2   Teilprozesse, Kostentreiber und Gemeinkostensätze der Lindauer Luftfahrtgesellschaft AG

Teilprozess	Kostentreiber/Budgetierter Verrechnungssatz
CAD – Einsatz von Computer-Software, um Flugzeugteile zu konstruieren.	CAD-Stunden, 90 €/Stunde
Manuelles Design – Entwicklung von Flugzeugteilen anhand der Handzeichnungen	Manuelle Designstunden, 60 €/Stunde
Konstruktion von Prototypen für Flugzeugteile	Entwicklungsstunden, 70 €/Stunde
Prüfung – Untersuchung der Leistung neuer Flugzeugteile unter verschiedenen operativen Bedingungen	Prüfungsstunden, 50 €/Stunde
Beschaffung – Einkauf von Material und Einzelteilen	Bestellungen, 35 €/Bestellung

Die prozessorientierte Budgetierung eignet sich als Instrument für die Kostenkontrolle sowohl in der *ex ante*- als auch *ex post*-Betrachtungsweise. Da *ex ante* bereits die mit einem
Teilprozess verbundenen Kosten ermittelt werden, kann eine ggf. geplante Inanspruchnahme
von Prozessen mit ungünstigem Kosten-Nutzen-Verhältnis schon bei der Budgeterstellung
berücksichtigt und der Plan-Verbrauch der Kostentreiber reduziert bevor die Kosten festge-
schrieben werden. *Ex post* ermöglicht ein Vergleich der Ist-Kosten mit dem prozessorientierten Budget die Identifikation von Prozessen, deren (1) Ist-Kostensatz den geplanten Prozesskostensatz überschritten hat, und/oder deren (2) Ist-Verbrauch des Kostentreibers über
dem geplanten Verbrauch liegt.

Tab. 3.3 zeigt das prozessorientierte Budget der Lindauer Luftfahrtgesellschaft AG für
20XX. Das Unternehmen budgetiert den Verbrauch des Kostentreibers in jedem Tätigkeitsbereich basierend auf der geplanten Entwicklung und Fertigung neuer Produkte. Aus der
Multiplikation des budgetierten Verbrauchs des Kostentreibers einer Tätigkeit mit dem jeweiligen Gemeinkostensatz erhält man die budgetierten Gesamtkosten je Tätigkeit bzw.

Teilprozess. Die budgetierten Gesamtkosten für den Bereich FuE/Design ergeben sich aus der Summe der budgetierten Gesamtkosten der einzelnen Tätigkeiten.

Tab. 3.3   Prozessorientiertes Budget für die FuE/Designkosten der Lindauer Luftfahrtgesellschaft AG in 20XX

Aktivitätenbereich	Budgetierter Verbrauch des Kostentreibers	Gemeinkostensatz (€)	Budgetierte Kosten (€)
CAD	300 Stunden	90	27.000
Manuelles Design	80 Stunden	60	4.800
Prototypentwicklung	90 Stunden	70	6.300
Prüfung	560 Stunden	50	28.000
Beschaffung	140 Bestellungen	35	4.900
Summe			71.000

Das prozessorientierte Budget in Tab. 3.3 wurde nur für einen Ausschnitt der Wertschöpfungskette erstellt. In vielen Fällen erscheint eine Tätigkeit allerdings auch an anderen Stellen im Wertschöpfungsprozess. Sich typischerweise wiederholende Tätigkeiten betreffen insbesondere Beschaffungsaktivitäten von der Bestellung bis zur Bezahlung von Lieferanten. Dabei bietet sich eine prozessorientierte Budgetierung auf verschiedenen Ebenen der Wertschöpfungskette an. Zum einen kann sich das Budget auf einen einzelnen Unternehmensbereich (z. B. die Beschaffungsabteilung) beschränken. Andererseits kann sich ein prozessorientiertes Budget auch auf eine andere Ebene (z. B. der Beschaffungstätigkeit überhaupt) beziehen, indem es die Beschaffungskosten aus allen Teilen der Wertschöpfungskette kombiniert (Götze/Raps, 2006).

Die Vorzüge der prozessorientierten Budgetierung liegen insbesondere in (1) der präziseren Ermittlung des Ressourcenbedarfs, (2) der verbesserten Zuordnung von Kosten und Leistungen zu den jeweiligen Verantwortlichen sowie (3) der erleichterten Offenlegung von Aufpolsterungen im Budget. Diese Vorzüge ermöglichen die Erstellung realistischerer Planrechnungen.

3.4   Praxiserfahrung mit der prozessorientierten Budgetierung

Der zunehmende Wettbewerb in einer globalisierten Wirtschaft verlangt anspruchsvollere Techniken der Unternehmensführung. Schon Mitte der 1980er Jahre erkannten Robert S. Kaplan und H. Thomas Johnson, dass die vorhandenen Controlling- und Kostenrechnungssysteme nicht in der Lage waren, diese Ansprüche zu erfüllen (Kaplan/Johnson, 1991). Danach fanden in Institutionen auf der ganzen Welt ernsthafte Versuche zur Implementierung von neuen Budgetierungs- sowie Kosten- und Leistungsrechnungssystemen statt (Kaplan/Cooper, 1999). Diese Versuche umfassten die prozessorientierte Budgetierung, Activity-Based Costing und die Balance Scorecard, Techniken, die mit der Person Kaplans eng verbunden sind. Manchmal setzte man die neuen Instrumente auch kombiniert ein (Forsythe/Bunch/Burton, 1999).

Auch wenn es an Versuchen nicht mangelte, ist der erhoffte langfristige Wechsel zu solchen Instrumenten weitgehend ausgeblieben. Obwohl alle ihre Erfolgsberichte aufweisen konnten (Damitio/Hayes/Kintzele, 2000; Briner/Alford/Noble, 2003; Neumann/Gerlach/Moldauer/Finch/Olson, 2004; Czerwonka, 2005), haben sie ihre Ziele auf breiter Front in der Praxis nicht erreicht. Die neuen Instrumente, Verfahren und Systeme bedürfen robuster Informationstechnologien und kompetenter Führungskräfte, die mit ihnen umgehen können (Baxendale/Jama, 2003). Zu viele Institutionen in Deutschland und den Vereinigten Staaten haben horrende Summen in die Implementierung von ERP-Systemen investiert, nur um zu entdecken, dass die Umsetzung ihrer alten Controlling- und Kostenrechnungsmethoden auch auf einer neuen, teureren EDV-Anlage nicht zu den gewünschten Ergebnissen führt.

Der Misserfolg ist z. T. auf den Mangel an qualifizierten Mitarbeitern zurückzuführen. Aber auch dann, wenn gute Controller und Kostenrechner vorhanden waren, wurden diese hausinternen Kräfte von externen Beratern und Softwarefirmen, die die neuen IT-Systeme implementieren wollten, oft auf ein Nebengleis gedrängt. Ferner scheiterten prozessorientierte Controlling- und Kostenrechnungssysteme, weil die eingesetzte Software nicht in die existierende EDV-Landschaft, in die Betriebsdatenerfassungs- und andere operative Systeme integriert wurde. Darüber hinaus wurden die meisten Anwendungen mit unzureichenden Mitteln eingerichtet.

Das größte Problem aber war die fehlende Übereinstimmung darüber, was prozessorientiertes Controlling oder ABC eigentlich bedeuten, welche Ziele sie haben und wie sie eingeführt werden. Trotz der Bemühungen einzelner Wirtschaftsprüferfirmen, Institutionen und Individuen hat es nie einen ernsthaften Prozess zur Entwicklung, Darstellung, und Schaffung eines Konsenses darüber gegeben, welcher nun wirklich der richtige Weg zu seiner Verwirklichung sei (Arthur Andersen/Consortium for Advanced Manufacturing-International/IMA, 1998; Arthur Andersen/IMA, 1998; Anderson, B., C. Davis, E. B. Davis, und M. Twomey, 2004).

Es wird behauptet, dass in Deutschland nur etwa 60 % der SAP-Nutzer die Methodik der Grenzplankostenrechnung, das Herzstück der Controlling- und Kostenrechnungsmodule, verwenden. Ein viel kleinerer Prozentsatz benutzt das System für Anwendungen im Bereich der prozessorientierten Budgetierung oder Kostenrechnung.

Unter den ca. 3.000 SAP-Nutzern in den Vereinigten Staaten wird man schwerlich mehr als eine Handvoll finden, die auch nur einen Bruchteil der darin enthaltenen Möglichkeiten nutzt. In 80 % der Fälle werden prozessorientierte Anwendungen nur als Nebenrechnung neben einer traditionellen Vollkostenrechnung auf Zuschlagsbasis eingesetzt. Bei einer Umfrage erklärten 80 % der Befragten, dass Cost Management zwar ein wichtiger Beitrag zur Erreichung der strategischen Ziele eines Unternehmens sei, jedoch meinten 98 % der Befragten (!), dass in ihren Organisationen die Ergebnisse der Kosten- und Erlösinformationen durch zweifelhafte Umlagen- und Schlüsselungstechniken verfälscht seien. 80 % der Befragten waren der Meinung, dass die Neuimplementierung von Systemen der Budgetierung sowie Kosten- und Erlösrechnung in ihrem Unternehmen eine geringe bis höchstens mittlere Priorität besitze. Also liegt ein Hauptproblem auch in der Akzeptanz durch die amerikanische Praxis (Sharman/Vikas, 2004).

3.5 Der Budgetierungsprozess in nicht produzierenden Unternehmen

Der Budgetierungsprozess bei nicht produzierenden Unternehmen weist im Vergleich zu produzierenden Unternehmen einige Besonderheiten auf. Im Folgenden soll die Förster Fahrradgeschäft GbR zur Veranschaulichung von Parallelen und Unterschieden zwischen produzierenden und nicht produzierenden Unternehmen dienen. Das Geschäft ist ein lokales Einzelhandelsunternehmen in einem gemieteten Laden mit einem breiten Angebot an Fahrrädern, Zubehör und Sportbekleidung.

Der Geschäftsführer als alleinige Vollzeitarbeitskraft der Förster Fahrradgeschäft GbR nimmt auch die Aufgaben eines Controllers wahr. Er bereitet u. a. ein rollierendes Budget vor, das ihn bei finanziellen und operativen Entscheidungen unterstützt. Der Einfachheit halber beträgt hier der Planungszeitraum nur vier Monate, von Juni bis September. Im Jahresverlauf steigt der Umsatz normalerweise bis Juli und geht dann witterungsbedingt zurück. Die Zahlungseingänge können jedoch stets erst mit zeitlicher Verzögerung realisiert werden. Die Notwendigkeit, trotzdem Einkäufe, Löhne und andere Aufwendungen zu zahlen, verursacht oft bedrohliche Liquiditätsengpässe. Um sie zu überbrücken, geht das Förster Fahrradgeschäft GbR kurzfristige Verbindlichkeiten mit seiner Hausbank ein. Die Schulden werden getilgt, sobald die ausstehenden Forderungen beglichen sind. Der Geschäftsführer beabsichtigt, diese Vorgehensweise auch in der Zukunft beizubehalten.

Abb. 3.2 veranschaulicht die Beziehungen zwischen den einzelnen Hauptteilen des Gesamtbudgets eines nicht produzierenden Unternehmens. Wie bei einem produzierenden Unternehmen setzt sich das Gesamtbudget aus einem operativen und einem Finanzbudget zusammen. Im operativen Budget stehen die GuV-Rechnung und die ihr zugrunde liegenden Anlagen im Mittelpunkt. Das Finanzbudget stellt die Auswirkungen des operativen Budgets und weiterer Pläne (z. B. des Investitionsplans und der Tilgung von Schulden) auf die Geldmittel dar. Im Vergleich zu einem produzierenden Unternehmen fällt auf, dass hier keine Budgets für Fertigungsmaterial, -arbeit, und -gemeinkosten sowie für die Bestände an Fertigungsmaterial und Halbfertigerzeugnisse benötigt werden.

Für unser Beispielunternehmen seien folgende Ausgangsdaten gegeben: Tab. 3.4 zeigt die prognostizierten monatlichen Umsätze des Förster Fahrradgeschäfts GbR von Juni bis Oktober 20XX. Tab. 3.5 präsentiert die stark vereinfachte Schlussbilanz für das Geschäftsjahr, das am 31. Mai 20XX endete. Der Umsatz im Mai des Jahres betrug 80.000 €.

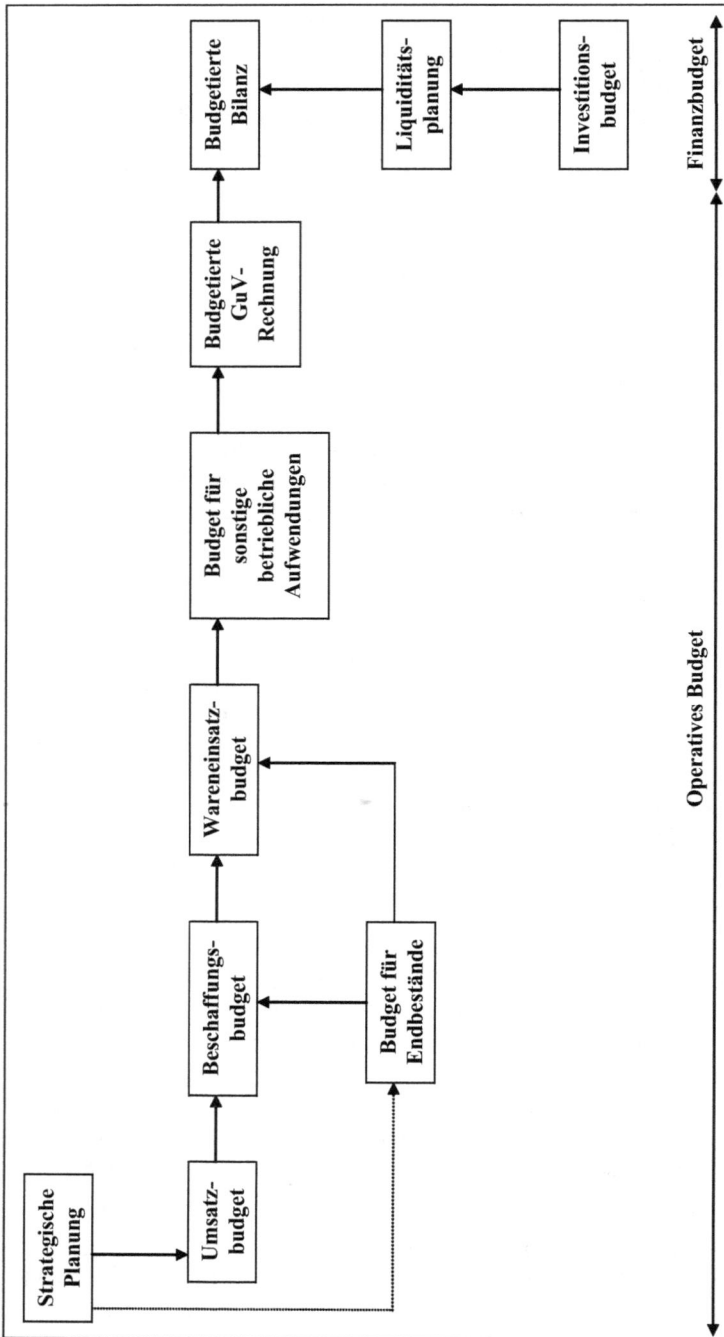

Abb. 3.2   Das Gesamtbudget eines nicht produzierenden Unternehmens

Tab. 3.4   Prognostizierte monatliche Umsätze der Förster Fahrradgeschäft GbR von Juni bis Oktober 20XX

Monat	Umsatz (in €)
Juni	90.000
Juli	140.000
August	90.000
September	80.000
Oktober	30.000

Tab. 3.5   Bilanz der Förster Fahrradgeschäft GbR zum 31. Mai 20XX

Aktiva

		(€)	(€)
A. Anlagevermögen:			
I. Sachanlagen			
1. Geschäftsausstattung [Anschaffungswert: 94.900 €) – (kumulierte Abschreibungen: 19.200 €)]			75.700
B. Umlaufvermögen:			
I. Vorräte			
1. Waren [30.000 € + (0,7)[(0,8) * 90.000 €]])		80.400	
II. Forderungen			
1. Forderungen aus Lieferungen und Leistungen [0,5 * 80.000 €]		40.000	
III. Kassenbestand, Guthaben bei Kreditinstituten und Schecks		15.000	135.400
C. Rechnungsabgrenzungsposten			
Versicherung			2.100
Summe			213.200

Passiva

	(€)
A. Eigenkapital	180.560
B. Rückstellungen	
1. Rückstellungen für Provisionen und ähnliche Verpflichtungen	8.000
C. Verbindlichkeiten	
1. Verbindlichkeiten aus Lieferungen und Leistungen (0,4 * Einkäufe im Mai von 61.600 €)	24.640
Summe	213.200

Der Geschäftsführer erwartet, dass sich das Zahlungsverhalten seiner Kundschaft in der Zukunft nicht ändern wird: 50 % der Verkäufe bezahlen Kunden in bar und 50 % in Raten. Alle Forderungen werden spätestens vier Wochen nach den jeweiligen Verkäufen eingezogen. Der Forderungsbestand von 40.000 € zum 31. Mai 20XX entspricht daher den Ratenverkäufen des Monats. Aus Vereinfachungsgründen werden im diesem Beispiel uneinbringliche Forderungen sowie lokale, Landes- und Bundessteuern außer Betracht gelassen.

Da sich die Zeitpunkte für die Zulieferungen und die Kundennachfrage nicht genau vorhersagen lassen, trifft die Förster Fahrradgeschäft GbR die strategische Entscheidung, einen Sicherheitsbestand an Artikeln (daher die gestrichelte Linie zwischen der strategischen Planung und dem Budget für Endbestände in Abb. 3.2) vorrätig zu halten. Operativ umgesetzt bedeutet diese Entscheidung, dass zum jeweiligen Monatsende ein Sicherheitsbestand mit einem Gesamtwert von 30.000 € plus 80 % der erwarteten Umsatzkosten des nächsten Monats vorhanden sein muss. Im Durchschnitt machen die Umsatzkosten 70 % des Umsatzes aus. Deswegen beträgt der Wert der Handelswarenbestände zum 31. Mai 20XX [30.000 € + (0,7)[(0,8) * 90.000 €]] = 30.000 € + 50.400 € = 80.400 €.

Die Zahlungsbedingungen des Geschäfts lauten 30 Tage netto. Das Fahrradgeschäft zahlt für die Einkäufe eines Monats wie folgt: 60 % während des laufenden Monats und 40 % im darauf folgenden Monat. Daher betreffen die Verbindlichkeiten zum 31. Mai 20XX 40 % der Einkäufe in diesem Monat und betragen (0,4 * 61.600 €) = 24.640 €.

Zweimal monatlich bezahlt die Förster Fahrradgeschäft GbR Löhne und Provisionen (zwei Wochen, nachdem sie verdient wurden). Die Entlohnung der Teilzeitkräfte, die das Geschäft als Verkaufspersonal beschäftigt, besteht aus zwei Komponenten: monatlich fixe Löhne von 4.000 € und Provisionen in Höhe von 15 % des Umsatzes, die sich der Einfachheit halber gleichmäßig über den Monat verteilen. Damit betragen die zu zahlenden Löhne und Provisionen zum 31. Mai 20XX (0,5 * 4.000 €) + (0,5)[(0,15) * 80.000 €] = 2.000 € + 6.000 € = 8.000 €. Die Auszahlung des Betrages ist für den 15. Juni vorgesehen.

Im neuen Geschäftsjahr plant das Fahrradgeschäft neben dem Kauf neuer Ausstattung im Juni für 7.500 € in bar die in Tab. 3.6 aufgelisteten Abschreibungen und sonstigen monatlichen Aufwendungen.

Tab. 3.6   Monatliche Abschreibungen und sonstige Aufwendungen der Förster Fahrradgeschäft GbR

Abschreibung, einschließlich neuer Ausstattung	750 € pro Monat
Miete	2.000 €, wird sofort bezahlt
Versicherung	300 € erfolgswirksame Kosten monatlich
Übrige Aufwendungen	4 % vom Umsatz, werden sofort bezahlt

Zum Ende eines jeden Monats soll ein Finanzmittelbestand von mindestens 15.000 € vorhanden sein. Aus Vereinfachungsgründen nehmen wir an, dass die Förster Fahrradgeschäft GbR zusätzliche Finanzmittel (zu einem Zinssatz von 12 % p. a.) in Raten von 1.000 € leihen oder tilgen kann. Die Geschäftsführung nimmt Kredite nur in geringer Höhe auf und zahlt

diese so schnell wie möglich zurück. Zinsen werden berechnet und fällig, wenn das geliehe-
ne Kapital zurückgezahlt wird. Die Kreditaufnahme erfolgt jeweils zu Monatsbeginn, die
Rückzahlung zum Monatsende. Die Zinsen werden auf volle Euro berechnet.

Die Förster Fahrradgeschäft GbR kann überschüssige Finanzmittel kurzfristig anlegen und
dafür Zinsen zu 6 % p. a. erhalten. Die anderen Konditionen sind identisch mit denen für
Kreditaufnahmen.

3.6   Arbeitsschritte zur Erstellung des Gesamtbudgets

Basierend auf den zuvor erläuterten Grunddaten und Annahmen werden im ersten Schritt
detaillierte Teilbudgets vorbereitet, die jeden der Monate bis zum Planungshorizont berück-
sichtigten:

1. Anlage 1 - Umsatzbudget (Tab. 3.7)

2. Anlage 2 - Budgetierter Zahlungseingang von Kunden (Tab. 3.8)

3. Anlage 3 - Beschaffungsbudget (Tab. 3.9)

4. Anlage 4 - Auszahlungen für Einkäufe (Tab. 3.10)

5. Anlage 5 - Budget für Personalaufwand, Abschreibungen und sonstige betriebliche Aufwendungen (Tab. 3.11)

6. Anlage 6 - Budgetierte Auszahlungen für sonstige betriebliche Aufwendungen (Tab.
   3.12)

Tab. 3.7   Anlage 1 – Umsatzbudget der Förster Fahrradgeschäft GbR Juni-September 20XX

	Mai (€)	Juni (€)	Juli (€)	August (€)	September (€)	Juni-September Summe (€)
Verkäufe auf Raten, 50 %	40.000	45.000	70.000	45.000	40.000	
+ Barverkäufe, 50 %	40.000	45.000	70.000	45.000	40.000	
Gesamte Verkäufe	80.000	90.000	140.000	90.000	80.000	400.000

Tab. 3.8   Anlage 2 – Budgetierte Zahlungseingänge von Kunden der Förster Fahrradgeschäft GbR Juni-September 20XX

	Juni (€)	Juli (€)	August (€)	September (€)
Barverkäufe im laufenden Monat	45.000	70.000	45.000	40.000
+ 100 % der Ratenverkäufe des Vormonats	40.000	45.000	70.000	45.000
Zahlungseingänge gesamt	85.000	115.000	115.000	85.000

Tab. 3.9   Anlage 3 - Beschaffungsbudget der Förster Fahrradgeschäft GbR Juni-September 20XX

	Mai (€)	Juni (€)	Juli (€)	August (€)	September (€)	Juni-September Summe (€)
Zielendbestand	80.400[†]	108.400	80.400	74.800	46.800	
+ Umsatzkosten (Wareneinsatz)	56.000[††]	63.000	98.000	63.000	56.000	280.000
Gesamtbedarf	136.400	171.400	178.400	137.800	102.800	
- Anfangsbestand	74.800[‡]	80.400	108.400	80.400	74.800	
Einkäufe	61.600	91.000	70.000	57.400	28.000	

[†]   30.000 € + (0,8 * Umsatzkosten im Juni)
= 30.000 € + 0,8(0,7 * 90.000 €)
= 30.000 € + 50.400 €
= 80.400 €

[††]   (0,7 * Verkäufe im Mai)
= 0,7(80.000 €)
= 56.000 €

[‡]   30.000 € + (0,8 * Umsatzkosten im Mai)
= 30.000 € + 0,8(0,7 * 80.000 €)
= 30.000 € + 44.800 €
= 74.800 €

Tab. 3.10   Anlage 4 – Budgetierte Auszahlungen für Einkäufe der Förster Fahrradgeschäft GbR Juni-
September 20XX

	Juni (€)	Juli (€)	August (€)	September (€)
40 % der Einkäufe des Vormonats	24.640	36.400	28.000	22.960
+ 60 % der Einkäufe des laufenden Monats	54.600	42.000	34.440	16.800
Auszahlungen für Einkäufe	79.240	78.400	62.440	39.760

Tab. 3.11   Anlage 5 – Budget für Personalaufwand, Abschreibungen und sonstige betriebliche Aufwendungen der
Förster Fahrradgeschäft GbR Juni-September 20XX

	Mai (€)	Juni (€)	Juli (€)	August (€)	September (€)	Juni-September Summe (€)
Personalaufwand:						
Löhne (fixe)	4.000	4.000	4.000	4.000	4.000	
Provisionen (15 % der Verkäufe des laufenden Monats)	12.000	13.500	21.000	13.500	12.000	
Personalaufwand gesamt	16.000	17.500	25.000	17.500	16.000	76.000
Abschreibungen (fixe)		750	750	750	750	3.000
Sonstige betriebliche Aufwendungen:						
Miete (fixe)		2.000	2.000	2.000	2.000	8.000
Versicherung (fixe)		300	300	300	300	1.200
Übrige Aufwendungen (4 % der Verkäufe des laufenden Monats)		3.600	5.600	3.600	3.200	16.000
Sonstige betriebliche Aufwendungen gesamt		5.900	7.900	5.900	5.500	25.200
Personalaufwand, Abschreibungen und sonstige betriebliche Aufwendungen gesamt		24.150	33.650	24.150	22.250	104.200

Tab. 3.12   Anlage 6 - Budgetierte Auszahlungen für betriebliche Aufwendungen der Förster Fahrradgeschäft GbR Juni-September 20XX

	Juni (€)	Juli (€)	August (€)	September (€)
Löhne und Provisionen:				
50 % des Aufwands des vorhergehenden Monats	8.000	8.750	12.500	8.750
50 % des Aufwands des laufenden Monats	8.750	12.500	8.750	8.000
Löhne und Provisionen gesamt	16.750	21.250	21.250	16.750
Miete	2.000	2.000	2.000	2.000
Übrige Aufwendungen	3.600	5.600	3.600	3.200
Gesamte Auszahlungen	22.350	28.850	26.850	21.950

Im zweiten Schritt wird aus den Teilbudgets eine budgetierte GuV-Rechnung (in diesem Fall im Gesamtkostenformat) für vier Monate bis zum 30. September 20XX (Tab. 3.13) aufgestellt. Zum Schluss kann aus den Annahmen und der GuV-Rechnung das Finanzbudget abgeleitet werden. Es setzt sich aus folgenden Bestandteilen zusammen:

1. Investitionsbudget

2. Liquiditätsplanung einschließlich der Details zu Kreditaufnahmen, Tilgungs- und Zinszahlungen für jeden Monat bis zum Planungshorizont (Tab. 3.14)

3. Budgetierte Bilanz zum 30. September 20XX (Tab. 3.15)

In größeren Unternehmen mit wirksamen Budgetierungssystemen gibt es detaillierte Leitfäden oder Standardverfahren („standard operating procedures" oder „SOPs"), in denen die Abläufe und die Termine der Budgetformulierung festgelegt sind. Auch wenn sie sich in Details unterscheiden, beinhalten diese Leitfäden fast ausnahmslos die eben aufgeführten Arbeitsschritte. In den folgenden Abschnitten soll der Budgetierungsprozess der Förster Fahrradgeschäft GbR durchlaufen werden.

Tab. 3.13 *Budgetierte GuV-Rechnung der Förster Fahrradgeschäft GbR vom 1. Juni bis 30. September 20XX*

		Daten (€)	Datenquelle
1. Umsatzerlöse		400.000	Anlage 1
2. Materialaufwand:			
Aufwendungen für die bezogene Waren (Wareneinsatz)		(280.000)	Anlage 3
3. Personalaufwand			
Löhne und Provisionen		(76.000)	Anlage 5
4. Abschreibungen		(3.000)	Anlage 5
5. Sonstige betriebliche Aufwendungen:			
Miete	(8.000)		Anlage 5
Versicherung	(1.200)		Anlage 5
Übrige Aufwendungen	(16.000)		Anlage 5
Sonstige betriebliche Aufwendungen gesamt		(25.200)	
6. Sonstige Zinsen und ähnliche Erträge		40	Liquiditätsplanung
7. Zinsen und ähnliche Aufwendungen		(670)	Liquiditätsplanung
8. Ergebnis der gewöhnlichen Geschäftstätigkeit		15.170	

Tab. 3.14   Liquiditätsplanung der Förster Fahrradgeschäft GbR für die vier Monate Juni-September 20XX

	Juni (€)	Juli (€)	August (€)	September (€)
Finanzmittel am Anfang der Periode	15.000	15.910	15.500	23.700
Zielmindestbestand der Finanzmittel	15.000	15.000	15.000	15.000
Verfügbarer Finanzmittelbestand (A)	-	910	500	8.700
Finanzmittelein- und -auszahlungen:				
Einzahlungen von Kunden (Anlage 2)	85.000	115.000	115.000	85.000
Auszahlungen für Handelswaren (Anlage 4)	(79.240)	(78.400)	(62.440)	(39.760)
Auszahlungen für betriebliche Aufwendungen (Anlage 6)	(22.350)	(28.850)	(26.850)	(21.950)
Summe des Cashflow aus laufender Geschäftätigkeit (B)	(16.590)	7.750	25.710	23.290
Kauf neuer Ausstattung (gegeben)	(7.500)	-	-	-
Summe des Cashflow aus der Investitionstätigkeit (C)	(7.500)	-	-	-
Netto Finanzmittelzu- bzw. -abflüsse (D)	(24.090)	7.750	25.710	23.290
Überschuss (Defizit) an verfügbaren Finanzmitteln vor Finanzierungstätigkeit (A + D)	(24.090)	8.660	26.210	31.990
Finanzierungstätigkeit				
Einzahlungen aus der Tilgung kurzfristiger Finanzierungsanlagen (zum Monatsende)	-	-	-	8.000
Einzahlungen aus der Aufnahmen von Krediten (zum Monatsbeginn)	25.000	-	-	-
Auszahlungen für kurzfristige Finanzierungsanlagen (zum Monatsbeginn)	-	-	-	(8.000)
Auszahlungen aus der Tilgung von Krediten (zum Monatsende)	-	(8.000)	(17.000)	-
Zinseinzahlungen (zu 6 % pro Jahr)	-	-	-	40
Zinsauszahlungen (zu 12 % pro Jahr)	-	(160)	(510)	-
Summe des Cashflow aus der Finanzierungstätigkeit (E)	25.000	(8.160)	(17.510)	40
Finanzmittelbestand am Ende der Periode (Finanzmittelbestand am Anfang der Periode + D + E)	15.910	15.500	23.700	47.030

Tab. 3.15 Bilanz der Förster Fahrradgeschäft GbR zum 30. September 20XX

Aktiva

	(€)	(€)
A. Anlagevermögen:		
I. Sachanlagen		
1. Geschäftsausstattung [(Anschaffungswert: 94.900 € + 7.500 €) – (kumulierte Abschreibungen: 19.200 € + 3.000 €)]		80.200
B. Umlaufvermögen:		
I. Vorräte		
1. Waren (Anlage 3)	46.800	
II. Forderungen		
1. Forderungen aus Lieferungen und Leistungen	40.000	
III. Kassenbestand, Guthaben bei Kreditinstituten und Schecks (Liquiditätsplanung)	47.030	133.830
C. Rechnungsabgrenzungsposten		
I. Versicherung (2.100 € - 1.200 €)		900
Summe		214.930

Passiva

A. Eigenkapital		195.730
B. Rückstellungen		
1. Rückstellungen für Provisionen und ähnliche Verpflichtungen (Anlage 5) {2.000 € + [(0,5)(0,15 * Umsatz im September von 80.000 €)]}		8.000
C. Verbindlichkeiten		
1. Verbindlichkeiten aus Lieferungen und Leistungen (0,4 * Einkäufe im September von 28.000 €)		11.200
Summe		214.930

3.6.1 Erstellung der Teilbudgets als Grundlage für die GuV-Rechnung

Anlage 1 – Das Umsatzbudget ist der Startpunkt für das Gesamtbudget der Förster Fahrradgeschäft GbR, da die Handelswarenbestände, der Einkauf und die sonstigen betrieblichen Aufwendungen vom erwarteten Verkauf bestimmt werden. Genaue Umsatzprognosen sind deswegen hier ausschlaggebend für eine realistische Budgetierung. Weil die Verkaufszahlen im Mai die Höhe der Zahlungseingänge im Juni beeinflussen, erscheinen sie ebenfalls in Anlage 1 (Tab. 3.7). Die Summe der budgetierten Umsätze von Juni bis September entspricht dem Umsatz in der budgetierten GuV-Rechnung (Tab. 3.13).

Aufgrund des engen Zusammenhangs zwischen Umsatzbudget und Zahlungseingängen werden beide Anlagen meist gleichzeitig erstellt. Anlage 2 – Die budgetierten Zahlungseingänge (Tab. 3.8) von Kunden beinhalten sowohl die Barverkäufe des jeweils laufenden Monats als auch die Ratenverkäufe des Vormonats. Wie aus Tab. 3.14 ersichtlich, werden die monatlichen Zahlungseingänge bei der Erstellung des Liquiditätsplans berücksichtigt. Dieser Schritt – die Verknüpfung der einzelnen operativen Teilpläne (Umsatz, Absatz, Investitionen usw.) mit der Liquiditätsplanung – stellt für viele Unternehmen in der Praxis eine große Herausforderung dar (Sasse/Weber, 2004; Shim/Siegel, 2005).

Nach der Budgetierung von Umsätzen und Zahlungseingängen folgt das Beschaffungsbudget. Wie in Tab. 3.9 dargestellt, setzt sich in Anlage 3 der Gesamtbedarf an Handelswaren pro Monat aus dem Zielendbestand und den anteiligen Umsatzkosten des nachfolgenden Monats zusammen. Ein Teil des Gesamtbedarfs kann durch den Anfangsbestand gedeckt werden. Der verbleibende Restbedarf wird durch geplante Einkäufe gedeckt. Die Summe der Umsatzkosten (des Wareneinsatzes) von Juni bis September (280.000 €) entspricht den budgetierten Umsatzkosten in der GuV-Rechnung (Tab. 3.13).

Das Beschaffungsbudget ist die Grundlage für die Prognose von Auszahlungen für Einkäufe in Anlage 4 (Tab. 3.10). Die Auszahlungen der Förster Fahrradgeschäft GbR setzen sich zu jeweils 60 % aus Einkäufen im laufenden Monat und zu 40 % aus Einkäufen des Vormonats zusammen. Die Informationen zu geplanten Auszahlungen werden bei der Formulierung des Liquiditätsplans benötigt (Tab. 3.14).

Anlage 5 – Das Budget für Personalaufwand, Abschreibungen und sonstige betriebliche Aufwendungen (Tab. 3.11) hängt von der Entwicklung mehrerer Variablen ab. Veränderungen des Umsatzvolumens und Schwankungen anderer Kostentreiberaktivitäten von einem Monat zum nächsten beeinflussen viele betriebliche Aufwandsposten direkt. Beispiele für Positionen, die in direktem Zusammenhang mit der Umsatzentwicklung stehen, sind Verkäuferprovisionen sowie Frachtkosten. Andere betriebliche Aufwendungen wie Miete, Versicherung, Abschreibungen und Gehälter, ändern sich innerhalb einer bestimmten Schwankungsbreite des Umsatzvolumens nicht. Deshalb betrachtet man sie als fixe Kosten. Personalaufwand, Abschreibungen und die gesamten sonstigen betrieblichen Aufwendungen für die Monate Juni bis September werden in die budgetierte GuV-Rechnung (Tab. 3.13) übernommen.

Die Auszahlungen für die sonstigen betrieblichen Aufwendungen in Anlage 6 (Tab. 3.12) basieren auf dem zuvor erstellten Teilbudget. Die Zahlungsströme umfassen 50 % der Löhne und Provisionen des Vormonats und 50 % der Löhne und Provisionen des laufenden Monats sowie die Miete und übrige Aufwendungen. Versicherungsprämien werden erst zum Ende des Kalenderjahres fällig. Auch die Summe der budgetierten Auszahlungen fließt in die Liquiditätsplanung (Tab. 3.14) ein.

In Organisationen ohne Erwerbscharakter („nonprofit organizations") und Regierungsbehörden dient eine Umsatzprognose oder ein geplantes Dienstleistungsniveau ebenfalls als Ausgangspunkt für die Formulierung des Gesamtbudgets. Beispiele: Die erwarteten Einzahlungen von Patienten und staatliche Zuschüsse bei öffentlichen Krankenhäusern, Mitgliederbeiträge und Spenden beim Deutschen Roten Kreuz oder dem Bund für Naturschutz (NABU). Wenn Einzahlungen nicht oder nur in geringem Umfang erwirtschaftet werden, wie beispielsweise beim Einwohnermeldeamt oder bei der Berufsfeuerwehr, legt man ein erwünschtes Dienstleistungsniveau (hier z. B. die Zahl der ausgestellten Personalausweise oder die Zeit in Minuten zwischen dem Meldungseingang und der Ankunft des ersten Löschwagens an der Brandstelle) als Startpunkt fest (Deckert/Wind, 1996).

3.6.2 Das operative Budget

Mithilfe der Anlagen 1, 3 und 5 kann bereits mit der Erstellung einer budgetierten GuV-Rechnung begonnen werden, die die Ermittlung des operativen Betriebsergebnisses (hier das Ergebnis der gewöhnlichen Geschäftstätigkeit) ermöglicht. Wie in Kapitel 2 erläutert, wird diese Erfolgskennzahl häufig als Bezugsmarke zur Leistungsbeurteilung von Führungskräften herangezogen. Die budgetierte GuV-Rechnung kann jedoch erst nach Berücksichtigung des Zinsertrags und des Zinsaufwands abgeschlossen werden. Hierfür wird die Liquiditätsplanung als Bestandteil des Finanzbudgets benötigt.

3.6.3 Das Finanzbudget

Den zweiten Hauptteil des Gesamtbudgets bildet das Finanzbudget, das sich aus dem Investitionsbudget, der Liquiditätsplanung und der Schlussbilanz zusammensetzt. Da in unserem Beispiel nur die Beschaffung neuer Ausstattungsgegenstände im Wert von 7.500 € eine Investition darstellt und deren Abschreibung in dem entsprechenden Posten in Anlage 5 (Tab. 3.11) bereits eingeplant wurde, konzentrieren sich die weiteren Ausführungen auf die Liquiditätsplanung und die Schlussbilanz.

Die Liquiditätsplanung

Das Finanzmittelbudget verkörpert die Liquiditätsplanung eines Unternehmens. Darin werden alle erwarteten Ein- und Auszahlungen („cash flows") einander gegenübergestellt, um notwendige Kreditaufnahmen frühzeitig planen bzw. interessante Anlagemöglichkeiten für hohe Finanzmittelbestände rechtzeitig recherchieren zu können. Liquiditätspläne helfen dem Management, den Finanzmittelbestand zu optimieren und unnötige Liquiditätsengpässe bzw. -überschüsse zu vermeiden. Die Größe und die Termine der Ein- und Auszahlungen hängen sehr stark vom operativen Geschäft ab.

Die Liquiditätsplanung (Tab. 3.14) setzt sich aus folgenden Teilbereichen zusammen:

- Der verfügbare Finanzmittelbestand (A) ergibt sich aus dem Finanzmittelanfangsbestand abzüglich des geplanten Zielendbestands an Finanzmitteln.

- Der Cashflow aus laufender Geschäftstätigkeit (B) stellt das Nettoergebnis der Zahlungsströme dar, die sich direkt aus den erlöserzielenden Aktivitäten des Unternehmens ergeben:

  - Die Finanzmittelzuflüsse in diesem Bereich sind abhängig von den Einzahlungen der Kunden, Barverkäufen und anderen Quellen betrieblich verursachter Finanzmittelzuflüsse, wie z. B. erhaltene Zinsen aus Wechselforderungen. Hier erscheinen die monatlichen Zahlungseingänge von Kunden aus Anlage 2 (Tab. 3.8).

  - Die Finanzmittelabflüsse aus Einkäufen werden von den Zahlungskonditionen der Lieferanten und von der Zahlungsmoral der Kunden bestimmt. An dieser Stelle fließen alle Zahlungsausgänge für Einkäufe aus Anlage 4 (Tab. 3.10) ein.

  - Des Weiteren zählen die Finanzmittelabflüsse aufgrund vom Lohn-, Gehalts- und Provisionszahlungen in Anlage 6 (Tab. 3.12) zum Cashflow aus laufender Geschäftstätigkeit. Die Summe wird um die Auszahlungen für sonstige betrieblich verursachte Aufwendungen in Anlage 6 ergänzt.

- Der Cashflow aus Investitionstätigkeit (C) fasst die Zahlungsströme aus Finanzmittelanlagen, sofern nicht dem Finanzmittelbestand zugeordnet und kurzfristig disponierbar, zusammen. Auszahlungen für Anlage- und langfristige Investitionen sowie gezahlte Dividenden usw. werden in einem gesonderten Teilbereich des Finanzmittelbudgets dargestellt. Hierunter fällt die Auszahlung von 7.500 € für die neue Ausstattung der Förster Fahrradgeschäft GbR (Tab. 3.14).

- Die Höhe der Finanzmittel (E), die man zur Steuerung der Liquiditätslage aus der Finanzierung (oder für die Finanzierung) benötigt, hängt vom gesamten Finanzmittelbestand (A) sowie von den Nettofinanzmittelzu- und –abflüssen (D) ab. Ist der Saldo aus verfügbarem Finanzmittelbestand und Nettofinanzmittelzu- und -abflüssen negativ, wird eine Kreditaufnahme erforderlich. Im Falle eines positiven Saldos kann das Unternehmen Kredite zurückzahlen oder überschüssige Finanzmittel sogar verzinslich anlegen. Tab. 3.14 zeigt, dass die Förster Fahrradgeschäft GbR im Juni einen Kredit in Höhe von 25.000 € aufnehmen wird, um das geplante Defizit zu überbrücken. Bereits in den beiden darauf folgenden Monaten kann dieser Kredit aus den positiven Cashflows der laufenden Geschäftstätigkeit zurückgezahlt werden. Dieser Teil der Liquiditätsplanung umfasst ebenfalls die Zinsaufwendungen (hier jeweils 160 € und 510 €). Bei der Aufstellung der Liquiditätsplanung für die Förster Fahrradgeschäft GbR wird dem Geschäftsführer auffallen, dass das Unternehmen ab September über ausreichende eigene Finanzmittel verfügen wird, um diese – zumindest teilweise – zinsbringend anzulegen.

Deshalb plant die Förster Fahrradgeschäft GbR, ab 1. September 8.000 € kurzfristig anzulegen. Dafür wird es am Monatsende 40 € Zinserträge zusätzlich zu den 8.000 € aus den ge-

tilgten Finanzanlagen erhalten. Der Zinsertrag und der Zinsaufwand werden zur Vervoll-
ständigung der GuV-Rechnung herangezogen.

- Der Finanzmittelendbestand ergibt sich aus der Addition von Finanzmittelanfangsbestand
plus D plus E. Die Finanzierungstätigkeit (E) hat entweder eine positive Auswirkung
(durch Kreditaufnahme) oder eine negative (durch Kredittilgung) auf den Finanzmittelbestand. Die Liquiditätsplanung im Beispiel veranschaulicht den typischen Umgang mit
Betriebsmittelkrediten oder kurzfristigen Darlehen, die aus Verkaufserlösen zurückgezahlt werden („self-liquidating loans"). Ein saisonaler Aufschwung entzieht kleineren
Unternehmen häufig einen großen Teil der verfügbaren Finanzmittel für Einkauf und betriebliche Aufwendungen, bevor Umsatzerlöse erzielt und Zahlungseingänge verzeichnet
werden können.

Die budgetierte Bilanz

Der letzte Arbeitsschritt in der Vorbereitung des Gesamtbudgets beinhaltet die Erstellung der
budgetierten Bilanz (Tab. 3.15). Die Bilanz listet jeden Posten im Einklang mit dem Ge-
schäftsplan auf, den die zuvor erstellten Anlagen quantifizieren. Dies bedeutet, dass die
Anfangsbestände vom 1. Juni (d. h. die Endsalden vom 31. Mai) um (1) die erwarteten Fi-
nanzmittelzu- und –abflüsse in Tab. 3.14 und (2) die Auswirkungen der bargeldlosen Posten
der GuV-Rechnung in Tab. 3.13 erhöht oder reduziert werden. Der Rechnungsabgrenzungs-
posten (Versicherung) z. B. würde von 2.100 € am 31. Mai auf 900 € am 30. September
zurückgehen, auch wenn er ein bargeldloser Posten ist.

Nachdem die erste vollständige Fassung des Gesamtbudgets vorliegt, können die verschiedenen Anlagen als Basis für Kurskorrekturen dienen. Beispielsweise mag der erste Budgetentwurf das Management dazu bewegen, neue Verkaufsstrategien zur Stimulierung der
Nachfrage einzuführen. Des Weiteren kann man die Auswirkungen langer Zahlungsziele auf
die Liquiditätsentwicklung untersuchen. So könnte im Beispiel das große Finanzmitteldefizit
im Juni zu einer Verstärkung von Barverkäufen oder zu einer Verkürzung des Zahlungsziels
für Kunden führen. In der Praxis ist der erste Entwurf des Gesamtbudgets selten der letzte.
Da die erforderliche Überarbeitung des Budgets Planung und Kommunikation bedeutet,
bildet sie einen wichtigen Bestandteil des eigentlichen Managementprozesses.

3.7   Rollierende Forecasts und Budgets

Rollierende Forecasts und Budgets sind als ein System zu definieren, das sich durch die
regelmäßige Anpassung an den verbesserten Informationsstand bei gleichzeitig zunehmender
Detaillierung auszeichnet (Drtina/Hoeger/Schaub, 1996; Horváth/Reichmann, 2003). Da in
der Praxis bereits seit längerem für bestimmte Teilbudgets rollierende Verfahren angewendet
wurden, stellt der „rollierende Gedanke" an sich nichts Neues dar (Hahn, 2003). Die Liquiditätsplanung, die in der Regel jeden Monat oder jedes Quartal durchgeführt wird, ist sicher
das bekannteste dieser Teilbudgets. Aber auch die Mittel- und die Langfristplanung sind

rollierend. In der Praxis jedoch ist ein rollierender Ansatz in Verbindung mit operativen Budgets noch eine Seltenheit. Eine kritische Beurteilung soll im Folgenden andere Akzente in der Diskussion (Leyk, 2006, SS. 111-124) setzen und sie auf den neuesten Stand bringen.

3.7.1   Wesentliche Merkmale

Die wesentlichen Merkmale rollierender Planungen lassen sich in Abgrenzung zu herkömmlichen Forecasts und Budgets wie folgt zusammenfassen:

- stets gleich bleibender Zeithorizont (losgelöst vom Geschäftsjahr)

- Periodizität (i. d. R. quartalsweise Erstellung)

- gegebenenfalls kombinierter Detaillierungsgrad aus Fein- und Grobberichterstattung

Alle rollierenden Forecasts und Budgets gehen von einem immer gleich bleibenden Zeithorizont aus. Im Einzelfall bestimmen die Dynamik und Komplexität des Umfelds die Anzahl der zu prognostizierenden Quartale oder Monate (Büchner/Krause/Wiegand, 2000). Normalerweise liegt das erfasste zeitliche Intervall zwischen fünf Quartalen (oder dreizehn Monaten) und acht Quartalen (oder 24 Monaten), da ab diesem Zeitpunkt die Zuverlässigkeit der Prognose deutlich abnimmt.

Viele Unternehmen, die beide rollierenden Instrumente eingeführt haben, benutzen sie in Kombination mit einem traditionellen Jahresbudget. Diese Vorgehensweise bestimmt die Untergrenze von fünf Quartalen (oder dreizehn Monaten), weil spätestens mit Beginn des vierten Quartals (oder zwölften Monats) das nächste Kalenderjahr komplett mit Budget- und Forecast-Werten erfasst sein soll. Außerdem ermöglicht die Einbeziehung von mindestens fünf Quartalen (oder dreizehn Monaten) einen Vergleich zweier gleicher Quartale (oder Monate) unterschiedlicher Jahre (zum Beispiel das Quartal I 20XX mit dem Quartal I 20X1). Insbesondere in der Bauindustrie und im Handelssektor mit ihren starken saisonalen Umsatzschwankungen sind solche Vergleiche hilfreich für die Unternehmenssteuerung.

Die rollierende Überarbeitung sorgt dafür, dass mit fortschreitenden Erstellungszeitpunkten der Instrumente der Zeitraum konstant bleibt und die aktuellen Informationsstände in sie integriert werden. Dabei unterscheidet man zwischen den Quartalen hinsichtlich des Detaillerungsgrades. In der Regel werden für das nächste Quartal (Q1 im Januar 20XX) detailliertere Forecasts und Budgets erstellt als für die späteren (Q2 20XX, Q3 20XX, Q4 20XX und Q1 20X1).

Abb. 3.3 stellt ein Planungssystem dar, in dem quartalweise eine Vorschau auf die nächsten fünf Quartale erstellt wird. Zum Zeitpunkt 1 wird nur das Quartal 1 des Jahres 20XX im Forecast fein betrachtet und im operativen Budget detailliert geplant. Die anderen vier Quartale unterliegen einem gröberen Forecast und erhalten eine aggregiertere Budgetplanung. Zum Zeitpunkt 2 des Jahres 20XX wird das zuvor grob berücksichtigte Quartal 2 des Jahres 20XX fein betrachtet, drei Quartale (Q3 20XX, Q4 20XX, und Q1 20X1) werden auf der aggregierten Ebene überprüft, und das Quartal 2 des Jahres 20X1 wird zum ersten Mal in einen Grobforecast und in die aggregierte, operative Budgetplanung einbezogen.

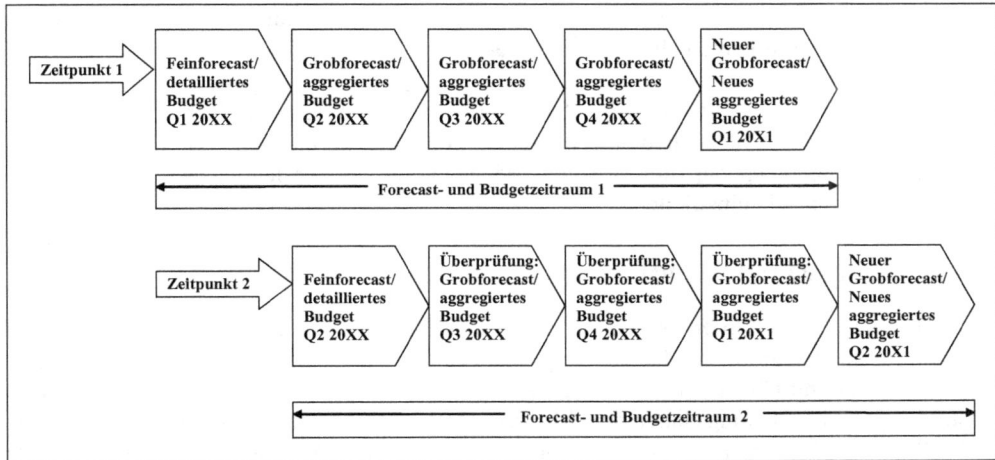

Abb. 3.3   Rollierende Forecasts und Budgets (Quelle: Vgl. Abb. Leyk, 2006.)

3.7.2   Zugewinn an Steuerungsinformationen

Gegenüber der starren Planung als Einmalereignis bieten rollierende Forecasts und Budgets der Unternehmensführung einen klaren Zugewinn an zeitnahen Steuerungsinformationen. Dies gilt insbesondere für das Umsatzbudget, aber auch für das Produktionsbudget sowie für die Budgetierung von Inputs und Beständen von Halbfertig- und Fertigwaren. Da sie immer auf den neuesten verfügbaren Informationen basieren, ist ein hoher Grad an Aktualität ein wesentliches Merkmal rollierender Instrumente. Zeitnahe Informationen sind vor allem für börsennotierte Unternehmen wichtig, weil der Aktienkurs u. a. von Erwartungen über die zukünftige Geschäftsentwicklung abhängt. So kann man beispielsweise schon zum Zeitpunkt 2 in Abb. 3.3 eine Aussage über den prognostizierten Geschäftsverlauf während der ersten beiden Quartale 20X1 machen, die die Erwartungen der verschiedenen Stakeholder steuert. Wenn der Detaillierungsgrad richtig bestimmt wird und das Unternehmen auf ein klassisches Jahresbudget gänzlich verzichtet, beanspruchen rollierende Forecasts und Budgets kaum oder gar keine zusätzliche Ressourcen. Die Zusammenführung der Liquiditätsplanung mit dem Feinforecast und dem detaillierten Budget für ein Quartal verhindert doppelte Arbeit und spart Zeit.

Bei der Konzeption und unternehmensspezifischen Ausgestaltung rollierender Instrumente sind folgende Überlegungen zu beachten:

- **Frequenz und Zeithorizont** – Je dynamischer und komplexer das Umfeld, desto kürzer sollte der Zeithorizont sein bzw. desto häufiger sollte die Erstellung stattfinden.

- **Detaillierungstiefe** – Um den notwendigen Aufwand zu minimieren, müssen auf der Ebene der Geschäftsführung lediglich die erfolgskritischen Schlüsselinformationen in den rollierenden Instrumenten abgebildet werden.

- **Anbindung an die mittelfristige Zielsetzung** – Der strategische Rahmen mit seinem ferneren Zeithorizont stellt den Handlungs- und Orientierungskorridor für rollierende, operative Planungen dar, um geeignete Maßnahmen zur Erreichung der mittelfristigen Unternehmensziele einzuleiten.

3.7.3　Praxisbeispiel

Ein mittelständisches Unternehmen mit zwei Geschäftsbereichen fertigt PC-Zubehör und Produktionsanlagen zu dessen Herstellung. Mit etwa 1.100 Mitarbeitern ist es an Standorten in Deutschland und China vertreten. Vor der Überarbeitung der Unternehmensplanung umfasste die gesamte Planungsdauer fünf Monate. Ziel war es, innerhalb eines Zeitraums von drei Jahren den Planungsprozess auf nur noch zwei Monate zu verkürzen. Der überarbeitete Planungsprozess basierte überwiegend auf Advanced Budgeting-Prinzipien (Leyk/Kopp, 2004). Dabei wollte man folgende Merkmale betonen:

- Verknüpfung von strategischer und operativer Planung

- top-down-bestimmte Ziele, abgeleitet von der Unternehmensstrategie

- Detaillierung von Budgets nur dort, wo notwendig und sinnvoll

- rollierende Sichtweise für Forecasts und Budgets

Um den Detaillierungsgrad zu reduzieren und diejenigen Größen zu bestimmen, auf die die rollierenden Instrumente fokussieren sollten, analysierte man zuerst die Kostenartenplanung des Unternehmens. Nur acht von 56 Kostenarten, anhand derer geplant wurde, bestimmten 87 % des gesamten Kostenvolumens. Heute wird beim Beispielunternehmen über die Hälfte der damals planungsrelevanten Kostenarten nicht mehr einzeln aufgelistet, sondern wird als aggregierter Wert (Summe der Ist-Werte des Vorjahres mal *Kaizen*-Faktor des laufenden Jahres) im operativen Budget geführt, um das Ziel- bzw. Plan-Ergebnis vollständig darzustellen.

Diese Vorgehensweise bedeutet, dass die aggregierten Kosten anders als bisher gesteuert werden. Vor der Neugestaltung des Planungsprozesses kontrollierte man sie vereinzelt sowohl auf der Ebene des gesamten Unternehmens als auch auf der Produktmanagerebene. Obwohl sie aus der Perspektive des gesamten Unternehmens inzwischen weniger wichtig geworden sind, können sie für einen Produktmanager durchaus bedeutungsvoll sein. Um das von der Geschäftsführung gesetzte Ziel für sein Produkt zu erreichen, muss er weiterhin

Kalkulationen mit desaggregierten Daten durchführen und erkennen, wo er Material oder Zeit einsparen kann.

Da das Betriebsergebnis vor Zinsen und Steuern ("EBIT") die Hauptsteuerungsgröße des Unternehmens darstellt, ist es Gegenstand beider rollierenden Instrumente. Zusätzlich zu den identifizierten acht wichtigsten Kostenarten werden die jeweiligen Absatzzahlen, Umsatzerlöse und die Erlösschmälerungen der Geschäftsbereiche im Forecast und im Budget berichtet. Tab. 3.16 präsentiert den Aufbau dieser Instrumente. Auf die Darstellung des Feinforecasts und des detaillierten Budgets zur Ergänzung der Spalten 1 und 2 sowie auf das Ausfüllen aller Zeilen der Tabelle wird verzichtet.

Die rollierenden Instrumente werden auf der Ebene der zwei Geschäftsbereiche sowie auf Gesamtunternehmensebene für fünf Quartale erstellt. Spätestens hier wird deutlich, dass sie nicht für die Feinsteuerung in jeder Kostenstelle, sondern für die Entscheidungsfindung auf höchster Managementebene entwickelt wurden.

Bei der Erstellung der rollierenden Instrumente sind Auskünfte von unterschiedlichen Managern des Unternehmens erforderlich. Sie sind folglich keine Prognosen des Controllingdienstes, sondern basieren – wie im vorigen Kapitel empfohlen – auf den Inputs verantwortlicher Stellen. Beispielsweise sind die Leitung der Geschäftsbereiche und der Vertrieb für die Umsatzwerte verantwortlich. Sie sind nahe an Kunden und Wettbewerbern, nehmen selbst "die Klinke in die Hand" und können so am ehesten die zukünftige Geschäftsentwicklung vorhersehen. Für die Abschätzung der Fertigungsarbeitskosten ist der Produktionsleiter verantwortlich usw. Neben der Verantwortung für bestimmte Forecast-Werte nimmt der Controllingdienst vor allem eine bereichsübergreifende, koordinierende Funktion wahr. Er muss dafür sorgen, dass die beteiligten Manager bei der Abschätzung der Forecast-Werte von den gleichen Annahmen ausgehen. Nur auf diese Weise ergibt die rollierende Vorschau stichhaltige Aussagen über zukünftige Entwicklungen.

Den rollierenden Forecast und das rollierende Budget liest man wie folgt: Zum Zeitpunkt der Erstellung ist das 2. Quartal 20XX gerade abgelaufen. Die Werte für das 3. Quartal 20XX und das 4. Quartal 20XX beziehen sich auf das laufende Geschäftsjahr. Das 1. Quartal 20X1, das 2. Quartal 20X1 und das 3. Quartal 20X1 betreffen das nächste Geschäftsjahr. In den Spalten erscheinen stets drei Zahlen:

- der Zielwert (Z) der entsprechenden Zeile, der "top-down" von der Mittelfristplanung hergeleitet wird,

- ein projizierter Wert, den man als Summe aus dem Ist-Wert für die abgelaufenen Quartale und den Forecast-Werten für die bis Jahresende nachfolgenden Quartale bildet (I+F), oder die Forecast-Werte (F) für die restlichen Quartale des laufenden und des nächsten Geschäftsjahres,

- die Abweichung (A) zwischen Ist- und Ziel- bzw. Forecast- und Ziel-Werten.

Tab. 3.16 Inhalt und Lieferanten bei rollierenden Forecasts und Budgets

		Spalte 1	Spalte 2	Spalte 3	Spalte 4	Spalte 5	Spalte 6	Spalte 7
		Σ GJ	Q3 20XX	Q4 20XX	Q1 20X1	Q2 20X1	Q3 20X1	Σ Q3-Q3
Lieferant	Plangrößen	Z I+F A	Z F A	Z F A	Z F A	Z F A	Z F A	Z F A
GB I	Absatz (PE)							
GB II	Absatz (PE)							
GB I	Umsatzerlöse							
GB II	Umsatzerlöse							
GB I	Erlösschmälerungen							
GB II	Erlösschmälerungen							
	Nettoumsatz							
MW	Lieferantenmaterial I							
MW	Lieferantenmaterial II							
MW	Sonstiges Material I							
MW	Sonstiges Material II							
	Materialeinsatz							
Fertigung	Personalkosten I							
Fertigung	Personalkosten II							
	Personalkosten							
IH	Instandhaltung I							
IH	Instandhaltung II							
SCM	Frachten und Lagerkosten I							
SCM	Frachten und Lagerkosten II							
Controlling	Kleinmaterial I							
Controlling	Kleinmaterial II							
Controlling	Verwaltungskosten							
	Sachkosten							
	EBITDA							
BH	Abschreibungen							
	EBIT	41 38 3	8 7 1	9 9 0	10 9 1	10 5 5	8 6 2	45 36 9

Geschäftsjahres-Sicht:
Summe der Quartale Q1-Q2 20XX (im Ist) und Q3-Q4 20XX (Forecast/Budget)

Rollierende Sicht:
Summe der Quartale Q3 20XX – Q3 20X1 (alle im Forecast/Budget)

GJ	= Geschäftsjahr	GB	= Geschäftsbereich
Z	= Zielvorgabe/Planvorgabe	MW	= Materialwirtschaft
I	= Ist-Wert	IH	= Instandhaltung
F	= Forecast-Wert	SCM	= Supply Chain Management
A	= Abweichung	BH	= Buchhaltung

(Quelle: Vgl. Abb. Leyk, 2006.)

In Spalte 1 wurden die Forecast-Werte des 3. und 4. Quartals 20XX mit den Ist-Werten der 1. und 2. Quartale des Jahres summiert. Die Ergebnisse werden mit den Plan-Werten des laufenden Jahres verglichen, um eine Aussage über die Zielerreichung bzw. die Budgetein-haltung zu treffen – die gleiche Vorgehensweise also wie bei herkömmlichen Forecasts und Budgets, nur beinhalten diese Plan-Daten, die bereits zwölf bis fünfzehn Monate alt sind! Die Geschäftsjahressicht weist eine Abweichung von 3 bei dem EBIT-Ziel aus, sodass das Plan-Ergebnis mit den bestehenden Maßnahmen für das laufende Jahr voraussichtlich nicht erreicht wird. Gegensteuerungsmaßnahmen sind deshalb erforderlich.

Die Spalten 2 bis 6 offenbaren, in welchen Quartalen man mit den größten Geschäftseinbrü-chen rechnen muss. Die Spalte 7 summiert alle Ziel- und Forecast-Werte der Spalten 2 bis 6, d. h. derjenigen Quartale, für die Forecast-Werte geschätzt wurden. Die Abweichung von 9 deutet an, dass auch die Zielerreichung der Mittelfristplanung deutlich verfehlt wird, wenn nicht zusätzliche Maßnahmen eingeleitet werden. Solche Einsichten kann man durch traditi-onelle Forecasts und Budgetanalysen nicht gewinnen. Durch ihre Fixierung auf das Ende des laufenden Geschäftsjahres zeigten sie hier nur eine Zielabweichung von 1 an. Als Folge würden die verantwortlichen Manager Gegensteuerungsmaßnahmen zur Erreichung der mittelfristigen Ziele in zu geringem Ausmaß einleiten.

Die projizierte geringe Abweichung von den Plan-Werten im laufenden Jahr ist jedoch nur ein schwaches Frühwarnsignal für den gravierenderen Handlungsbedarf in den darauf fol-genden Quartalen! Bedenkt man, dass Maßnahmen Anlaufzeit benötigen, bevor sie voll greifen, würde ein späteres Eingreifen auf der Grundlage herkömmlicher Forecasts und Bud-gets die drohende Entwicklung wahrscheinlich nicht auffangen können. Obwohl die hohe Detaillierung klassischer Instrumente eine sehr gute Kontrolle der Ereignisse ermöglicht, die bereits geschehen sind, führt sie nicht zwangsläufig zur Erreichung der Unternehmensziele.

Der rollierende, kumulierende Forecast und das rollierende, kumulierende Budget, verbun-den mit den Zielen der Mittelfristplanung, erbringen hier eindeutig einen Mehrwert zur Ziel-erreichung. Gleichzeitig sind sie praktisches Beispiel für die in Kapitel 1 empfohlene verein-fachte Präsentation komplexer Strukturen.

3.7.4   Kritische Beurteilung

Die vierteljährliche Überarbeitung der groben Forecast- und Budgetwerte sowie die be-schriebene, auf das nächste Quartal beschränkte detaillierte Planung überwinden weitgehend eine aus der Praxis geäußerte Kritik: Die Erstellung rollierender Instrumente im Feinformat auf monatlicher Basis ist zu zeitaufwändig für die meisten Unternehmen und unterbricht immer wieder das Tagesgeschäft der mitwirkenden Abteilungsleiter. Es gibt jedoch andere Kritikpunkte, die sich nicht so leicht ausräumen lassen. Sie betreffen u. a. den andauernd hohen Stellenwert des Jahresbudgets, notwendige Veränderungen der Unternehmenskultur und Schwierigkeiten bei der IT-Integration (Leone, 2003; Lynn/Madison, 2004).

Obwohl rollierende Instrumente Manager zwingen, auch nachfolgende Quartale in ihrer Planung zu berücksichtigen, bleibt das Budget für das laufende Geschäftsjahr ausschlagge-bend für die Ziele, die es zu erreichen gilt. Die Auszahlung von Erfolgsprämien für die Erreichung der Jahresziele, nicht etwa der Monats- oder Quartalsziele, untermauert seinen dominanten Einfluss auf das Verhalten von Managern. Gleiches gilt für seine Rolle in der Liquiditätsplanung einschließlich der Aufnahme von Anleihen und des Gebrauchs von Betriebsmittelkrediten. Manager und Mitarbeiter sind nicht daran gewöhnt, sich zeitlich anders zu orientieren.

Statt sich die erforderliche Zeit zu nehmen, um ihre Unternehmenskultur zu verändern und die internen Prozesse anzupassen, tendieren viele Anwender rollierender Instrumente dazu, nach raschen Lösungen zu suchen. Diese Vorgehensweise führt unweigerlich zu weiteren Problemen, die sich aus Widersprüchen in der kontinuierlichen Planung ergeben. Beispielsweise mögen Top-Down-Vorgaben den Zeitaufwand für Forecasts und Budgets deutlich mindern. Trotzdem belegen sie eher eine Mentalität des „command and control" als die Umsetzung der Advanced oder Beyond Budgeting-Führungsprinzipien. Die erfolgreiche Einführung der neuen Controlling-Instrumente setzt, wie in Kapitel 1 ausgeführt, dezentralisierte Entscheidungsstrukturen und größere Mitwirkung untergebener Manager und Mitarbeiter voraus. Beharrt man auf Top-Down-Vorgaben und einem herkömmlichen Anreizsystem, darf es nicht wundern, wenn nachgeordnete Instanzen verstärkt ihre Budgets aufpolstern, um die Vorgaben leichter erreichen zu können. Um möglichst große stille Reserven für alle Eventualitäten zu bilden, werden sie ihre Jahresbudgets voll ausschöpfen und so die Verschwendung von Ressourcen fördern.

Ist jedoch die Dezentralisierung und Mitwirkung von Abteilungsleitern und Mitarbeitern erfolgreich, kann man konsequenterweise den Controller und CFO nicht mehr allein für verfehlte Planungen verantwortlich machen. Die fehlende Bereitschaft, Mitverantwortung anzunehmen, ist manchmal auch ein Hemmnis zur Einführung rollierender Instrumente.

Um die Voraussetzungen für die neuen Controlling-Werkzeuge zu verbessern, sind nicht unerhebliche Investitionen in die Fortbildung des Personals erforderlich. Darüber hinaus sind größere Investitionen für geeignete Software und ihre Integration in bestehende Systeme notwendig. Weil Beyond Budgeting-Anhänger den Einsatz von BSCs und KPIs in Zusammenhang mit rollierenden Instrumenten befürworten, hat die Integrationsaufgabe nicht nur IT-technische Aspekte, wie die Zusammenführung von Standard-Softwares unterschiedlicher Anbieter oder hausintern entwickelter Softwares. Sie hat auch das Controllingkonzept betreffende Aspekte, die mit der unterschiedlichen Aussagekraft monetärer und nicht monetärer Indikatoren zusammenhängen. Wenn beispielsweise die Input-Preise sich in einem Monat um 3 % erhöhen, kann dies zu Gegensteuerungsmaßnahmen in der Beschaffung, Fertigung und/oder Preisbildung führen. Wenn dagegen Umfragen ergeben, dass die Kundenzufriedenheit in einem Monat um 3 % unter ihrer Benchmark liegt, sind Gegensteuerungsmaßnahmen nicht automatisch angesagt. Da solche nicht monetären Ergebnisse normalerweise von Monat zu Monat differieren und einer gewissen Fehlerquote unterliegen, sind sie weniger zuverlässig als Indikatoren, bei denen ein Handlungsbedarf wirklich besteht. Aus diesen Gründen hat sich die volle Implementierung rollierender Forecasts und Budgets für die meisten Unternehmen bis jetzt als unpraktisch erwiesen.

3.8   Zusammenfassung

Die *Kaizen*-Budgetierung berücksichtigt bei der Kostenplanung noch nicht realisierte Kostensenkungs- und Absatzsteigerungsmaßnahmen. Nicht gegenwärtige, sondern zukünftig angestrebte (optimierte) Prozesse dienen als Grundlage für die Budgetplanung. Verbesserungen können beispielsweise durch Veränderungen in den operativen Abläufen, optimierte Arbeitsplatzorganisation und kürzere Rüstzeiten erzielt werden. Die *Kaizen*-Methode kann zur Dynamisierung eines Budgets verwendet werden, indem das Management Standardkosten für kontinuierliche Verbesserungen in einem Kostenrechnungssystem einsetzt. Durch diesen Schritt signalisiert die Unternehmensleitung allen Managern und Mitarbeitern die Wichtigkeit der kontinuierlichen Suche nach Kostensenkungsmöglichkeiten.

Die prozessorientierte Budgetierung stellt die Kosten der Teilprozesse bzw. Tätigkeiten, die für Produktion und Verkauf von Gütern und Dienstleistungen erforderlich sind, in den Mittelpunkt. Diese Methode ermöglicht eine effektivere Kostenkontrolle und damit mehr Steuerungsmöglichkeiten als der traditionelle Budgetierungsprozess.

Ein Vergleich des Budgetierungsprozesses in produzierenden und nicht produzierenden Unternehmen zeigt Ähnlichkeiten und Unterschiede. Bei beiden besteht das Gesamtbudget aus operativem Budget und Finanzbudget, wobei die budgetierte GuV-Rechnung das zusammengefasste operative Budget für die Budgetperiode darstellt. Bei einem nicht produzierenden Unternehmen basiert die GuV-Rechnung auf Umsatzbudget, Einkaufsbudget und dem Budget für sonstige betriebliche Aufwendungen. Das Finanzbudget besteht aus Liquiditätsplanung, Investitionsbudget und einer budgetierten Bilanz. Für die Erstellung des Finanzbudgets sind insbesondere die Entwicklung erwarteter Zahlungseingänge sowie die Auszahlungen für Einkäufe und betriebliche Aufwendungen maßgeblich. Im Gegensatz zum Gesamtbudget eines produzierenden Unternehmens sind bei nicht produzierenden Unternehmen keine Budgets für Fertigungsmaterial, -arbeit, und -gemeinkosten sowie für die Bestände an Fertigungsmaterial und Halbfertigerzeugnissen nötig.

Anstelle einer operativen Planung im Sinne eines jährlichen Einmalereignisses (starres Budget) setzen führende Unternehmen im Controlling auf eine kontinuierliche Planung und Steuerung. Die Instrumente der rollierenden Forecasts und Budgets spielen dabei wesentliche Rollen. Obwohl diese Instrumente in der Unternehmenspraxis, insbesondere in der Liquiditätsplanung, seit Jahrzehnten verwendet werden, sind sie im Rahmen der operativen Budgetsteuerung noch wenig verbreitet. Ein Grund dafür ist sicher der äußerst hohe Detaillierungsgrad in den bestehenden Budgetierungs- und Forecast-Systemen. Weitere Gründe sind der hohe Stellenwert des Jahresbudgets, notwendige Veränderungen der Unternehmenskultur und Schwierigkeiten bei der IT-Integration.

3.9   Englische und deutsche Fachterminologie im Vergleich

activity-based budgeting	prozessorientierte Budgetierung
activity-based cost accounting	Prozesskostenrechnung
cash budget	Einnahmen-Ausgaben-Plan, Liquiditäts-budget, -planung
cash flow	Cashflow, Finanzmittelfluss, Kapitalfluss
command and control	Befehl und Kontrolle
computer-aided design (CAD)	rechnergestütztes Konstruktion
continuous improvement	kontinuierliche Verbesserung
earnings before interest and taxes (EBIT)	Betriebsergebnis vor Zinsen und Steuern
earnings before interest, taxes, depreciation, and amortization (EBITDA)	Betriebsergebnis vor Zinsen, Steuern, Abschreibungen und Amortisation
experience curve	Erfahrungskurve, Lernkurve
financial budget	Finanzbudget
government agency	Regierungsbehörde
indirect cost rate	Gemeinkostensatz
kaizen budgeting	*Kaizen*-Budgetierung
learning curve	Lernkurve, Erfahrungskurve
nonprofit organization	Organisation ohne Erwerbscharakter
process cost accounting	Prozesskostenrechnung
product life cycle	Produktlebenszyklus
self-liquidating loan	Darlehen, das aus Verkaufserlösen zurückgezahlt wird, Betriebsmittelkredit
standard operating procedure (SOP)	Standardverfahren

3.10   Übungen

3.10.1   Richtig oder falsch?

1. Die Trendanalyse, die Zyklusprojizierung, *Kaizen* und die Korrelationsanalyse sind geeignete Prognoseverfahren im Rahmen des Budgetierungsprozesses.

2. Von den Japanern übernommen, setzt die *Kaizen*-Budgetierung den Einsatz von rollierenden, kumulierenden Budgets voraus.

3. Das Ziel der prozessorientierten Budgetierung besteht in der Verfeinerung des Budgetierungsprozesses durch die Aufsplittung der Gemeinkosten in verschiedene homogene Prozesskostenpools.

4. Die budgetierten Kosten der Durchführung jeder Tätigkeit bzw. jedes Teilprozesses in jedem Tätigkeitsbereich festzustellen ist der erste wichtige Schritt zu kontinuierlicher Verbesserung in der *Kaizen*-Budgetierung.

5. Die Liquiditätsplanung hilft, zu hohe Mengen an freien Finanzmitteln zu vermeiden und einen Mindestfinanzmittelbestand beizubehalten.

6. Die Zahlungseingänge werden aus Verbindlichkeiten, Barverkäufen und verschiedenen anderen Quellen (z. B. Mieteinkünften) gespeist.

7. Ein *Kaizen*-Budget basiert auf den Kostenstrukturen gegenwärtig angewandter Verfahrensabläufe.

8. Die prozessorientierte Budgetierung beschäftigt sich mit der Planung von Kosten der Tätigkeiten, die erforderlich sind, um Produkte und Dienstleistungen zu fertigen und zu verkaufen.

9. Die prozessorientierte Budgetierung und die Prozesskostenrechnung gleichen sich in ihrer Betonung der zukünftigen Kosten und der Nachfrage nach einzelnen Tätigkeiten bzw. Teilprozessen.

10. Betriebsmittelkredite oder kurzfristige Darlehen, die aus Verkaufserlösen zurückgezahlt werden, schließen den Kreislauf von Finanzmitteln zu Beständen zu Forderungen und zurück zu Finanzmitteln.

3.10.2   Multiple Choice

1. Das Finanzbudget ist der Teil des Gesamtbudgets, der ...

     a.   das Investitionsbudget und die Liquiditätsplanung umfasst.

     b.   das Investitionsbudget und die budgetierte Bilanz umfasst.

     c.   die Liquiditätsplanung, die budgetierte Kapitalflussrechnung sowie das Budget für einbehaltene Gewinne umfasst.

     d.   das Investitionsbudget, die Liquiditätsplanung sowie die budgetierte Kapitalflussrechnung umfasst.

2. Die Osteroder Ornamentik GmbH stellt gerade ihr Budget für 20XX auf. Das neue Budget wird gleichzeitig das erste Budget im *Kaizen*-Format sein. Die GuV-Rechnung, die man als Einstieg in den Budgetierungsprozess benutzt, basiert auf folgenden Daten aus dem Vorjahr:

	(€)
1. Umsatzerlöse (Absatz von 84.000 PE)	504.000
2. Materialaufwand:	
Aufwendungen für bezogene Waren (Wareneinsatz)	(336.000)
3. Abschreibungen	(33.600)
4. Sonstige betriebliche Aufwendungen	(100.800)
5. Ergebnis der gewöhnlichen Geschäftstätigkeit	33.600

Man erwartet, dass die Verkaufspreise für 20XX um 8 % ansteigen werden, während der Absatz um 10 % sinken wird. Dank des Einsatzes der *Kaizen*-Methodik erwartet man ebenfalls einen Rückgang der Kosten um 10 % je Produkteinheit. Außer bei den Abschreibungen geht man von einem Rückgang der sonstigen betrieblichen Aufwendungen um 5 % aus.

Wie hoch ist die budgetierte Handelsspanne für 20XX?

     a.   168.000 €

     b.   217.728 €

     c.   33.600 €

     d.   88.368 €

3. Wie fällt das budgetierte Ergebnis der gewöhnlichen Geschäftstätigkeit für 20XX aufgrund obiger Daten aus?

    a.   168.000 €
    b.   217.728 €
    c.   33.600 €
    d.   88.368 €

4. Die *Kaizen*-Budgetierung setzt voraus, dass ...

    a.   man gegenwärtige Prozesse analysiert, um potentielle Produktverbesserungen zu identifizieren.
    b.   man die Prozesskosten aufgrund gegenwärtiger Abläufe, Methoden und Kosten budgetiert.
    c.   rollierende Budgetierungsmethoden angewandt werden.
    d.   die Zielpreisbildung den Schlüssel zur Budgetformulierung darstellt.

5. Das Ziel der prozessorientierten Budgetierung ist, ...

    a.   die Arbeit mit nicht nur einem Kostentreiber (z. B. Fertigungsstunden), sondern mit mehreren Prozessen als Kostentreibern zu ermöglichen.
    b.   die Kosten der Ausführung von Tätigkeiten bzw. Prozessen zu berechnen.
    c.   die Kosten nach funktionalen Bereichen zu ordnen und sie verwandten Tätigkeiten zuzuteilen.
    d.   den Budgetierungsprozess durch die Aufteilung der Gemeinkosten in Prozesskostenpools zu verfeinern.

6. Die prozessorientierte Budgetierung umfasst alle der folgenden Schritte, außer ...

    a.   der Feststellung der Nachfrage für Prozesse aufgrund der Verkaufs- und Fertigungsziele.
    b.   der Berechnung der Kosten der Ausführung von Tätigkeiten.
    c.   der Beschreibung des Budgets als Prozesskosten anstelle der Kosten von Funktionsbereichen.
    d.   der Feststellung möglicher Aufpolsterungen eines Budgets für den analysierten Prozess.

7. Die Herforder Herstellungsgesellschaft AG arbeitet mit folgenden Ausgangsdaten:

Monat	Budgetierter Umsatz (€)
Januar	76.000
Februar	85.000
März	92.000
April	79.000

Budgetierte Aufwendungen pro Monat (€)	
Löhne	15.000
Werbung	12.000
Abschreibungen	3.000
Sonstige Aufwendungen	4 % vom Umsatz

Alle Zahlungen werden sofort bei Anfall der Aufwendungen geleistet.

Wie hoch sind die geplanten Finanzmittelauszahlungen für anfallende Aufwendungen im Februar?

a. 34.400 €
b. 30.000 €
c. 30.400 €
d. keine der Angaben

8. Wie hoch sind die geplanten Finanzmittelauszahlungen für anfallende Aufwendungen im Januar?

a. 30.000 €
b. 33.040 €
d. 30.040 €
c. 28.200 €

9. Wie hoch sind die geplanten Finanzmittelauszahlungen für anfallende Aufwendungen im März?

a. 27.000 €
b. 30.680 €
c. 30.400 €
d. 30.040 €

10. Die Liquiditätsplanung ist eine Übersicht der erwarteten Finanzmittelein- und -auszahlungen, die …

    a.   die Auswirkungen verschiedener Beschäftigungsgrade auf den Finanzbestand darstellen.

    b.   eine Fälligkeitstabelle der Forderungen und Verbindlichkeiten erfordert.

    c.   Betriebsmittelkredite oder kurzfristige Darlehen auflisten, die aus Verkaufserlösen zurückgezahlt werden.

    d.   gleich nach der Verkaufsprognose erstellt wird.

3.10.3 Kurze Fragen

1. Beschreiben Sie die vier Hauptschritte in der prozessorientierten Budgetierung.

2. Erklären Sie den Unterschied zwischen einem operativen Budget und einem Finanzbudget.

3. Was ist die Hauptaufgabe einer Liquiditätsplanung?

4. Viele Organisationen ohne Erwerbscharakter sowie Behörden benutzen Budgets hauptsächlich, um ihre Ausgaben zu begrenzen. Warum schränkt diese Handlungsweise die Wirksamkeit von Budgets ein?

5. In diesem Text stehen Organisationen im Mittelpunkt, die gleichermaßen mit Erlösen und Kosten arbeiten. Nehmen Sie an, dass Sie Chef(in) der FuE-Abteilung eines Unternehmens aus dem Biotechnologiesektor sind. Wie könnten Sie Budgets sinnvoll nutzen?

3.10.4 Aufgaben

1. *Kaizen*-budgetierte GuV-Rechnung mit Anlagen
(Vgl. hierzu das Beispiel über die Ingolstädter Ingenieurwesen GmbH im Kapitel 2.) Folgende Daten zu Absatzmengen, Verkaufspreisen und Zielendbeständen für U-, M- und O-Teile in der bevorstehenden Berichtsperiode stehen zur Verfügung:

	Absatzmenge (PE)	Verkaufspreis/Stück (€)	Zielendbestand (PE)
U-Teile	7.200	1.382,25	1.000
M-Teile	3.600	2.294,05	50
O-Teile	1.800	3.206,82	25

Die erwarteten Preise für das Fertigungsmaterial, das neu beschafft wird, betragen:

Legierung 414	14,40 €/kg
Legierung 721	24,00 €/kg
Legierung 992	52,00 €/kg

Die gegenwärtigen Produktionsabläufe erfordern 21 kg von Legierung 414 für jede gefertigte Produkteinheit, egal ob diese ein U-, M- oder O-Teil ist. Das Management schätzt, dass man den Verbrauch von Legierung 414 durch *Kaizen*-Aktivitäten auf 20 kg/PE für alle drei Arten von Teilen schon zu Beginn der bevorstehenden Berichtsperiode reduzieren kann. Alle anderen Daten und Annahmen des Ausgangsfalles bleiben unverändert.

    i.   Bereiten Sie die *Kaizen*-geplante GuV-Rechnung (im Umsatzkostenformat) mit Anlagen (einschließlich Einkauf) der Ingolstädter Ingenieurwesen GmbH für das Jahr 20XX vor.

    ii.   Wie wirken sich *Kaizen*-Aktivitäten auf die geplante GuV-Rechnung in 20XX aus?

2. Prozessorientierte Budgetierung

Bert und Birthe Burghardt sind Manager im Handelssektor. Frau Burghardt ist angestellt bei der Märkische Märkte OHG. Die Märkische Märkte OHG entscheidet, einen Teil ihres operativen Budgets für Dezember 20XX prozessorientiert zu analysieren. Dieses Teilbudget umfasst drei Produktarten: Getränke, Obst und Gemüse sowie Fertiggerichte. Momentan befasst man sich mit vier Prozessen, die alle drei Produktarten betreffen und die auch als Gemeinkostenarten im internen Rechnungswesen erscheinen. Hier die Prozesse mit ihrem jeweiligen Verrechnungssatz:

    a.   Beschaffung – beschreibt die Einkaufsprozesse. Kostentreiber ist die Anzahl der Bestellungen. Verrechnungssatz: 50 € je Bestellung.

    b.   Lieferung – beschreibt die physische Lieferung und Annahme der Waren. Kostentreiber ist die Anzahl der Lieferungen. Verrechnungssatz: 40 € je Lieferung.

    c.   Regalauffüllung – beschreibt die Auffüllung der Regale im Laden. Kostentreiber ist die Zeit, in Stunden gemessen. Verrechnungssatz: 10 € je Stunde.

    d.   Kundenbetreuung – beschreibt Serviceleistungen für die Kunden, einschließlich Kassieren und Einpacken der Waren. Verrechnungssatz: 0,10 € je abgesetztem Artikel.

Die nachfolgende Tabelle enthält ausgewählte Daten vom Dezember 20XX für den Umsatz, die Umsatzkosten, die Betriebskosten des Ladens und den Prozessverbrauch (Anzahl der Durchläufe), den man als Verrechnungsschlüssel benutzt. Bisher hatte die Märkische Märkte OHG ihre Ladenbetriebskosten mit dem Verrechnungssatz von 30 % des Wareneinsatzwerts auf die Produktbereiche umgelegt.

Ausgewählte Finanz- und Prozessverbrauchsdaten der Märkische Märkte OHG im Dezember 20XX

	Getränke	Obst und Gemüse	Fertiggerichte
Finanzielle Daten:			
Umsatz	85.500 €	94.500 €	78.000 €
Wareneinstandswert	57.000 €	70.500 €	52.500 €
Ladenbetriebskosten	17.100 €	21.150 €	15.750 €
Prozessverbrauch:			
Beschaffung	90	75	39
Lieferung	294	108	84
Regalauffüllung	549	498	72
Kundenbetreuung	46.500	61.500	23.700

i. Bereiten Sie unter Verwendung des bisherigen Kostenrechnungssystems einen Bericht vor, der die Profitabilität der einzelnen Produktbereiche miteinander vergleicht.

ii. Bereiten Sie unter Verwendung der Prozesskostenrechnung einen Bericht vor, der die Profitabilität der einzelnen Produktbereiche miteinander vergleicht.

iii. Welche neuen Einsichten gewinnen die Manager der Märkische Märkte OHG durch den Einsatz der Prozesskostenrechnung?

3. Prozessorientierte Budgetierung und Anwendung der *Kaizen*-Methodik

Frau Burghardt erzählt ihrem Mann von den offensichtlichen Vorteilen der Prozesskosten-rechnung. Er will sie jetzt anwenden, um die Kosten in seinem Verantwortungsbereich bei der Bernauer Baumaterialien OHG zu analysieren. Der budgetierte Verbrauch der Kosten-treiber der drei Artikelsorten und die budgetierten Prozesskostensätze im Januar 20X1 sind in der nachfolgenden Tabelle aufgeführt.

    i.   Analysieren Sie die gesamten budgetierten Kosten der beschriebenen Prozesse für die einzelnen Artikelsorten im Januar 20X1.

    ii.   Wenn die Bernauer Baumaterialien OHG ihre Ladenbetriebskosten bisher mittels eines einheitlichen Verrechnungssatzes auf die Produktbereiche umlegte, welche Vorteile könnten ihre Manager dadurch realisieren, dass sie stattdessen die Kosten prozessorientiert budgetierten?

Anschließend entscheidet die Unternehmensleitung der Bernauer Baumaterialien OHG, die *Kaizen*-Methodik auf ein prozessorientiertes Budget für 20X1 anzuwenden. Der budgetierte Prozesskostensatz für Februar ergibt sich aus der Multiplikation des Januar-Satzes mit dem Faktor 0,998. Die Prozesskostensätze der nachfolgenden Monate ergeben sich jeweils aus der Multiplikation des Faktors 0,998 mit dem Satz des Vormonats. Der mengenmäßige Verbrauch der Kostentreiber in den Monaten Januar, Februar und März bleibt unverändert.

    iii.   Wie hoch sind die budgetierten Gesamtkosten für jeden Prozess und für die einzel-nen Artikelsorten im März 20X1?

    iv.   Worin bestehen die Vorteile der Anwendung der *Kaizen*-Methodik? Wo stößt sie an ihre Grenzen?

Budgetierter Verbrauch von Kostentreibern in drei Ladenbereichen und budgetierte Prozesskostensätze der Bernauer Baumaterialien OHG im Januar 20X1

	Prozesskostensätze		Budgetierte Anzahl der Prozessdurchläufe im Januar 20X1		
Prozess und Kostentreiber	**Ist-Satz 20XX (in €)**	**Budgetierter Satz im Januar 20X1 (in €)**	**Farben (Paletten)**	**Werkzeuge (Paletten)**	**Fertighölzer (Paletten)**
Beschaffung (je Bestellung)	150	135	21	36	21
Lieferung (je Lieferung)	120	123	18	93	30
Regalauffüllung (je Stunde)	30	33	24	258	141
Kundenbetreuung (je verkaufter Artikel)	0,30	0,27	6.900	51.300	21.500

4. Liquiditätsplanung

Die Mönchengladbacher Möbelhaus GbR ist ein Familienunternehmen, das Anfang April 20XX einen Finanzmittelbestand von 20.000 € hatte. Das Management prognostiziert, dass sich die Zahlungseingänge von Ratenzahlern im April auf 180.000 € und im Mai auf 244.000 € belaufen werden. Das Möbelhaus rechnet mit dem Eingang von 80.000 € in bar aus einer Wechselforderung im Mai. Geplante Auszahlungen umfassen Handelswareneinkäufe (204.000 € am 30. April und 242.000 € am 31. Mai) und betriebliche Aufwendungen (60.000 € je Monat fällig am Monatsende).

Hausbank und Möbelhaus haben mit ihm folgende Konditionen vereinbart. Die Bank fordert ein Mindestguthaben von 15.000 € auf dem Kontokorrentkonto. Am Ende eines Monats, in dem das Mindestguthaben unter 15.000 € fällt, stellt die Hausbank dem Möbelhaus automatisch einen Betriebsmittelkredit in Raten von 1.000 € zur Verfügung, sodass der Saldo des Kontokorrentkontos mindestens 15.000 € beträgt. Die Mönchengladbacher Möbelhaus GbR leiht sich möglichst wenig Geld, und zahlt Verbindlichkeiten in Raten von 1.000 € zu 1,5 % Zinsen pro Monat auf die gesamte noch ausstehende Kapitalsumme schnellstmöglich ab. („Schnellstmöglich" bedeutet hier, dass nach Berücksichtigung der Zinsauszahlung frei verfügbare Mittel vorrangig zur Tilgung eingesetzt werden.) Die erste Zahlung erfolgt am Ende des Monats nach dem Monat, in dem die Kreditaufnahme erfolgt ist.

i. Bereiten Sie die Liquiditätsplanung der Mönchengladbacher Möbelhaus GbR für April und Mai vor. Der Einfachheit halber nehmen Sie an, dass alle Transaktionen erst am Monatsende erfolgen.

ii. Berechnen Sie den Betrag, den das Möbelhaus seiner Hausbank nach Durchführung aller Transaktionen am 31. Mai schuldet.

5. Liquiditätsplanung

Tolle Töne GbR, ein Musikladen im Familienbesitz, begann den Monat Oktober mit einem Kassenbestand von 10.000 €. Das Management erwartet aus seinen Kundenforderungen 90.000 € im Oktober und 122.000 € im November. Ferner wird der Musikladen im November aus der Tilgung einer Wechselforderung Bargeld in Höhe von 40.000 € erhalten. Geplante Barauszahlungen sind Wareneinkäufe (102.000 € in Oktober und 121.000 € in November) und laufende Kosten (30.000 € monatlich).

Die Hausbank besteht auf einer Einlage von 7.500 € als Minimum auf dem Girokonto des Musikladens. Am Ende eines jeden Monats verleiht die Bank, sofern das Minimum unterschritten wird, dem Musikladen automatisch Geld in Raten von 1.000 €, sodass der Saldo auf dem Girokonto dem erforderlichen minimalen Betrag entspricht. Tolle Töne GbR leiht sich möglichst wenig Geld und zahlt es schnellstmöglich in Raten von € 1.000 plus 1,5 % Zinsen pro Monat auf die gesamte noch ausstehende Kapitalsumme zurück. Die erste Zahlung erfolgt am Ende des Monats nach dem Monat, in dem der Kredit aufgenommen wird.

i. Bereiten Sie den Liquiditätsplan des Musikladens für Oktober und November vor.

ii.   Berechnen Sie, welchen Betrag der Musikladen der Bank am 30. November schulden wird.

6.   Liquiditätsplanung, budgetierte GuV-Rechnung und budgetierte Bilanz
Folgende Auskünfte beziehen sich auf die Konstanzer Kajakladen GbR, die dabei ist, ihr Gesamtbudget für das 3. Quartal 20XX vorzubereiten. Die Liquiditätslage ist das besondere Interesse des Managements.

Auszug aus der Bilanz zum 30. Juni 20XX (in €)

Aktiva

A. Anlagevermögen	300.000
B. Umlaufvermögen:	
I. Vorräte	
1. Waren	190.800
II. Forderungen	30.000
IV. Kassenbestand, Guthaben bei Kreditinstitutionen und Schecks	36.000

Passiva

C. Verbindlichkeiten	0

Gerade realisierte und geplante Umsätze	(in €)
Juni	120.000
Juli	144.000
August	180.000
September	240.000
Oktober	108.000

Ratenverkäufe: 75 % des Umsatzes bestehen aus Bar- und der Rest aus Ratenverkäufen. Der Zahlungseingang erfolgt stets innerhalb von 30 Tagen. Die Forderungen am 30. Juni betreffen die Ratenverkäufe im Juni (25 % von 120.000 €).

Die durchschnittliche Handelsspanne beträgt 30 % des Umsatzes. Der Kajakladen weist gezogene Skonti aus Warenbezügen als „sonstige Erträge" in der GuV-Rechnung aus.

Die betrieblichen Aufwendungen betreffen: Löhne und Gehälter mit durchschnittlich 15 % des Monatsumsatzes, die Miete mit 5 % (eine variable Miete ist zwar ungewöhnlich, aber der Vermieter ist risikofreudig und unternehmerisch) und sonstige betriebliche Aufwendungen (die Abschreibungen ausgenommen) mit 4 % des Monatsumsatzes. Verbindlichkeiten werden jeden Monat sofort bei Fälligkeit beglichen. Es wird nach vollen Monaten abgeschrieben. Zu diesem Zeitpunkt belaufen sich die Abschreibungen auf monatlich 3.000 €.

Beschaffung: Die Konstanzer Kajakladen GbR hält einen Mindestbestand an Handelswaren als Auslagen (die nicht zusätzlich bestellt werden müssen) im Wert von 90.000 €. Darüber hinaus beschafft das Management jeden Monat zusätzliche Handelswaren, um auch den geplanten Absatz des nachfolgenden Monats abzudecken. Die Einkaufsbedingungen lauten: 2/10, n/30, das Zahlungsziel beträgt 30 Tage nach Erhalt der Ware. Bei Zahlung innerhalb von 10 Tagen können 2 % Skonto abgezogen werden. Der Kajakladen hält die Zahlungsziele stets ein und zahlt innerhalb der Skontofrist.

Beleuchtungsausstattung: Am 31. Juli sind Investitionen von 1.800 € und am 31. August Investitionen von 1.260 € für eine neue Ladenbeleuchtung eingeplant. Beide Investitionen sind aktivierungspflichtig. Sie werden linear über einen Zeitraum von drei Jahren abgeschrieben. Aus buchungstechnischen Gründen beginnt die Abschreibung erst im Monat nach der Anschaffung.

Die Konstanzer Kajakladen GbR muss einen Mindestbestand an Finanzmitteln von 24.000 € unterhalten. Alle Kreditaufnahmen erfolgen zu Monatsbeginn, alle Rückzahlungen zum Monatsende. Die Rückzahlungen finden statt, sobald ausreichende Finanzmittel vorhanden sind. Zinsen werden erst bei der Kredittilgung gezahlt. Der Zinssatz beträgt 12 % p. a. Das Management leiht sich möglichst geringe Summen und begleicht Verbindlichkeiten schnellstmöglich.

i.   Vervollständigen Sie Anlagen 1 bis 6 für das 3. Quartal. Gehen Sie bei Anlage 6 von einer Kreditaufnahme in Raten von 1.000 € aus.

ii.   Welche Art Kredit wäre Ihrer Meinung nach für den Kajakladen sinnvoll? Erläutern Sie Ihre Wahl.

iii. Erstellen Sie eine budgetierte GuV-Rechnung (im Gesamtkostenformat) für das 3. Quartal und eine budgetierte Bilanz zum 30. September. Steuern werden darin nicht berücksichtigt.

iv.   Diesem Beispiel liegen mehrere Vereinfachungen zugrunde. Welche Faktoren würden die Komplexität des Falles in der Praxis wahrscheinlich erhöhen?

Anlage 1: Budgetierte monatliche Einzahlungen

	Juni (€)	Juli (€)	August (€)	September (€)
Gesamter Umsatz	120.000	144.000	180.000	240.000
Verkäufe auf Kredit	30.000	36.000		
Barverkäufe				
Einzahlungen:				
Barverkäufe		108.000		
Lastschrifteneinzüge		30.000		
Summe		138.000		

Anlage 2: Budgetierte monatliche Auszahlungen für die Beschaffung

	Juli (€)	August (€)	September (€)	3. Quartal (€)
Einkäufe	126.000			
- 2 % Skonto	2.520			
Auszahlungen	123.480			

Anlage 3: Budgetierte monatliche Auszahlungen für betriebliche Aufwendungen

	Juli (€)	August (€)	September (€)	3. Quartal (€)
Löhne und Gehälter	21.600			
Miete	7.200			
Sonstige betriebliche Aufwendungen in bar	5.760			
Summe	34.560			

Anlage 4: Budgetierte Gesamtauszahlungen je Monat

	Juli (€)	August (€)	September (€)	3. Quartal (€)
Einkäufe	123.480			
Betriebliche Aufwendungen in bar	34.560			
Lampen	1.800			
Summe	159.840			

Anlage 5: Budgetierte Finanzmittelzu- und –abflüsse

	Juli (€)	August (€)	September (€)	3. Quartal (€)
Einzahlungen	138.000			
Auszahlungen	(159.840)			
Netto-Finanzmittelzunahme				
Netto-Finanzmittelabnahme	(21.840)			

Anlage 6: Liquiditätsplanung

	Juli (€)	August (€)	September (€)	3. Quartal (€)
Finanzmittel am Anfang der Periode	36.000			
Zielmindestbestand der Finanzmittel	<u>24.000</u>			
Verfügbarer Finanzmittelbestand	12.000			
Finanzmittelein- und -auszahlungen:				
Einzahlungen von Kunden				
Auszahlungen für Handelswaren				
Auszahlungen für betriebliche Aufwendungen				
Summe des Cashflow aus laufender Geschäftstätigkeit				
Kauf neuer Ausstattung				
Summe des Cashflow aus der Investitionstätigkeit				
Netto Finanzmittelzu- bzw. -abflüsse	(21.840)			
Überschuss (Defizit) an verfügbaren Finanzmitteln vor Finanzierungstätigkeit	<u>(9.840)</u>			
Finanzierungstätigkeit				
Einzahlungen aus der Tilgung kurzfristiger Finanzierungsanlagen (zum Monatsende)				
Einzahlungen aus der Aufnahmen von Krediten (zum Monatsbeginn)	<u>10.000</u>			
Auszahlungen für kurzfristige Finanzierungsanlagen (zum Monatsbeginn)				
Auszahlungen aus der Tilgung von Krediten (zum Monatsende)				
Zinseinzahlungen (zu 6 % p. a.)				
Zinsauszahlungen (zu 12 % p. a.)				
Summe des Cashflow aus der Finanzierungstätigkeit				
Finanzmittelbestand am Ende der Periode	<u>24.160</u>			

3.10.5   Kritisches Denken

Zwei Hochschulabsolventen haben vor kurzem eine Marmeladenfabrik übernommen, die sich in einer finanziellen Notlage befand. Nachdem sie sich in das Geschäft rasch eingearbeitet haben, entscheiden sie, dass das größte Problem des Unternehmens in einer fehlenden Finanzplanung liegt. Das Unternehmen stellt ein konkurrenzfähiges Produkt her, und das Marktpotenzial ist hervorragend. Erläutern Sie, wie einem solchen Unternehmen eine gute Planrechnung bzw. ein Gesamtbudget helfen könnte.

3.11   Lösungen

3.11.1   Richtig oder falsch?

1. Falsch
   In der *Kaizen*-Budgetierung entwickelt man zwar Kostenvorgaben, jedoch sind sie Ziele, nicht Vorhersagen der künftigen Kostenentwicklung.

2. Falsch
   Ein rollierendes, kumulierendes Budget ist keine Voraussetzung für die *Kaizen*-Budgetierung.

3. Richtig

4. Falsch
   Dies ist der erste Schritt in der prozessorientierten Budgetierung.

5. Richtig

6. Falsch
   Kasseneinnahmen hängen von den Zahlungseingängen, Barverkäufen und verschiedenen anderen Quellen (z. B. Mieteinkünften) ab.

7. Falsch
   Man budgetiert die Kosten so, dass sie progressiv über die nachfolgenden Rechnungsperioden sinken.

8. Richtig

9. Falsch
   Prozessorientierte Budgetierung berücksichtigt vergangene und gegenwärtige Kosten sowie die zukünftige Inanspruchnahme von Prozessen.

10. Richtig

3.11.2   Multiple Choice

1. d

2. b   [(84.000 * 0,9) * (6,00 € * 1,08)] - [(84.000 * 0,9) * (4,00 € * 0,9)] = 217.728 €

3. d   217.728 € - 33.600 € - [(134.400 € - 33.600 €) * 0,95) = 88.368 €

4. a

5. d

6. d

7. c   (85.000 € * 0,04) + 15.000 € + 12.000 € = 30.400 €

8. c   (76.000 € * 0,04) + 15.000 € + 12.000 € = 30.040 €

9. b   (92.000 * 0,04) + 15.000 € + 12.000 € = 30.680 €

10. a

3.11.3   Kurze Antworten

1. Die prozessorientierte Budgetierung ist eine Methode, die die Kosten von Prozessen für die Fertigung und den Verkauf von Produkten und Dienstleistungen in den Mittelpunkt stellt. Vier Hauptschritte in der prozessorientierten Budgetierung lauten:

    a.   Die budgetierten Kosten der einmaligen Ausführung eines jeden Prozesses in jedem Bereich des Betriebs festzustellen,

    b.   auf der Grundlage von Verkaufs- bzw. Absatz- und Fertigungszielen den Bedarf für jeden einzelnen Prozess zu planen,

    c.   die budgetierten Gesamtkosten je Teilprozess unter Berücksichtigung der erwarteten Nachfrage zu ermitteln und

    d.   das Budget als Summe der Kosten zur Ausführung der verschiedenen Prozesse (anstelle budgetierter Kosten für Funktionsbereiche oder Kostenarten) aufzustellen.

2. Ein operatives Budget umfasst die Planung für Fertigung und Vertrieb, während ein Finanzbudget das Investitionsbudget, die Liquiditätsplanung und die budgetierte Bilanz eines Unternehmens beinhaltet.

3. Die Aufgabe der Liquiditätsplanung ist die Optimierung der Liquiditätslage eines Unternehmens.

4. Budgets, die hauptsächlich zur Ausgabenbegrenzung genutzt werden, werden häufig für „Budgetspiele" missbraucht. Strategien, die erhöhte Ausgaben zu rechtfertigen versuchen, ersetzen genaue Prognosen und Schätzungen. Budgets sollen eine bedeutendere Rolle in dem wirksamen und wirtschaftlichen Management einer Organisation spielen. Sie sind Entscheidungswerkzeuge. Durch die Simulation von Auswirkungen geplanter Entscheidungen unterstützen sie die Entscheidungsfindung. Darüber hinaus dient ein Budget auch als Basis für die Anpassung einer Organisation an geänderte Umweltbedingungen. Ausschlaggebend für den Nutzen eines Budgets ist stets die Genauigkeit der zugrunde liegenden Prognosen und Schätzungen.

5. Budgets nutzen allen Bereichen einer Organisation. Abteilungen mit Leistungen und Kosten können einen budgetierten Gewinn ausweisen. Aber auch reine Kostenstellen, wie z. B. eine FuE-Abteilung, müssen ihre Abläufe planen. Die Prognose von Ressourcen ist von großer Bedeutung für die Sicherstellung der Verfügbarkeit dieser Ressourcen, um gesteckte Ziele erreichen zu können. Beispielsweise kann ein Budget ein Einvernehmen zwischen Unternehmensleitung und einer Abteilung darstellen über deren Ziele, die Aktivitäten, die zu ihrer Verwirklichung führen sollen, und die für diese Zwecke zur Verfügung gestellten Mittel.

3.11.4   Aufgabenlösungen

1.i.a.   Das Umsatzbudget

Anlage 1: Das Umsatzbudget zum 31. Dezember 20XX

	Stückzahl	Verkaufspreis in € je PE	Umsatz (€)
U-Teile	7.200	1.382,25	9.952.200
N-Teile	3.600	2.294,05	8.258.580
O-Teile	1.800	3.206,82	5.772.276
Summe			23.983.056

1.i.b.   Das Produktionsbudget

Anlage 2: Das Produktionsbudget in Stück zum 31. Dezember 20XX

	Produkte		
	U-Teile	M-Teile	O-Teile
budgetierter Absatz	7.200	3.600	1.800
+ Zielendbestand der Fertigwaren	1.000	50	25
gesamter Bedarf	8.200	3.650	1.825
- Anfangsbestand der Fertigwaren	40	20	10
= budgetierte Produktion	8.160	3.630	1.815

1.i.c.   Budgets für den Verbrauch und den Einkauf von Fertigungsmaterial

Anlage 3A: Budget für den Verbrauch von Fertigungsmaterial (in kg und €)
vom 1. Januar bis 31. Dezember 20XX

	Legierung 414	Legierung 721	Legierung 992	Summe
kg Fertigungsmaterial für die Produktion von U-Teilen (8.160 Stück * 20 kg bzw. 4 kg bzw. 0 kg)	163.200	32.640	0	
kg Fertigungsmaterial für die Produktion von M-Teilen (3.630 Stück * 20 kg bzw. 8 kg bzw. 5 kg)	72.600	29.040	18.150	
kg Fertigungsmaterial für die Produktion von O-Teilen (1.815 Stück * 20 kg bzw. 12 kg bzw. 10 kg)	36.300	21.780	18.150	
kg Fertigungsmaterialbedarf gesamt	272.100	83.460	36.300	
kg Fertigungsmaterial aus dem Anfangsbestand (FIFO)	6.000	2.000	400	
* Kosten/kg des Anfangsbestands	18 €	30 €	65 €	
Kosten des zu verbrauchenden Fertigungsmaterials aus den Anfangsbeständen (a)	108.000 €	60.000 €	26.000 €	194.000 €
kg einzukaufendes Fertigungsmaterial (272.100 - 6.000) bzw. (83.460 - 2.000) bzw. (36.300 - 400)	266.100	81.460	35.900	
* Kosten/kg des einzukaufenden Fertigungsmaterials	14,40 €	24,00 €	52,00 €	
Kosten des zu verbrauchenden eingekauften Fertigungsmaterials (b)	3.831.840 €	1.955.040 €	1.866.800 €	7.653.680 €
Gesamtkosten des Fertigungsmaterials (a + b)	3.939.840 €	2.015.040 €	1.892.800 €	7.847.680 €

Für die GuV-Rechnung ist dieser Teil von Anlage 3 nicht erforderlich, die Fragestellung verlangt jedoch seine Erstellung.

**Anlage 3B: Budget für den Einkauf von Fertigungsmaterial (in kg und €)
vom 1. Januar bis 31. Dezember 20XX**

	Legierung 414	Legierung 721	Legierung 992	Summe
Fertigungsmaterial (kg) für die Produktion (Anlage A)	272.100	83.460	36.300	
+ Zielendbestand des Fertigungsmaterials (kg)	12.000	3.000	500	
Gesamtbedarf (kg)	284.100	86.460	36.800	
- Anfangsbestand des Fertigungsmaterials (kg)	6.000	2.000	400	
Fertigungsmaterial (kg) zu beschaffen	278.100	84.460	36.400	
* Kosten/kg des eingekauften Fertigungsmaterials	14,40 €	24,00 €	52,00 €	
Einkaufskosten des Fertigungsmaterials	4.004.640 €	2.027.040 €	1.892.800 €	7.924.480 €

1.i.d.   Das Budget für die Fertigungsarbeit

Anlage 4: Budget für die Fertigungsarbeit vom 1. Januar bis 31. Dezember 20XX

	Ausbringungs-menge (Stück) (Anlage 2)	Fertigungs-arbeits-stunden/Stück	Gesamtzahl der Fertigungs-arbeitsstunden	* Stundenlohn (in €/h)	Insgesamt (€)
U-Teile	8.160	6	48.960	58	2.839.680
M-Teile	3.630	8	29.040	58	1.684.320
O-Teile	1.815	10	18.150	58	1.052.700
Summe			96.150		5.576.700

1.i.e.   Das Budget für die Fertigungsgemeinkosten

Anlage 5: Das Budget für die Fertigungsgemeinkosten (€) vom 1. Januar bis 31. Dezember 20XX		
	Zur budgetierten Gesamtzahl von 96.150 Fertigungsarbeitsstunden	
Variable Fertigungsgemeinkosten:		
Fertigungsmaterialgemeinkosten	357.741,83	
Fertigungsarbeitsgemeinkosten	642.100,73	
Nebenkosten der Fertigungsarbeit und -gemeinkosten	2.230.680,00	
Strom	541.199,19	
Instandhaltung	614.582,13	
Variable Fertigungsgemeinkosten		4.386.303,88
Fixe Fertigungsgemeinkosten:		
Abschreibungen	830.000,00	
Grundsteuer	50.000,00	
Versicherung	40.000,00	
Aufsicht	369.000,00	
Strom	20.000,00	
Instandhaltung	60.000,00	
Fixe Fertigungsgemeinkosten		1.369.000,00
Fertigungsgemeinkosten gesamt		5.755.303,88

1.i.f.   Das Budget für die Zielendbestände

Anlage 6A: Budget für die Zielendbestände von 1. Januar bis 31. Dezember 20XX

	kg	Kosten/kg	Summe (€)	
Fertigungsmaterial:				
Legierung 414	12.000[†]	14,40 €	172.800,00	
Legierung 721	3.000[†]	24,00 €	72.000,00	
Legierung 922	500[†]	52,00 €	26.000,00	270.800,00
	Stück	**Stückkosten**		
Fertigwaren:				
U-Teile	1.000	1.093,32 €[††]	1.093.320,00	
M-Teile	50	1.686,30 €[††]	84.315,00	
O-Teile	25	2.279,28 €[††]	56.982,00	1.234.617,00
Gesamte Zielendbestände				1.505.417,00

[†]   Vgl. Annahmen in Kapitel 2, Tab. 2.4.
[††] Vgl. Anlage 6B. Basis sind die Kosten der hergestellten Fertigwaren im Jahr 20XX, denn aufgrund der FIFO-Methode stammen die Fertigwarenbestände aus der Produktion im Jahr 20XX.

Anlage 6B: Kalkulation der Stückkosten für Fertigerzeugnisse in 20XX

		Produkte					
		U-Teile		M-Teile		O-Teile	
	Kosten/ kg oder h	kg oder h/Stück	Summe (€)	kg oder h/Stück	Summe (€)	kg oder h/Stück	Summe (€)
Legierung 414	14,48 €[†]	20	289,60	20	289,60	20	289,60
Legierung 721	24,14 €[†]	4	96,56	8	193,12	12	289,68
Legierung 992	52,14 €[†]	0	0,00	5	260,70	10	521,40
Fertigungsarbeit	58,00 €	6	348,00	8	464,00	10	580,00
Fertigungs- gemeinkosten	59,86 €[††]	6	359,16	8	478,88	10	598,60
Summe			1.093,32		1.686,30		2.279,28

[†]   3.939.840 €/272.100 = 14,48 €
   2.015.040 €/83.460 = 24,14 €
   1.892.800 €/36.300 = 52,14 €
[††] 5.755.303,88 €/96.150 = 59,86 €

1.i.g. Das Umsatzkostenbudget

Anlage 7: Das Budget für die Herstellkosten der zur Erzielung der Umsatzerlöse erbrachten Leistungen vom 1. Januar bis 31. Dezember 20XX

	von Anlage	(€)	Summe (€)
Anfangsbestand der Fertigerzeugnisse zum 1.1.20XX	gegeben[†]		111.000,00
Verbrauchtes Fertigungsmaterial	3A	7.847.680,00	
Fertigungsarbeit	4	5.576.700,00	
Fertigungsgemeinkosten	5	5.755.303,88	
Kosten der in 20XX produzierten Fertigerzeugnisse			19.179.683,88
Kosten der abzusetzenden Fertigerzeugnisse			19.290.683,88
- Zielendbestand	6A		1.234.617,00
Herstellkosten der zur Erzielung der Umsatzerlöse erbrachten Leistungen			18.056.066,88

[†]Gegeben in der Beschreibung der grundlegenden Daten und Anforderungen (U-Teile 47.923,20 €; M-Teile 37.528,80 €; O-Teile 25.548,00 €).

1.i.h. Budgetierte GuV-Rechnung (Umsatzkostenformat)

Budgetierte GuV- Rechnung (€) für Ingolstädter Ingenieurwesen GmbH zum 31. Dezember 20XX

1. Umsatzerlöse	Anlage 1		23.983.056,00
2. Herstellungskosten der zur Erzielung der Umsatzerlöse erbrachten Leistungen	Anlage 7		18.056.066,88)
3. Bruttoergebnis vom Umsatz			5.926.989,12
4. Vertriebskosten:			
Verkaufskosten	Anlage 10	(300.000,00)	
Marketingkosten	Anlage 9	(600.000,00)	
Kundendienstkosten	Anlage 11	(210.000,00)	
Vertriebskosten gesamt			(1.110.000,00)
5. Allgemeine Verwaltungskosten	Anlage 12		(1.113.000,00)
6. Sonstige betriebliche Aufwendungen:			
F&E-/ Designkosten	Anlage 8		(399.000,00)
7. Ergebnis der gewöhnlichen Geschäftätigkeit			3.304.989,12

1.i.i.   Auswirkungen von *Kaizen*-Aktivitäten auf die budgetierte GuV-Rechnung

	U-Teile	M-Teile	O-Teile	Summe
Gefertigte Produkteinheiten	8.160	3.630	1.815	
Stückzahl der gefertigten Produkteinheiten in den Fertigwarenbeständen (FIFO)	1.000	50	25	
Stückzahl der gefertigten Produkteinheiten, die verkauft werden sollen	7.160	3.580	1.790	
Eingespartes Fertigungsmaterial (Legierung 414) je Stück	1 kg/Stück	1 kg/Stück	1 kg/Stück	
Eingespartes Fertigungsmaterial (Legierung 414)	7.160 kg	3.580 kg	1.790 kg	12.530 kg
Bezugspreis von Legierung 414	14,40 €/kg	14,40 €/kg	14,40 €/kg	14,40 €/kg
Steigerung des geplanten EGT durch *Kaizen*-Aktivitäten	103.104 €	51.552 €	25.776 €	180.432 €

2.i.
Vgl. nachfolgende Tabelle, die die Profitabilität der einzelnen Produktbereiche der Märkische Märkte OHG unter Verwendung des bisherigen Kostenrechnungssystems präsentiert.

	Getränke (€)	Frisches Obst und Gemüse (€)	Fertiggerichte (€)	Summe (€)
Umsatz	85.500	94.500	78.000	258.000
Kosten				
Wareneinstandswert	57.000	70.500	52.500	180.000
Ladenbetriebskosten (30 % der Umsatzkosten)	17.100	21.150	15.750	54.000
Gesamtkosten	74.100	91.650	68.250	234.000
Betriebsergebnis	11.400	2.850	9.750	24.000
Betriebsergebnis/Umsatz	13,33%	3,02%	12,50%	9,30%

2.ii.

Vgl. nachfolgende Tabelle, die die Profitabilität der einzelnen Produktbereiche der Märkische Märkte OHG unter Verwendung des prozessorientierten Kostenrechnungssystems darstellt.

	Getränke (€)	Frisches Obst und Gemüse (€)	Fertiggerichte (€)	Summe (€)
Umsatz	85.500	94.500	78.000	258.000
Kosten				
Wareneinstandswert	57.000	70.500	52.500	180.000
Beschaffung	4.500	3.750	1.950	10.200
Lieferung	11.760	4.320	3.360	19.440
Regalauffüllung	5.490	4.980	720	11.190
Kundenbetreuung	4.650	6.150	2.370	13.170
Gesamtkosten	83.400	89.700	60.900	234.000
Betriebsergebnis	2.100	4.800	17.100	24.000
Betriebsergebnis/Umsatz	2,46 %	5,08 %	21,92 %	9,30 %

Die Rangfolge der Produkte nach relativer Profitabilität ist:

Rang	Bisherige Kostenrechnungssystem		Prozesskostenrechnungssystem	
1.	Getränke	13,33 %	Fertiggerichte	21,92 %
2.	Fertiggerichte	12,50 %	Obst und Gemüse	5,08 %
3.	Obst und Gemüse	3,02 %	Getränke	2,46 %

Der Prozentsatz vom Umsatz, vom Wareneinstandswert und von den Prozesskosten für jedes Produkt ist:

	Getränke	Obst und Gemüse	Fertiggerichte	Summe
Umsatz	33,14	36,63	30,23	100,00
Wareneinstandswert	31,67	39,17	29,16	100,00
Prozesse:				
Bestellung	44,12	36,76	19,12	100,00
Lieferung	60,49	22,22	17,29	100,00
Regalauffüllung	49,06	44,50	6,44	100,00
Kundenbetreuung	35,31	46,70	17,99	100,00

2.iii.
Wenn man die Prozesskostenrechnung nutzt, fällt der Wert für die Profitabilität der Getränke beträchtlich geringer aus. Obwohl dieser Bereich 31,67 % des gesamten Wareneinstandswerts ausmacht, verbraucht er einen größeren Anteil der gesamten Ressourcen in jedem Prozessbereich. Im Gegensatz dazu verbrauchen die Fertiggerichte einen geringeren Teil der gesamten Ressourcen in jedem Prozessbereich als ihr Anteil am gesamten Wareneinstandswert. Deshalb erweisen sie sich bei der Prozesskostenrechnung als viel profitabler.

Die Manager der Märkische Märkte OHG könnten versuchen, den Verkauf der Fertiggerichte zu steigern. Eine weitere Möglichkeit wäre, die Preise der Getränke sowie des frischen Obstes und des Gemüses zu erhöhen oder ihren Prozessverbrauch zu reduzieren.

3.i.

Vgl. nachfolgende Tabelle, die die prozessorientierte Analyse der budgetierten Kosten einzelner Artikelsorten der Bernauer Baumaterialien OHG im Januar 20X1 zeigt.

Prozess	Farben (€)	Werkzeuge (€)	Fertighölzer (€)	Summe (€)
Beschaffung 135 € * 21; 36; 21	2.835	4.860	2.835	10.530
Anlieferung 123 € * 18; 93; 30	2.214	11.439	3.690	17.343
Regalauffüllung 33 € * 24; 258; 141	792	8.514	4.653	13.959
Kundenbetreuung 0,27 € * 6.900; 51.300; 21.500	<u>1.863</u>	<u>13.851</u>	<u>5.805</u>	<u>21.519</u>
Summe	<u>7.704</u>	<u>38.664</u>	<u>16.983</u>	<u>63.351</u>

3.ii.

Die prozessorientierte Budgetierung berücksichtigt den individuellen Mix an Prozessen, die für unterschiedliche Produkte benötigt werden, vgl. nachfolgende Tabelle, die den anteiligen Prozessverbrauch einzelner Artikelsorten der Bernauer Baumaterialien OHG im Januar 20X1 präsentiert. Das Wissen über die dargestellten Unterschiede versetzt die Bernauer Baumaterialien OHG in die Lage, schwankende Absatzmengen und einen sich ändernden Produktmix realistisch zu budgetieren. Der Einsatz eines einzigen Kostentreibers (wie z. B. des Wareneinstandswerts) würde für alle Produktgruppen eine gleichmäßige Inanspruchnahme der aufgeführten Prozesse unterstellen, was bei den Bernauer Baumaterialien OHG nicht der Fall ist.

Weitere Vorteile der prozessorientierten Budgets sind: (1) vereinfachte Erfassung des Ressourcenbedarfs, (2) eindeutig abgrenzbare Verbindungen zwischen Kosten und Verantwortungsbereichen und (3) die Aufdeckung von Aufpolsterungen in Budgets. Wenn mit rollierenden unterjährigen Budgets kombiniert, bieten prozessorientierte Planrechnungen die Möglichkeit, (4) die Starrheit der herkömmlichen jährlichen Budgetierung aufzulockern.

Prozess	Farben	Werkzeuge	Fertighölzer	Summe
Beschaffung	26,9 %	46,2 %	26,9 %	100,0 %
Lieferung	12,8 %	66,0 %	21,2 %	100,0 %
Regalauffüllung	5,7 %	61,0 %	33,3 %	100,0 %
Kundenbetreuung	8,6 %	64,4 %	27,0 %	100,0 %

3.iii.
Vgl. nachfolgende Tabellen, die die Ergebnisse der Berechnung der Prozesskostensätze und der budgetierten Gesamtkosten zeigen. Die Anwendung der *Kaizen*-Methodik signalisiert, dass das Management des Unternehmens systematischen Kostenreduktionen einen hohen Stellenwert beimisst. Dargestellt sind die mit der *Kaizen*-Technik budgetierten Gesamtkosten für jeden Prozess im März 20X1, verglichen mit den Plan-Werten für Januar 20X1 (vor der Einführung von *Kaizen*-Budgets).

Prozess	Januar 20X1	März 20X1 (*Kaizen*)
Beschaffung	10.530,00 €	10.487,88 €
Lieferung	17.343,00 €	17.273,91 €
Regalauffüllung	10.152,00 €	10.109,70 €
Kundenbetreuung	21.519,00 €	21.431,33 €

Berechnung der Prozesskostensätze im März 20X1

Prozess	Januar (€)	Februar (€)	März (€)
Beschaffung	135	134,73	134,46
Lieferung	123	122,75	122,51
Regalauffüllung	33	32,93	32,87
Kundenbetreuung	0,27	0,2695	0,2689

Kalkulation der budgetierten Gesamtkosten je Prozess und je Artikelsorte im März 20X1

Prozess	Farben (€)	Werkzeuge (€)	Fertighölzer (€)	Summe (€)
Beschaffung 134,46 € * 21; 36; 21	2.823,66	4.840,56	2.823,66	10.487,88
Lieferung 122,51 € * 18; 93; 30	2.205,18	11.393,43	3.675,30	17.273,91
Regalauffüllung 32,87 € * 24; 258; 141	788,84	8.479,98	4.634,41	13.903,23
Kundenbetreuung 0,2689 € * 6.900; 51.300; 21.500	1.855,41	13.794,57	5.781,35	21.431,33
Summe	7.673,21	38.509,45	16.915,11	63.097,77

3.iv.

Ein Vergleich der Ist-Kosten mit dem *Kaizen*-Budget wird ungünstige Abweichungen für diejenigen Manager ergeben, deren Prozesse die erforderlichen monatlichen Kostensenkungen nicht realisieren. Auf diese Weise wächst für viele Manager die Bedeutung der Suche nach neuen Wegen der Kostenreduzierung. In der Märkische Märkte OHG könnten Kostensenkungen beispielsweise durch eine Platz sparende Regalauffüllung oder durch geschickte Verhandlungen mit Lieferanten bewirkt werden.

Die Begrenzung der *Kaizen*-Budgetierung liegt bei diesem Beispiel in den eher inkrementellen Verbesserungen, die für jeden Monat geplant werden. Es ist aber durchaus möglich, dass sich einige Kostensenkungen nur durch einschneidendere Veränderungen in bisherigen Abläufen, Lieferantennetzwerken oder im Zusammenspiel mit Kunden realisieren lassen. Deshalb ist es notwendig, dass ein Unternehmen gleichermaßen nach größeren und kleineren Verbesserungsmöglichkeiten sucht.

4.i.

Liquiditätsplanung der Mönchengladbacher Möbelhaus GbR für April und Mai 20XX

	April (€)	Mai (€)
Finanzmittel am Anfang der Periode	20.000	15.000
Zielmindestbestand der Finanzmittel	<u>15.000</u>	<u>15.000</u>
Verfügbarer Finanzmittelbestand	5.000	0
Finanzmittelein- und –auszahlungen:		
Einzahlungen von Kreditkunden	180.000	244.000
Einzahlung aus der Wechselforderung	0	80.000
Auszahlungen für Handelswaren	(204.000)	(242.000)
Auszahlungen für betriebliche Aufwendungen	<u>(60.000)</u>	<u>(60.000)</u>
Summe des Cashflow aus laufender Geschäftstätigkeit	(84.000)	22.000
Summe des Cashflow aus der Investitionstätigkeit	0	0
Netto Finanzmittelzu- bzw. –abflüsse	(84.000)	22.000
Überschuss (Defizit) an verfügbaren Finanzmitteln vor Finanzierungstätigkeit	(79.000)	22.000
Finanzierungstätigkeit:		
Einzahlungen aus der Aufnahmen von Krediten (zum Monatsende)	79.000	0
Auszahlungen aus der Tilgung von Krediten (zum Monatsende)	0	(20.000)
Zinsauszahlungen (zu 1,5% pro Monat)	<u>0</u>	<u>(1.185)</u>
Summe des Cashflow aus der Finanzierungstätigkeit	79.000	(21.185)
Finanzmittelbestand am Ende der Periode (Finanzmittelbestand am Anfang der Periode + D + E)	<u>15.000</u>	<u>15.815</u>

Aufwandzinsen für Mai: 79.000 € * 0,015 = 1.185 €

4.ii.

Nach Durchführung aller Transaktionen am 31. Mai schuldet die Mönchengladbacher Möbelhaus GbR ihrer Hausbank noch 59.000 €.

5.i.

	Oktober	November
Tolle Töne GbR **Liquiditätsplan (€)** **Oktober und November**		
Anfangskassenbestand	10.000	8.000
Erhaltene Kundenforderungen	90.000	122.000
Tilgung einer Wechselforderung	-	40.000
(a) Verfügbare flüssige Mittel insgesamt	100.000	170.000
Barauszahlungen:		
Wareneinstandskosten	102.000	121.000
Laufende Kosten	30.000	30.000
(b) Barauszahlungen insgesamt	132.000	151.000
Girokontominimum	7.500	7.500
(c) Gesamtbedarf an liquiden Mitteln	139.500	158.500
Überschuss (Defizit) an liquiden Mitteln	(39.500)	11.500
Finanzierung:		
Anleihe (am Monatsende)	40.000	-
Tilgung (am Monatsende)	-	(10.000)
Zinsen (1,5% pro Monat)	-	(600)
(d) Auswirkungen der Finanzierung insgesamt	40.000	(10.600)
Kassenendbestand [a − (b + d)]	8.000	8.400

Zinsaufwand in November: 40.000 € * 0,015 = 600 €

5.ii.
Am 30. November schuldet die Tolle Töne GbR ihrer Hausbank 30.000 €.

6.i.

Anlage 1: Budgetierte Einzahlungen

	Juni (€)	Juli (€)	August (€)	September (€)
Gesamter Umsatz	120.000[†]	144.000[†]	180.000[†]	240.000[†]
davon: Ratenverkäufe	30.000[†]	36.000[†]	45.000	60.000
Barverkäufe	90.000	108.000	135.000	180.000
Einzahlungen:				
Barverkäufe		108.000[†]	135.000	180.000
Zahlungseingänge aus Ratenverkäufe		30.000[†]	36.000	45.000
Summe		138.000[†]	171.000	225.000

[†] Gegeben.

Anlage 2: Budgetierte Auszahlungen für die Beschaffung

	Juli (€)	August (€)	September (€)	3. Quartal gesamt (€)
Einkäufe	126.000[†]	168.000	75.600	369.600
- 2 % Barzahlungsrabatt	2.520[†]	3.360	1.512	7.392
Auszahlungen	123.480[†]	164.640	74.088	362.208

[†] Gegeben. Beachten Sie, dass die Einkäufe sich auf jeweils 0,7 des Umsatzes des nachfolgenden Monats belaufen, da die Handelsspanne 30 % beträgt.

Anlage 3: Budgetierte Auszahlungen für betriebliche Aufwendungen

	Juli (€)	August (€)	September (€)	3. Quartal gesamt (€)
Löhne und Gehälter	21.600[†]	27.000	36.000	84.600
Miete	7.200[†]	9.000	12.000	28.200
Andere betriebliche Aufwendungen (bar gezahlt)	5.760[†]	7.200	9.600	22.560
Summe	34.560[†]	43.200	57.600	135.360

[†] Gegeben.

Anlage 4: Summe budgetierter Auszahlungen

	Juli (€)	August (€)	September (€)	3. Quartal gesamt (€)
Einkäufe	123.480[†]	164.640	74.088	362.208
Betriebliche Aufwendungen (bar gezahlt)	34.560[†]	43.200	57.600	135.360
Lampen	1.800[†]	1.260	0	3.060
Summe	159.840[†]	209.100	131.688	500.628

[†] Gegeben.

Anlage 5: Budgetierte Finanzmittelein- und –auszahlungen

	Juli (€)	August (€)	September (€)	3. Quartal gesamt (€)
Einzahlungen	138.000[†]	171.000	225.000	534.000
Auszahlungen	(159.840[†])	(209.100)	(131.688)	(500.628)
Netto-Finanzmittelzunahme			93.312	33.372
Netto-Finanzmittelabnahme	(21.840[†])	(38.100)		

[†] Gegeben.

Anlage 6: Liquiditätsplanung

	Juli (€)	August (€)	September (€)	3. Quartal gesamt (€)
Finanzmittel am Anfang der Periode	36.000[†]	24.160	24.060	36.000
Zielmindestbestand der Finanzmittel	24.000	24.000	24.000	24.000
Verfügbarer Finanzmittelbestand	12.000	160	60	12.000
Finanzmittelein- und -auszahlungen:				
Einzahlungen von Kunden	138.000	171.000	225.000	534.000
Auszahlungen für Handelswaren	(123.480)	(164.640)	(74.088)	(362.208)
Auszahlungen für betriebliche Aufwendungen	(34.560)	(43.200)	(57.600)	(135.360)
Summe des Cashflow aus laufender Geschäftstätigkeit	(20.040)	(36.840)	93.312	36.432
Kauf neuer Ausstattung	(1.800)	(1.260)	0	(3.060)
Summe des Cashflow aus der Investitionstätigkeit	(1.800)	(1.260)	0	(3.060)
Netto Finanzmittelzu- bzw. -abflüsse	(21.840)	(38.100)	93.312	33.372
Überschuss (Defizit) an verfügbaren Finanzmitteln vor Finanzierungstätigkeit	(9.840)	(37.940)	93.372	45.372
Finanzierungstätigkeit				
Einzahlungen aus der Aufnahme von Krediten	10.000	38.000		48.000
Auszahlungen aus der Tilgung von Krediten			(48.000)	(48.000)
Zinsauszahlungen (zu 12% p. a.)			(1.060)	(1.060)
Summe des Cashflow aus der Finanzierungstätigkeit	10.000	38.000	(49.060)	(1.060)
Finanzmittelbestand am Ende der Periode	24.160	24.060	68.312	68.312

[†] Gegeben. Kalkulation der Zinsen: [10.000 € zu 12 % für 3 Monate = 300 €] + [38.000 € zu 12 % für 2 Monate = 760 €] = 1.060 € insgesamt.

6.ii.

Ein kurzfristiges Darlehen, das man aus Verkaufserlösen zurückzahlt (Betriebsmittelkredit), wäre hier die beste Finanzierungsalternative. Aus den Anlagen ist die Wirkungsweise dieses Finanzinstruments ersichtlich. Es bietet sich insbesondere zur Überbrückung von saisonal bedingten Liquiditätsschwankungen an. Zum Zeitpunkt der Umsatzrealisation müssen Löhne und Lieferanten bar bezahlt werden. Dabei sind die Umsatzerlöse die Hauptquelle der erforderlichen Finanzmittel. Allerdings führen die Zahlungskonditionen, die man Kunden anbietet, zu einer zeitlichen Verzögerung zwischen Verkauf und Zahlungseingang. Eingehende Zahlungen können erst verspätet zur Tilgung etwaiger Schulden verwendet werden. Umfang und Tilgungszeitpunkt des Darlehens hängen insbesondere von den Zahlungskonditionen sowohl auf der Beschaffungs- als auch auf der Absatzseite eines Geschäfts ab. Interessanterweise zeigt sich ein Liquiditätsengpass bei saisonal geprägten Branchen eher in den Monaten mit den höchsten statt in denen mit den niedrigsten Umsätzen.

6.iii.
Vgl. die drei nachfolgenden Tabellen.

Budgetierte GuV-Rechnung der Konstanzer Kajakladen GbR
vom 1. Juni bis 30. September 20XX

		(€)	(€)
1.	Umsatz (Anlage 1)		564.000
2.	Materialaufwand:		
	Aufwendungen für die bezogenen Waren (Wareneinsatz, 70 % des Umsatzes)		(394.800)[†]
3.	Personalaufwand		
	Löhne und Gehälter (Anlage 3)		(84.600)
4.	Abschreibung (3.000 € pro Monat plus 135 € für die Lampen)		(9.135)[††]
5.	Sonstige betriebliche Aufwendungen:		
	Miete (Anlage 3)	(28.200)	
	Übrige in bar bezahlten betrieblichen Aufwendungen (Anlage 3)	(22.560)	
	Sonstige betriebliche Aufwendungen gesamt		(50.760)
6.	Sonstige Zinsen und ähnliche Erträge (Barzahlungsrabatte Anlage 2)		7.392
7.	Zinsen und ähnliche Aufwendungen (Anlage 6)		(1.060)
8.	Ergebnis der gewöhnlichen Geschäftstätigkeit		31.037

[†] Gegeben.
[††] (3.000 € + 3.050 € + 3.085 €)

Handelswarenendbestand und Nachweis des Materialaufwands:

	(€)	(€)
Handelswarenendbestand am 30. Juli 20XX	190.800	
+ Einkäufe (Anlage 2)	369.600	560.400
- Handelswarenendbestand am 30. September 20XX:		
Grundbestand	(90.000)	
Einkäufe in September (Anlage 2)	(75.600)	(165.600)
Materialaufwand		394.800

Budgetierte Bilanz der Konstanzer Kajakladen GbR zum 30. September 20XX

	(€)	(€)
Aktiva		
A. Anlagevermögen:		
I. Sachanlagen		
1. Geschäftsausstattung Netto (300.000 € - 9.000 € Abschreibung) + Lampen – (Anlage 4: 3.060 € - 135 € Abschreibung)		293.925
B. Umlaufvermögen:		
I. Vorräte		
1. Waren	165.600	
II. Forderungen		
1. Forderungen aus Lieferungen und Leistungen (Verkäufe auf Kredit im September)	60.000	
III. Kassenbestand, Guthaben bei Kreditinstituten und Schecks (Anlage 6)	68.312	293.912
Summe		587.837
Passiva		
A. Eigenkapital (Eigenkapital = 36.000 € + 190.800 € + 30.000 € + 300.000 € + 31.037 €)		587.837
C. Verbindlichkeiten		0
Summe		587.837

6.iv.
In diesem Fall sind alle Transaktionen vereinfacht worden. Beispielsweise werden alle Forderungen als werthaltig erachtet, was in der Praxis in den seltensten Fällen vorkommt. In der Praxis sind flexible Zinsen nichts Außergewöhnliches. Flexible Mieten dagegen kommen kaum vor. Außerdem erleben viele Unternehmen größere Liquiditätsschwankungen innerhalb eines Monats. So können u. U. die Zahlungseingänge generell zeitlich verzögert erst gegen Monatsende erfolgen, während die Auszahlungen überwiegend zu Monatsbeginn oder gleichmäßig verteilt über den Monat anfallen. Bei erfahrungsgemäß größeren Unregelmäßigkeiten kann sich ggf. die wöchentliche oder gar tägliche Aktualisierung des Finanzbedarfs als notwendig erweisen.

3.11.5   Kritisches Denken

Das Gesamtbudget stellt eine Serie vernetzter Teilbudgets dar, die die Erwartungen des Managements bezüglich Umsatz, Aufwand, Betriebsergebnis, Liquidität und Finanzlage des Unternehmens quantifizieren. Als Ergebnis des Planungsprozesses dient das Gesamtbudget als Grundlage für (1) das Überdenken von Geschäftszielen, (2) die Koordination der Aktivitäten verschiedener Unternehmensbereiche, (3) die Kommunikation der Pläne des Managements im Unternehmen und (4) die Leistungsbeurteilung der Mitarbeiter.

3.12   Literatur

Arthur Andersen, Consortium for Advanced Manufacturing-International und IMA, „Statements on Management Accounting Statement No. 4EE Practices and Techniques: Tools and Techniques for Implementing ABC/ABM", Institute of Management Accountants, Montvale, NJ, November 1998.

Arthur Andersen und IMA, „Statements on Management Accounting Statement No. 4CC Practices and Techniques: Implementing Activity-Based Management: Avoiding the Pitfalls", Institute of Management Accountants, Montvale, NJ, 15. Mai 1998.

Anderson, B., C. Davis, E. B. Davis, und M. Twomey, „Tips from the Field: How to Create an Activity Management Program that Lasts", *Strategic Finance*, 8/2004.

Baxendale, S. J., „Profit Enhancement: Using an ABC Model", *Management Accounting Quarterly*, 2/2005.

Baxendale, S. J. und F. Jama, „What ERP Can Offer ABC", *Strategic Finance*, 2/2003.

Briner, R. F., M. Alford und J. A. Noble, „Activity-Based Costing for State and Local Governments: How to Actually Do an Activity-Based Costing", *Management Accounting Quarterly*, 3/2003.

Büchner, H., S. Krause und A. Wiegand, „Anforderungen an die Planung in turbulenten Zeiten", in Horváth & Partners, (Hrsg.), *Früherkennung in der Unternehmenssteuerung*, Schaeffer Poeschel, Stuttgart, 2000.

Chiang, B., „Activity-Based Benchmarking and Process Management – Managing the Case of Cardiac Surgery", *Management Accounting Quarterly*, 1/2002.

Cooper, R., „Citizen Watch Company, Ltd.: Cost Reduction for Mature Products", Harvard Business School, Case No. 9-194-033, 1994.

Czerwonka, M., „Using ABC/M and Technology to Drive Improvement at Best Buy", PowerPoint Presentation an der 86th Annual IMA Conference & Exposition, Boston, June 2005.

Damitio, J. W., G. W. Hayes und P. L. Kintzele, „Integrating ABC and ABM at Dow Chemical", *Management Accounting Quarterly*, 2/2000.

Deckert, K. und F. Wind, *Das Neue Steuerungsmodell – Von der Vision zur Aktion*, Kohlhammer, Köln, 1996.

Devine, K., T. Lammert und P. O'Clock, „Product Line and Customer ROI: The Next Generation of ABC", *Management Accounting Quarterly*, 1/2005.

Drtina, R., S. Hoeger und J. Schaub, „Continuous Budgeting at the HON Company", *Management Accounting*, 1/1996.

Forsythe, R., J. A. Bunch und E. J. Burton, „Implementing ABC and the Balanced Scorecard at a Publishing House", *Management Accounting Quarterly*, 1/1999.

Friedel, G., H.-U. Küpper und B. Pedell, „Relevance Added: Combining ABC with German Cost Accounting. Activity-Based Costing Is Better for Long-Term Decision Making While a Leading German Cost Accounting Method Supports Short-Term Decisions More Effectively", *Strategic Finance*, 12/2005

Gillespie, J. F., „An Application of Learning Curves to Standard Costing", *Management Accounting*, 3/1981.

Götze, U. und A. Raps, „Supply Chain Controlling als Erfolgsfaktor", *Der Controlling-Berater*, 4/2006.

Hahn, D., „Grenzen der Unternehmensplanung", in P. Horváth und R. Gleich, (Hrsg.), *Neugestaltung der Unternehmensplanung*, Schaeffer Poeschel, Stuttgart, 2003.

Horváth, P. und T. Reichmann, *Vahlens Großes Controllinglexikon*, Vahlen, Stuttgart, 2003.

Imai, M., *KAIZEN: The Key to Japan's Competitive Success*, McGraw-Hill, New York, 1986.

Imai, M., *Gemba Kaizen: A Commonsense, Low-Cost Approach to Management*, McGraw-Hill, New York, 1997.

Kaplan, R. S. und R. Cooper, *Prozesskostenrechnung als Managementinstrument*, Campus, Frankfurt a. M., 1999.

Kaplan, R. S. und H. T. Johnson, *Relevance Lost*, Harvard Business School, Cambridge, MA, 1991.

Leone, M., „Rolling Budgets, with a Twist", www.CFO.com, 2003.

Leyk, J., „Rollierender Forecast: Budgetierungsaufwand senken und Unternehmensziele besser erreichen", *Der Controller-Berater*, 1/2006.

Leyk, J. und J. Kopp, „Innovative Planungs- und Budgetierungskonzepte und ihre Bewertung", in Horváth & Partners, (Hrsg.), *Beyond Budgeting umsetzen – Erfolgreich planen mit Advanced Budgeting*, Schaeffer Poeschel, Stuttgart, 2004.

Liker, S. J. K., *The Toyota Way*, McGraw-Hill, New York, 2004.

Lynn, M. P. und R. L. Madison, „A Closer Look at Rolling Budgets", *Management Accounting Quarterly*, 1/2004.

N. a., „Ideenmanagement: Mitdenken zahlt sich aus", *Der Controller-Berater*, 1/2004.

Neumann, B. R., J. H. Gerlach, E. Moldauer, M. Finch, und C. Olson, „Cost Management Using ABC for IT Activities and Services", *Management Accounting Quarterly*, 1/2004.

Perkins, D., J. Stewart und S. Stovall, „Using Excel, TOC, and ABC to Solve Product Mix Decisions with More Than One Constraint", *Management Accounting Quarterly*, 3/2002.

Sasse, A. und K. Weber, „Working-Capital-Management zur Steigerung der Kapitaleffizienz", *Der Controller-Berater*, 6/2004.

Sebestyén, O. G., *Management-Geheimnis KAIZEN: Der japanische Weg zur Innovation*, Ueberreuter, Wien, 1994.

Sharman, P. A., „The Case for Management Accounting", *Strategic Finance*, 4/2003; deutsche Übersetzung von K. Vikas, „Kritische Betrachtung zum Stand der Kostenrechnung in den USA", *Der Controlling-Berater*, 2/2004.

Shim, J. K. und J. G. Siegel, *Budgeting Basics and Beyond: A Complete Step-by-Step Guide for Non-Financial Managers*, 2. Ausgabe, Wiley, New York, 2005.

Simon, W., *Die neue Qualität der Qualität: Grundlagen für den TQM- und Kaizenerfolg*, Gabal, Offenbach, 1996.

Tanaka, T., „*Kaizen* Budgeting: Toyota's Cost Control System under Total Quality Control", Working Paper, Tokyo, Keizai University, April 1992.